한국직업능력개발원 연구총서

녹색성장 녹색직업 녹색인재

권대봉 편저

박영사

녹색 성장

녹색 직업

녹색 인재

PREFACE

발 간 사

이명박 대통령은 2008년 8.15 광복절 경축사에서 21세기 선진 일류국가 건설을 위한 새로운 국가발전 패러다임으로 '저탄소 녹색성장'의 국가비전을 선포하였다. 비전 구현을 위해 2009년 7월에는 『녹색성장 국가전략 및 5개년계획』 청사진을 발표하여 '녹색성장'을 제 2 의 새마을운동으로 승화시키고자 하는 토대를 마련하였다.

이제는 산업의 녹색화와 더불어 새롭게 창출될 녹색직업을 담당할 녹색인재를 어떻게 양성하고, 사회 구성원들의 녹색인식을 어떻게 제고할지 그 방안을 찾아야 하는 시점이다. 녹색성장의 질적 변화를 이루어 내는 핵심이 바로 '사람'이기 때문이다. 이 책의 기획 의도는 녹색성장을 달성하기 위해서 '사람'이 핵심적인 중요성을 갖는다는 인식하에 녹색직업을 만드는 녹색인재 양성을 모색하려는 데 있다.

이 책은 서장과 11개의 장으로 이루어져 있다. 이와 같은 편제를 통해 녹색성장에 따른 녹색직업의 출현과 녹색직업의 특징 및 유망직업에 대한 논의를 살펴본 후 탄소거래, 생태·녹색관광, 제조업, 농업 분야에서 유망직업들을 제시하였다. 녹색실천을 주도할 인재의 양성과 활용이 중요하다는 관점에서 녹색인재 양성, 녹색직업능력개발, 녹색자격제도 도입, 녹색진로교육, 그리고 시민의식의 녹색화를 위한 녹색문화운동 방향을 적극적으로 모색하였다.

이 책이 발간되기까지 발간기획위원회 위원들을 비롯하여 많은 분들의 노력이 있었다. 발간의 모든 단계에서 노력을 아끼지 않은 모든 분들께 이 자리를 빌려 감사드린다.

2009년 10월

한국직업능력개발원

원장 권 대 봉

CONTENTS

차 례

서장

대한민국의 녹색미래 만들기

권대봉

01절 녹색희망 찾기

녹색성장은 기후변화도 막을 수 있다. 역대 최대 규모의 기후변화 관련 정상회의가 대한민국의 이명박 대통령과 미국의 오바마 대통령을 비롯한 100여 개 국가의 정상들이 참여한 가운데 180개 국가 대표가 모여 2009년 9월 22일 뉴욕 맨해튼의 유엔(UN)본부에서 개최되었다. 이명박 대통령은 뉴욕타임스(The New York Times)와의 인터뷰에서 "기후변화에 대비하는 일은 일반적으로 경제성장과 상반된 것이라 생각하고 저탄소 정책에 반대하는 게 세계적 현상이지만 서울 청계천 복원의 경우 녹색성장과 경제성장을 함께 고려한 좋은 사례로 언급될 수 있다"며, "청계천 복원 전에는 썩은 물로 인한 메탄가스와 주변 지역의 심한 매연이 문제점으로 지적되었으나, 복원 후에는 주변 상권이 활발해지고 도시미관도 좋아져서 오히려 외국 관광객이 찾아오는 효과를 보고 있다"고 설명했다(문화일보, 2009. 9. 22).

이명박 대통령이 언급한대로 청계천을 거닐면 '대한민국의 녹색미래 만들기가 가능하다'는 녹색희망이 보인다. 거기에는 맑은 물이 흐르고 물고기들이 헤엄치며 개울가에는 나무들이 숨을 쉬고 있다. 복원 이전의 청계천

---

* 본 장은 권대봉(2009). 「녹색성장시대, 국가인재개발의 방향 변화」. 『공무원 HRD』, 제55권, 7~13쪽을 수정·보완한 것이다.

온 콘크리트로 뒤 덮인 고가도로 때문에 숨이 막힐 정도였다. 근대화의 물결 속에서 시멘트로 덮이기 전의 청계천은 오물 투성이의 죽은 개울이었다. 원래 청계천은 맑은 물이 흐르고 아이들이 멱을 감고 노는 살아있는 개울이었다. 하지만, 전쟁을 거치며 사람의 손길에 의해 훼손되었고, 근대화과정에서 또 사람의 손길에 의해 시멘트로 봉해졌으며, 선진화과정에서 다시 사람의 손길로 자연에 가까운 모습을 되찾게 되었다. 원래의 모습 그대로 복원되지는 않았지만 청계천이 살아 숨쉬는 희망의 공간으로 시민들에게 다시 다가온 것은 녹색희망의 신호등이다.

이제 국가비전인 '녹색성장'을 구현하기 위해 녹색희망의 신호등을 밝게 밝혀야 할 때가 도래하였다. 그것은 바로 새로운 대한민국 국가발전의 비전으로서 녹색성장을 구현하여 우리의 미래를 만들어 나가는 일이다. 누구나 깨끗한 물과 맑은 공기를 원한다. 이런 환경 속에서 사람다운 삶을 살기를 희망한다. 이와 같은 희망은 녹색성장을 이루어야만 가능하다. 결국, 녹색성장의 관건은 실천에 있다.

한국의 녹색성장 능력은 세계 4위이지만, 실천력은 세계 15위라는 평가가 영국의 제3세대 환경주의(Third Generation Environmentalism)에서 나왔다(동아일보, 2009. 9. 17). 외국의 독립 비영리단체로부터 한국의 녹색성장 능력이 세계 4위 수준으로 평가받았다는 사실은 매우 고무적이다. 우리는 녹색성장 능력 세계 4위와 실천력 15위 사이의 간극을 좁힐 수 있는 힘이 '녹색인재'로부터 나온다는 사실을 잘 알고 있다. 이처럼 중요한 녹색인재들이 제 기량을 발휘할 수 있는 일자리가 곧 녹색직업이다. 따라서 대한민국은 녹색인재들이 녹색직업을 갖고 녹색성장을 이룩하는 주역이 될 수 있도록 새로운 국가인재개발 방향을 제대로 정립할 필요가 있다.

02 절

녹색성장을 위한 국가인재개발의 지향점

이명박 대통령이 2008년 8.15 광복절 경축사에서 21세기 선진 일류국가 건설을 위한 새로운 국가발전 패러다임으로 '저탄소 녹색성장'의 국가 비전을 선포한 이후 2009년 2월 『저탄소녹색성장기본법』 정부안 확정, 2009년 7월 『녹색성장 국가전략 및 5개년계획』 청사진 발표 등 정부에서는 녹색성장을 위한 정책을 지속적으로 추진하고 있다.

환경보존과 국가경제개발, 두 가지 모두를 염두에 두는 새로운 국가발전 패러다임이 바로 '녹색성장'이다. 녹색성장은 단순히 무분별한 난개발로 인한 자연환경의 파괴 저지, 천연자원의 고갈에 대비한 새로운 자원의 개발, 온실가스 배출 증가로 인한 지구 온난화와 같은 기후변화에 대응하는 환경보존의 입장에만 머무르는 소극적인 개념이 아니다. 녹색성장은 파괴된 환경을 재생하는 동시에 그러한 활동이 국가발전의 새로운 성장동력으로 육성되도록 하는 긍정적인 논의라고 볼 수 있으며, 이러한 분야와 관련되어 새롭게 각광받는 산업을 녹색산업이라고도 한다. 이제 세계는 녹색산업에 대한 투자와 개발을 통한 녹색성장에 주목하고 있다.

우리는 녹색성장의 국가비전이 나오기 전에는 태양광에너지, 풍력에너지, 그리고 수자원에너지와 같이 수입하지 않아도 쓸 수 있는 에너지가 우리 땅에 풍부하게 잔존해 있다는 사실을 깨닫지 못하고 살아 왔다. 항상 우리 스스로 조국을 자원빈국으로 하대한 구시대적인 패러다임에서 탈출하지 못했던 것이다. 그러나 지금은 상황이 다르다.

21세기 선진 일류국가 건설을 위한 새로운 국가발전 패러다임으로 '저탄소 녹색성장'의 국가비전이 선포된 현 시점에서, 녹색성장시대의 국가적 마스터플랜에 근거하여 사회상 및 산업수요 변화에 맞춰 인재개발 체계와 그 내용이 개편되어야 함은 물론이고, 학교교육 단계부터 이를 위한 사전적 교육이 강화되어야 할 것이다. 특히 어떤 산업에서 필요로 하는 역량을 가진 인재만을 단순하게 양성하는 차원을 넘어서서, 세계 무대에서 녹색시장의 변화를 선도하고 가치를 창출할 수 있는 인재를 육성하도록 해야 한다.

따라서 인재개발은 녹색성장을 견인하기 위한 세계적 시도들과 전략적인 파트너십을 유지해야 한다. 단순히 기업의 전략과 결합된 기업 인재개발의 지향점만이 아니라, 세계의 녹색성장을 견인하고 녹색성장시대를 맞아 글로벌 리더의 자리 선점을 목표로 하는 국가정책 및 이니셔티브(initiative)의 전략적 파트너가 되어야 하는 것이다. 즉, 인재개발을 녹색성장시대를 여는 국가의 '전략적 파트너'로서 재조명해야 하고, 이 부문의 학계와 실천전문가들을 비롯한 관계자들은 그 어느 때보다도 즉각적으로 대응을 해 나가야 한다.

특히, 현재 기후변화 대응과 관련된 종합기본계획은 R&D 투자, 사회간접자본시설 생태효율성 및 탄소집약도 개선, 저탄소 소비 · 생산패턴의 촉진을 위한 가격 구조조정 등과 같은 정책수단들을 중심으로 고안되어 있다. 그렇기에 인재개발 부문에서는 녹색성장을 위한 국가전략이 조기에 현실화되고 실제적인 변화가 창조될 수 있도록 인적자원을 어떻게 양성하고 배치할 것인지를 포함하는 '인재개발 및 관리를 위한 마스터플랜'이 수립될 필요가 있다. 즉, 녹색성장시대를 여는 국정운영을 위해서는 전략적으로 적합도가 높은 인재개발 마스터플랜이 반드시 수반되어야 한다.

녹색성장시대를 열기 위한 녹색인재개발은 크게 두 가지 목적을 가져야 한다. 첫째, 저탄소 녹색성장에 관련된 개념을 이해하고 공감하며 인식을 형성하고 태도를 습관화하기 위한 기능론적 측면을 목적으로 삼아야 한다. 둘째, 녹색성장시대를 견인하기 위한 산업 부문의 인재들을 양성하는 것을 목적으로 삼아야 한다. 결국 녹색성장시대의 인재개발은 해당 산업 부문의 핵심인재를 양성하고 변화를 창조하는 리더를 창출하는 것을 지지할 뿐만 아니라, 전 국민이 친환경적인 삶의 패턴을 체화(體化)할 수 있도록 도모하는 방향으로 추진되어야 할 것이다.

03절

녹색성장시대를 주도하기 위한 국가인재개발 전략

저탄소 녹색성장의 패러다임을 실천하여 내재화하고 녹색성장시대를 열기 위해서는 이를 주도할 수 있는 변화창조적인 인재가 필요하다. 녹색성장시대를 위한 인재는 크게 친환경적인 그린 마인드(green mind)가 내재화된 인재, 녹색산업 부문의 핵심역량을 갖춘 인재로 구분하여 설명할 수 있다.

첫째, 녹색성장시대를 열기 위해서는 친환경적인 그린 마인드가 내재화된 인재를 양성해야 한다. 탄소배출을 줄이는 생활 습관, 에너지 절약 태도 및 친환경적 소재와 재활용품의 활용 등은 물론, 환경에 대한 전반적인 소비자 책임의식을 갖춘 인재가 필요하다. 이를 위해서는 우선 지구온난화와 관련된 전 지구적 문제와 위기상황에 대해 이해해야 하며, 에너지 효율과 지속가능한 녹색환경의 보존을 위한 기초 지식을 알고 실천할 수 있어야 한다. 가정은 물론 일터에서 온실가스를 줄이기 위한 매뉴얼을 만들어 캠페인과 홍보를 하고, 환경친화적 제품과 재활용품을 이용하며, 자전거를 이용하는 등 화석연료의 사용을 자제하는 그린 마인드를 내재화한 녹색시민을 양성해야 하는 것이다. 녹색소비가 되어야 녹색시장이 형성될 수 있고, 녹색시장이 활성화되어야 녹색성장이 가능하기 때문이다.

둘째, 신성장동력산업인 녹색산업 부문을 성공적으로 견인하기 위한 핵심역량을 갖춘 인재가 필요하다. 'Green is Green'은 '환경은 돈이다'라는 의미로, 앞의 green은 자연환경을 뜻하는 녹색, 뒤의 green은 미화 1달러의 색깔인 녹색을 나타냄으로써 결국 돈을 뜻한다. 이미 세계는 오래 전부터 지속가능한 성장이라는 표현을 자주 써 왔다. 청정기술 연구개발을 확대하고 환경과 성능을 개선한 제품을 출시한 뒤, 환경친화적 제품이라는 인정과 인증을 받으면 매출이 더욱 증대되고 증대된 매출의 일부는 환경개선에 다시 기여하게 되는 '녹색성장의 선순환 고리'는 이미 GE(General Electric)나 듀폰(DuPont)과 같은 유수의 기업들이 실천한 내용이다. 이명박 정부는 녹색성장을 견인하기 위하여 에너지효율향상산업이나 신재생에너지산업, 친환경산업(폐기물자원화산업, 기상산업 등)을 신성장동력으로 육성하기로 계획하고 있다. 이에 기후친화산업을 비롯한 녹색산업을 견인하기 위한 변화창조형 핵심인재가 필요하다. 자신의 전공영역과 관련된 지식 및 기술을 기반으로 녹색성장을 견인하기 위한 새로운 지식과 기술을 창출하고, 녹색성장과 관련된 새로운 목표와 가치를 지향하여 가정과 일터는 물론 국가와 전 세계의 지속가능한 환경 유지에 기여하며, 친환경적인 마인드로 환경문제에 대응할 뿐만 아니라 녹색성장을 이끌어갈 수 있는 전략적 마인드를 갖춘 인재가 필요한 것이다.

친환경적인 그린 마인드(green mind)가 내재화된 녹색시민과 녹색산업 부문의 핵심역량을 갖춘 녹색인재는 녹색산업 부문에 대한 엑스퍼트 파워(expert power)를 보유한 업무전문가일 뿐만 아니라, 고도의 윤리의식과 존재가치를 지닌 사회공헌가, 그리고 지식창조자이어야 한다. 녹색성장을 견인하기 위해 인재개발 부문은 사람들이 사회적 공헌가, 지식창출가, 목표달성가로 성장할 수 있도록 전략적 촉매 역할을 할 수 있어야 한다. 그러기 위해 인재개발 부문은 다음과 같은 다섯 가지의 전략적 활동을 준비할 필요가 있다.

첫째, 녹색성장을 위한 인재개발 마스터플랜을 수립하여야 한다. 녹색성장시대를 열고 그 성패를 결정짓는 요소는 결국 '사람'이다. 따라서 현재 세제 개혁, 신성장동력산업 육성, 사회간접자본 생태효율성 개선 등을 중심으로 고안된 기후변화 대응 종합기본계획에 적합한 인재를 양성하기 위한 정책적 이슈들을 담아 인재개발 마스터플랜을 확립할 필요가 있다. 인재개발 부문이 지향해야 할 비전과 미션, 그리고 역할에 대한 구체적이고 가시화된 설계도를 수립해야 하는 것이다.

둘째, 녹색시장을 분석하고 전망해야 한다. 녹색성장을 지향한다는 것은 친환경적 라이프스타일을 추구하고 녹색산업 부문을 신성장동력으로 설정하여 해당 녹색시장에서 대한민국이 경쟁우위에 설 수 있도록 함으로써 경기불황을 극복한다는 의미도 배태하고 있다. 블루 오션(blue ocean)처럼 아직 경쟁자가 많지 않으며 미개척 시장과 가까운 성격을 지니고 있는 녹색산업 부문은 일종의 그린 마운틴(green mountain)이라고 부를 수 있는데, 이 시장을 창출하고 주도권을 선점하기 위해서는 우선 주도면밀한 분석과 전망도출 작업이 선행되어야 한다. 즉, 녹색시장에서 필요한 인적·물적자원과 해당 시장의 규모, 필요한 재원의 확충방법 및 향후 파급효과 등에 대해 면밀히 분석하고 전망해야만 체계적인 준비를 할 수 있다. 이를 위해 부문별 국내외의 모범 사례를 벤치마킹하는 것은 물론, 다양한 시장 예측 및 분석 방법을 동원하여 자료를 생성할 필요가 있다.

셋째, 녹색성장 견인을 위한 녹색직업 요구를 분석해야 한다. 단순히 글로벌 마인드를 형성하고 친환경적 그린 마인드를 내재화하며 환경 및 에너지 관련 전공자 수를 늘린다고 해서 녹색성장의 시대가 오는 것은 아니다. 녹색산업과 관련된 시장별로 인력수요와 공급을 전망하여 불일치 현상이 일어나지 않도록 대비하여야 한다. 어떤 산업에 어느 정도의 인력이 필요하며, 따라서 어느 정도의 학력과 숙련 수준을 갖춘 인력을 양성해야 하는지 꼼꼼하게 따져보아야 한다. 또한 해당 인력을 육성하기에 적합한 방법을 찾을 때에도 기본적인 방식을 답습하기보다는 최적의 효과를 낼 수 있는 방법을 탐색해야 한다. 그러기 위해서는 녹색산업 부문별 요구를 반영해야 하고, 해당 업계 전문가들의 직무 및 산업 특성 등에서 비롯되는 요구를 명확히 분석해야 최적의 솔루션을 설계할 수 있다. 다양한 산업 및 인력에 대해 적합한 차별화된 솔루션을 제시하기 위해서는 명확한 진단이 반드시 선행되어야 하기 때문이다.

넷째, 녹색직업 요구분석을 기반으로 녹색인재 양성 및 역량 강화를 위한 프로그램을 개발해야 한다. 요구분석을 기반으로 하지 않는 인재개발 프로그램은 공급자와 수요자 간 서비스 제공 및 요구 간의 불일치가 존재하여 궁극적으로 인재개발의 존재 의미를 퇴색시킨다. 1차 고객인 학생 및 구직자와 같은 인적자원은 물론, 2차 고객인 녹색산업 관련 기업 등 노동시장 부문의 요구, 3차 고객인 국가정책과 공공기관 및 세계동향의 요구를 면밀히 검토하여 반영할 필요가 있다. 요구분석을 통해 도출된 방향과 내용에 따라 적합한 개입방법을 고려하여 개발하고 제공해야 한다.

다섯째, 녹색산업 부문 전문가를 육성하고 인증하기 위한 자격 및 인증제 등의 제반 평가체계를 구축할 필요가 있다. 해당 부문의 인력을 양성한다는 것은 그들이 '전문성'을 쌓아갈 수 있도록 체계적인 지원을 한다는 의미이기도 하다. 따라서 단순히 교육 및 상담과 같은 프로그램 방식의 개입 수준을 넘어서서 전문성을 형성할 수 있는 다양한 교육 외적 방법들이 동시에 지원되어야 한다. 왜냐하면 관련 분야에 대한 인증과 자격체제를 글로벌 스탠더드에 맞추어 구축하고 지속적인 전문성 인증 및 평가시스템 수립뿐만 아니라 지속적으로 최신화 하고 숙련을 쌓아가야만 하기 때문이다.

04절
대한민국의 녹색미래 만들기

지금까지 저탄소 녹색성장시대를 견인하기 위해 인재개발 부문이 지향해야 할 바와 전략들에 대해 살펴보았다. 녹색인재개발의 궁극적인 목적은 삶의 질을 증진시키는 것이다. 삶의 질을 증진시키기 위해 경제적 성장과 환경의 지속가능성 유지는 필수적 사안이다. 저탄소 녹색성장과 성숙한 세계국가를 동시에 지향하기 위해 인재개발 부문 역시 또 한번의 패러다임 이동을 통해 새롭게 자리매김해야 할 시점이다. 즉, 인재개발 부문이 경제성장은 물론 녹색성장 패러다임의 성공적 안착에 기여하여 개인과 국가 및 세계의 성장을 위한 '전략적 파트너'로서 자리매김할 수 있도록 이 부문의 학계와 실천전문가들을 비롯한 관계자들이 주도면밀하면서도 신속한 사전 준비를 해 나가야 할 시기인 것이다.

그린 마운틴(green mountain)을 개척하고 등반할 수 있는 변화창조적 인재를 육성하기 위해 인재개발 부문은 친환경적인 그린 마인드를 바탕으로 녹색산업 부문에 핵심역량을 갖춘 인재를 육성하기 위한 전략적 방법들을 구현해야 한다. 새로운 시대가 원하는 지식창출가, 목표달성가이면서 사회적 공헌가를 양성하는 것이 필수불가결한 전략인 시대가 도래한 것이다.

따라서 녹색성장을 지향하는 녹색인재개발은 다음과 같은 전략적 활동을 이행해야 한다. 첫째, 녹색성장을 위한 인재개발 마스터플랜을 수립하여야 한다. 둘째, 녹색시장을 분석하고 전망하며 모범사례를 전파해야 한다. 셋째, 녹색성장을 견인하고 관련 시장의 불일치 현상을 예방하기 위해 녹색직업 요구를 분석해야 한다. 넷째, 녹색직업 요구분석을 기반으로 녹색인재 양성 및 역량 강화를 위한 다양한 기제들을 개발해야 한다. 다섯째, 녹색산업 부문 전문가를 육성하고 관련 자격 및 인증제를 비롯한 제반 평가체계를 구축해야 한다. 그리고 녹색진로교육을 실시하여 학부모와 학생들이 녹색미래를 꿈꾸며 희망을 품을 수 있도록 해야 한다.

CHAPTER

1

왜 녹색직업인가?

채창균

환경보호를 의미하는 '녹색'과 경제성장이 결합된 의미로 해석할 수 있는 '녹색성장'은 상호모순적인 두 단어의 결합처럼 여겨진다. 그러나 지구온난화 문제의 심각성으로 인해, '녹색'을 통하지 않고서는 더 이상의 성장이 불가능하다는 점에서, 녹색성장은 성장을 위해 선택 가능한 여러 대안 중의 하나가 아니라, 피할 수 없는 선택이라고 말할 수 있다.

선진국들을 비롯하여 우리는 녹색성장을 추진할 수밖에 없는 상황이며, 녹색시장의 성장 추세는 향후 더욱 강화될 전망이다. 녹색성장은 인터넷 및 정보기술(IT)의 도입과 발전에 따른 지식기반경제의 등장과 동일한 무게의 새로운 패러다임의 출현을 의미한다.

녹색기술과 녹색산업의 등장 및 성장은 새로운 직업의 출현을 가져오는데, 그것이 바로 녹색직업이다. 녹색직업은 에너지 공급, 교통, 제조업, 건물, 물 질관리, 소매, 농업, 임업 등 다양한 영역에 걸쳐 출현하고 있으며, 완전히 새롭게 등장한 직업도 있지만, 기존 직업 중에서 재조명을 받게 된 경우나 기존 직업에 녹색숙련이 부가된 형태의 직업들이다. 이들 직업의 전체 규모 파악은 자료가 워낙 방대하여 쉽지 않지만, 현재 상당수가 존재하며, 향후 지속적으로 확대될 전망이다.

상대적으로 '괜찮은 일자리'일 가능성이 높고, 고용창출 효과도 크며, 아웃소싱이 곤란하다는 긍정적 특성을 갖는 녹색직업이 앞으로 더욱 확대되기 위해서는 녹색직업 모니터링 및 수급전망체제의 구축, 교육훈련체제와 자격제도의 녹색화, 녹색직업으로의 진출을 유도하는 진로지도의 활성화 등 다양한 정책적 지원 노력이 요구된다.

01 절 녹색성장의 대두

녹색성장이 우리 경제의 새로운 화두로 떠오르고 있다. 녹색성장이란 환경보호를 의미하는 녹색이 경제성장과 결합된 의미로 해석될 수 있다. 그런데 환경보호가 자유로운 경제발전을 저해하는 일종의 불가피한 규제처럼 해석되었던 과거의 상황에 비추어 볼 때, 녹색성장은 상호모순적인 두 단어의 결합처럼 여겨진다. 다시 말해 녹색 자체의 호불호와 무관하게, 녹색을 통해 어떻게 경제성장이 가능할 것인지에 대해 의문을 품게 될 수 있는 것이다. 또한 아프리카 인구의 80% 이상이 전기의 혜택을 누리고 있지 못한 상황에서 환경에 대한 관심은 일종의 사치로 치부될 수도 있고, 그간 경제성장을 위해 환경을 오염시켜 온 선진국들이 개도국의 경제성장 여지를 제한하는 '횡포'로 비추어질 수도 있다. 그러나 환경문제의 심각화에 따라 환경을 염두에 두지 않는 물건 만들기가 더 이상 불가능해진 상황을 전제할 경우에는, '녹색'이 '성장'을 위해 선택 가능한 여러 가지 경로 중 하나가 아니라, '녹색'을 통하지 않은 '성장'은 있을 수 없게 된다. 상황이 점점 이런 방향으로 변화하고 있기 때문에, 녹색성장 대두는 불가피한 것이다. 이미 작고한 환경운동가 데이비드 브라우어(David Brower)가 '지구가 죽은 땅이 되면 어떤 비즈니스도 이루어질 수 없다(There is no business to be done on a dead planet)'고 지적한 것처럼 정도의 차이는 있지만, 우리나라만이 아니라 전 세계 주요 국가에서 녹색성장을 내세우고 있는 것도, 바로 이런 맥락에서 이해될 수 있다고 하겠다.

흔히들 녹색성장을 저탄소화와 동일시하는 경향이 있다. 저탄소화란 경제활동과정에서 발생하는 CO_2 배출량을 감축시킴으로써 지구의 기후변화에 대응하고자 하는 것을 의미한다. 그러나 녹색성장을 이렇게 소극적으로 저탄소화에 국한하는 것은 녹색성장의 가능성에 비추어 볼 때 그다지 적절하지 않다. 저탄소화를 포함한 녹색기술을 바탕으로 환경친화적 비즈니스모델 등을 통해 새로운 시장을 창출하는 모든 것들을 포괄하는 보다 적극적인 의미로 녹색성장을 해석할 필요가 있다.

녹색성장이 부상한 배경으로는 우선 기후변화 문제의 심각성을 들 수 있다. 산업혁명 이후 석탄, 석유 등 화석연료 사용이 늘어나면서 막대한 CO_2가 배출되었고, 그 결과 지난 100년간 지구 평균기온이 0.74℃ 상승했다. 2004년 현재 전 세계 CO_2 배출 수준은 29기가 톤에 달한다. 상대적으로 안전한 수준의 CO_2 배출규모 14.5기가 톤의 거의 두 배에 달하는 수준이다. 막대한 인명피해와 경제적 손실을 가져오고 있는 최근의 기상이변은 모두 이러한 지구온난화의 영향이라고 해도 과언이 아니다. 기상이변에 따른 경제적 손실규모는 세계 GDP의 5~20% 수준에 달하는 것으로 추정되고 있다(Stern, 2006). 특히 우리나라의 경우 급속한 산업화로 인해 지난 100년간 평균기온이 1.7℃ 상승해서, 세계 평균 수준을 크게 상회하고 있는 실정이다.

현재의 상황도 심각하지만, 더 큰 문제는 지구온난화 현상이 현 추세대로 갈 경우 더욱 심해질 전망이라는 점이다. 유엔 정부간 기후변화위원회(IPCC)의 2007년 보고서에 따르면, 인류가 지구온난화의 심각성을 무시하고 지금처럼 경제발전에만 매진하면서 화석연료에 철저하게 의존할 경우 대

[그림 1] 기온변화 추이

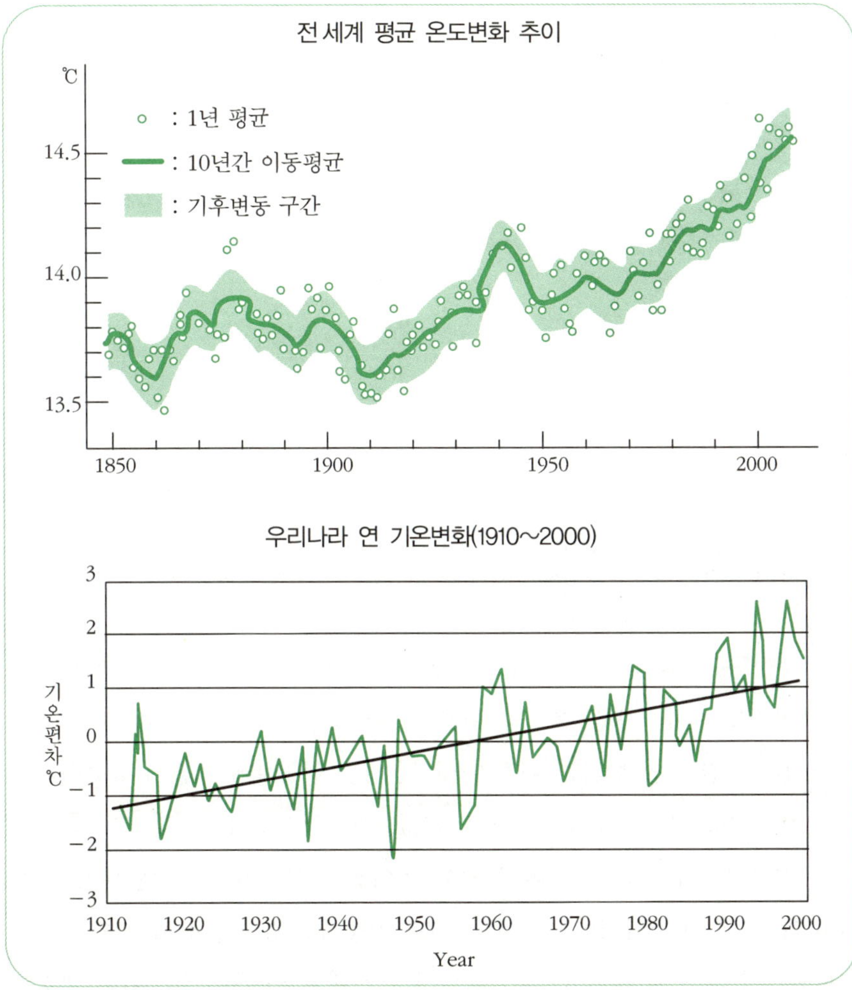

자료: 녹색성장위원회(2009).

기 중 이산화탄소 농도는 1550ppm까지 높아진다. 현재의 네 배 수준이다. 이렇게 되면 100년 뒤 지구 전체의 평균기온은 현재보다 4℃ 정도 오를 것

≪표 1≫ 주요국의 CO_2 배출량

국 가	일인당 CO_2 배출량 (t CO_2, 2004년)	지구적 CO_2 배출량 (Gt CO_2, 2004년)
전 세 계	4.5	29*
미 국	20.6	132
캐 나 다	20.0	129
호 주	16.2	104
일 본	9.9	63
독 일	9.8	63
영 국	9.8	63
네덜란드	8.7	56
이탈리아	7.8	50
프 랑 스	6.0	39

주: * 1인당 배출량과 인구수를 감안하여 환산.
자료: United Nations(2007), *Human Development Report*, 한진희 · 김재훈(2008)에서 재인용.

으로 추정된다. 범위로 보면 최저 2.4℃에서 최고 6.4℃가 된다. 최악의 경우를 상정할 경우 지구 전체의 평균기온이 6.4℃ 오른다는 것이다. 지난 250년간 그 전 수만 년과는 비교가 안 될 만큼 엄청나게 기온이 상승했다고 하지만 그 변화폭은 1℃도 채 되지 않았는데, 앞으로 100년간 그 여섯 배 이상 평균기온이 오른다면 어떤 일이 벌어질지 상상이 되지 않는다. 그간 CO_2 의무감축에 소극적이던 미국과 개도국 등에도 감축을 강제하는 '포스트 교토의정서 체제'에 대한 논의가 활발하게 전개되고 있는 것도 이런 배경에서 이해될 수 있다. 그렇게 되면 현재 교토의정서의 의무부담국에 포함되어 있지 않은 한국도 '포스트 교토의정서 체제'에서는 의무부담국의 지위를 부여받을 것이 거의 확실시 된다. 한국의 경우에도 CO_2 감축문제가 더 이상 '강 건너 불'이 아니라 '발등의 불'이 된 것이다.

≪표 2≫ 주요 에너지원의 가채년수(2008년 기준)

에너지원	원 유	천연가스	석 탄
가채년수	39년	59년	114년

자료: Warn Scientists(2007. 6. 6), "World Oil Supplies Are Set to Run Out Faster Than Expected", *The Independent*, 삼성경제연구소(2008. 10. 8)에서 재인용.

에너지원의 고갈문제도 심각하다. 한 자료에 따르면, 원유의 경우 2047년 경에 고갈될 전망이며, 석탄도 2122년이면 고갈된다. 특히 우리나라의 경우 화석연료에 대한 의존도가 높은 반면 신재생에너지 보급 수준이 미미하고, 에너지 다소비업종의 비중이 8.0%로 일본(4.6%), 미국(3.1%) 등 선진국에 비해 매우 높기 때문에, 현재와 같은 상황이 지속된다고 전제할 경우 에너지원의 고갈에 따른 타격을 가장 직접적으로 받게 된다. 신재생에너지의 확보는 우리 경제의 지속성 유지를 위한 피할 수 없는 선택이라고 할 것이다.

선진국들을 비롯하여 불가피하게 녹색성장을 추진할 수밖에 없는 상황인 가운데, 녹색시장의 성장세가 확대되고 있다. 특히 이 시장은 기술 및 표준이 설정되는 선도시장(lead market)의 성격을 띠고 있어, 선도자의 이익을 확보하기 위한 각국 간의 경쟁이 치열한 반면(녹색경주, green race), 산업발전의 역사가 일천하여 아직 뚜렷한 선도자가 없다는 점에서 한국이 후발자가 아닌 선도자의 위치로 나설 수 있는 좋은 기회이기도 하다. 우리가 녹색성장을 전면에 내걸고 적극적으로 나서야만 하는 이유가 바로 여기에 있다.

녹색시장은 향후 급속한 성장세를 실현할 것으로 전망된다. 세계은행의 전망에 따르면, 탄소배출권시장의 경우 2007년의 640억 달러 수준에서 2010년에는 1,500억 달러 수준으로 크게 확대될 것으로 예상된다. 풍력, 태양광, 바이오매스, 수소연료전지 등 신재생에너지 시장 규모도 2007년의 773억 달러에서 2017년에는 2,545억 달러로 3배 이상 확대될 전망이다. UNEP 등의 전망 결과에 따르면, 세계 환경시장 규모는 현재의 1조 37억 달러에서 2020년에는 2조 74억 달러로 2배 정도 확대될 것으로 예상된다.

특히 다른 부문에 비해 녹색관련 부문의 성장세가 더 두드러진다는 것이 일반적인 지적이다. 미국의 경우 2004년에서 2007년 사이에 녹색산업이 연 5% 수준의 성장세를 보였으며, 이는 다른 산업의 성장률을 상회하는 수치이다. 또한 향후에는 연 20~30% 정도의 성장세를 보일 것이라는 것이 애널리스트들의 일반적인 전망이다.

녹색 부문이 향후 경제의 대세가 될 것이라는 기대감은, 마이크로소프트사(Microsoft Corporation)의 창립자인 빌 게이츠(Bill Gates)가 '녹색경제는 미국이 직면한 가장 큰 경제적 기회'라고 언급한 것에서도 확인할 수 있다. '제품구매 결정시 기업의 환경관련 실적이 얼마나 중요한지' 물었던 2007년 3월의 갤럽 여론조사에서, 미국 국민의 83%가 '매우 중요하거나 중요하다'고 응답했다. '경제성장을 제약할 가능성이 있다고 하더라도 환경보호를 가장 우선시해야 한다'는 지적에 55%가 동의한 것도 녹색 없는 성장이 불가능하며, 결국 향후의 경제성장은 녹색을 통해 이루어질 수밖에 없을 것임을 잘 보여 주고 있다. 다른 여론조사에서는 미국 소비자의 87%가 가격과 제품의 질이 동일할 경우 환경보호와 같은 좋은 이미지를 갖는 기업제품으로 바꾸어 구매할 의사가 있다고 응답한 것 역시 녹색성장의 필연성을 확인하게 하는 대목이다.

민간 부문이 발 빠르게 녹색을 향해 움직이고 있다는 사실도 녹색성장의 전망을 더욱 밝게 해 주고 있다. 미국의 경우 2008년에 벤처투자업계가 심각한 부진을 면치 못했지만, 이 와중에도 녹색에너지 벤처업계로 몰린 투자액은 무려 84억 달러에 달했다. 이는 2007년보다 40%나 증가한 규모이다. 중국에서도 벤처자본의 19%가 환경기술 분야에 투자되고 있다. 세계 최대 인터넷 검색업체 구글(google)이 그린에너지 팀을 별도로 가동하고 있다는 것 역시 시사하는 바가 적지 않다.

그렇다면 녹색성장은 인터넷과 정보기술(IT)의 도입과 발전에 따른 지식기반경제의 등장과 동일한 무게의 새로운 패러다임 출현을 의미하는가? 대답은 '그렇다'이다.

IT는 이전에는 존재하지 않던 새로운 시장을 만들어 냈을 뿐만 아니라, 기존 산업의 IT와의 접목을 유도함으로써 IT 없는 경제를 상상할 수 없도록 만들었다. 뿐만 아니라 이러한 경제적 변화는 일상생활의 엄청난 변화를 초래했다. 아침에 출근해서 이메일(e-mail)을 체크하거나 보내고, 온라인으로 뉴스를 보며, 쇼핑도 하고, 온라인상의 음악방송을 듣거나 음악파일을 다운로드 받고, 유튜브(http://www.youtube.com)에 접속하는 식의 지금은 일상이 되어버린 활동을 과거에는 상상이나 할 수 있었겠는가. IT 문맹이 되어서는 원활한 사회생활이 곤란한 상황에까지 이르렀다. 이런 점에서 IT의 등장은 분명히 새로운 패러다임의 출현을 의미했다.

녹색성장을 가능하게 할 녹색기술 역시 IT와 마찬가지의 경로를 따르게 될 것으로 보인다. 일단 신재생에너지 산업 등 녹색기술과 관련된 새로운 시장이 만들어지고 있을 뿐만 아니라, 향후에도 급속하게 발전할 것으로 예견된다. 또한 환경오염 기업이나 에너지 다소비기업이 지금 상태를 그대로 지속할 경우, 현재와 같은 급속한 기후변화의 추세 속에서는 국내외적인 규제를 통해, 혹은 소비자들의 구매 거부에 의해 시장에서 외면당할 수밖에 없는 상황인 만큼, 친환경적인 녹색기술의 도입을 통한 변신이 불가피하다. 다시 말해 녹색기술의 파급력은 기존 산업에까지 확산될 것이 자명하다. 또한 환경보존의 필요성이 높아지면서, 일상생활 패턴도 크게 달라질 전망이다. 앞서 언급한 미국의 설문조사 결과처럼, 소비자들의 구매 여부가 제품의 녹색 정도에 따라 달라지는 것은 물론이고, 에너지 효율에 대한 관심이 제고되며 IT 문맹의 경우처럼 녹색문맹이 사회문제화 되는 등 소비자의 녹색의식이 일상화되는 '생활혁명'의 과정을 밟게 될 것이다. 우리나라의 경우에도 2009년부터 제품의 생산 · 유통 · 소비 전 과정에서 발생하는 온실가스 배출량을 표시하는 '탄소성적표지제도'가 본격적으로 시행될 예정으로 되어 있어, 녹색소비문화의 확산이 그리 먼 미래의 일은 아닐 것이다. 이렇게 본다면, 녹색성장이 IT성장과 너무도 흡사하게 글로벌 사회전반의 패러다임 전환을 가져올 것임은 분명하다.

더구나 이러한 녹색 붐은 과거 IT 붐과는 달리 버블을 수반하지 않는다는 점에도 유념할 필요가 있다. 이유는 간단하다. 녹색경제로의 이행이 선택사항이 아니기 때문이다. 화석연료에 대한 의존도를 줄이지 못할수록, 역설적으로 녹색경제로의 이행 필연성은 더 강화될 수밖에 없는 것이다.

02절

주요 선진국의 녹색성장전략[1]

새로운 패러다임으로의 이행과정은 이미 시작되었다. EU는 온실가스 규제와 같은 환경규제를 통해 역내 산업의 경쟁력을 높여왔으며, 2003년 유럽의회에서 제정된 『신재생에너지법』을 기반으로 청정·재생 에너지관련 R&D 확대 등 다양한 프로젝트를 추진하여 회원국들의 녹색산업 경쟁력 강화를 위한 정책지원을 가속화하고 있다.

독일의 경우 2004년 『재생가능에너지법』을 제정해 10년 간격으로 신재생에너지 시장확대 목표량을 제시하고, FIT(Feed-In-Tariff), 즉 신재생에너지로 생산한 전력을 화석연료 발전단가와의 차이를 감안해 높은 고정가격에 구매해 주는 제도를 통해 국내시장을 확대해 오고 있다. 그 결과 2000년에 일본의 1/3 수준이던 태양광발전 설치량이 2007년에는 일본의 3배를 상회하는 정도로 크게 증가하였다. 특히 2020년까지는 이 분야를 자동차산업 규모로까지 크게 키울 방침인 것으로 알려지고 있다.

영국은 2008년 '새로운 도전, 새로운 기회'라는 캐치프레이즈를 걸고 저탄소산업을 중심으로 한 미래형 신 제조업 육성계획을 발표한 바 있으

1) 이 절은 녹색성장위원회(2009), 삼성경제연구소(2008. 10. 8) 등의 논의를 주로 정리하였다.

며, 2020년까지 1,000억 파운드(약 1,400억 달러)를 투입해 재생에너지 개발에 본격적으로 나설 방침이다.

그 밖에 덴마크와 아이슬란드는 에너지 고효율정책 및 지열, 수력발전과 수소 대체프로젝트 등을 추진하고 있으며, 프랑스의 경우 사하라 사막에 태양열 발전소를 건설하고, 지중해연합 결성을 통해 에너지 네트워크를 구축하는 등의 정책적 노력을 기울이고 있다.

한편, 전통적인 성(省)에너지 강국인 일본의 경우 2007년부터 '저탄소사회'를 비전으로 제시하고 이를 달성하기 위해 노력중이다. 2008년 6월의 '후쿠다 비전'에서는 CO_2를 2020년까지 현재 대비 14% 감축하고, 2050년까지 60~80% 감축하는 것을 목표로 설정하였다. 이러한 목표 달성을 위해 발전·송전, 교통, 산업, 민생 등 전반에 걸쳐 핵심기술을 구체적으로 제시하였으며, 경제산업성 산하에 정부와 민간이 공동 참여하는 기구인 NEDO(New Energy Development Organization)를 설치하고 이 기구를 중심으로 중장기적인 R&D 투자전략을 수립하며, 개발된 기술에 대한 사업성을 평가해 오고 있다. 이러한 정책들의 추진을 통해 친환경산업 시장 규모를 2006년보다 40% 늘어난 100조 엔 규모로 키울 예정이다.

EU나 일본에 비해 상대적으로 뒤처졌던 미국의 경우, 오바마 대통령의 당선을 계기로 녹색산업의 주도권을 빼앗아오기 위한 야심찬 계획을 추진 중이다. 지구온난화에 대한 대응을 통해 새로운 성장동력을 찾고자 하는 '그린 뉴딜'이 바로 그것이다. 2050년까지 온실가스 배출량을 1990년 대비 80%까지 줄이겠다는 목표 속에서, 오바마 정부는 향후 10년간 태양열, 풍력, 바이오연료 등 신재생에너지 분야에 1,500억 달러(약 220조 원)를 투자해 500만 개의 일자리를 새로 만들고, 재생에너지 전력생산비율을 2012년에는 10%, 2025년에는 25% 수준까지 높일 계획이다.

오염생산국으로 알려진 중국도 이러한 변화의 흐름에 적극 동참하고 있다. 2006년 1월부터 시행된 '재생가능에너지법'을 통해 건축물을 설계할 때 태양광 발전시스템 설치를 의무화하고, 풍력자원 조사 및 풍력발전설비 설치 시 보조금을 지급해 주고 있다. 제10차 국가계획(2001~2005년)에서는 신재생에너지 분야의 상용화기술 투자예산을 차세대기술 투자예산의 무려 8.2배 수준(2,800만 달러)으로 설정해 놓는 등 관련 산업육성에 일찍부터 힘을 기울여 왔다. 또한 향후 4년간 대체에너지 사용차량을 생산하는 회사와 이를 구매하는 소비자에게 세금혜택과 보조금을 지급하는 방식으로 200억 위안을 지원한다는 방침도 세워 놓았다. 이러한 노력은 결실을 보고 있다. 2007년 현재 중국은 태양전지 분야에서 세계 2위의 기업(Suntech), 풍력터빈 분야에서 세계 7위의 기업(Goldwind)을 배출해 냈다. Suntech의 경우 2003년에 비해 2007년 매출액이 100배나 증가하는 등 고속성장을 이루기도 하였다.

03 절
녹색기업의 등장[2]

녹색이 새로운 비즈니스 영역이나 비즈니스 모델로 대두되고 있고, 환경문제에 대한 소비자들의 인식 수준이 제고되면서, 기업들도 발 빠르게 이러한 변화의 흐름에 대응해 가고 있다. 과거 기후변화에 직접적인 영향을 받는 일부 업종에 국한되어 있던 '환경' 위협이 업종과 상관없이 모든 기업에 걸쳐 확산되고 있는 것이다. 또한 단순히 기업이미지를 제고하기 위한 마케팅 차원에서의 대응이 아니라, 지속가능성을 염두에 둔 비즈니스 모델로의 변화를 통한 새로운 사업성장의 기반 마련 차원에서의 접근방식이 나타나고 있다.

기업들의 녹색경영 유형은 크게 세 가지로 구분된다. 첫 번째 유형이 주력제품의 에너지 효율 향상을 추구하는 것이라면, 두 번째 유형은 회사경영의 에너지 효율 제고를 목표로 하는 것이다. 세 번째 유형은 직원들의 일상생활에서의 에너지 효율 제고를 목적으로 한 것이다. 물론 동일한 기업이 이 세 가지 유형 모두를 경영에 활용하는 경우도 얼마든지 가능하다.

먼저 '혁신자(innovator, 2.5%) → 초기수용자(early adopter, 13.5%) →

2) 이 절은 삼성경제연구소(2008. 10. 8), 현대경제연구원(2008. 8. 22) 등의 논의를 주로 참조하여 작성하였다.

초기다수자(early majority, 34.0%) → 후기다수자(late majority, 34.0%) → 최후추종자(laggard, 16.0%)'의 순서로 시장이 확대된다고 보는 확산이론(diffusion theory)에 의할 경우, 이미 혁신자의 단계를 지나 초기수용자의 단계로 진입한 것으로 보이는 자동차 업종에서는 친환경제품 생산 노력이 일찍부터 추구되어 왔다.

도요타(Toyata)의 경우에는 1992년 '도요타 지구환경헌장'을 제정하고, 1993년부터 내연기관을 가동할 때 발생하는 전기를 배터리에 저장했다가 운행에 이용하는 자동차인 하이브리드카 개발에 착수했으며, 1997년 하이브리드카 '프리우스'를 세계 최초로 상용화한 이해 현재까지 12종이 출시되었고 누적판매량이 150만 대를 돌파했다. 특히 창립 70주년을 맞아 발표한 '도요타 글로벌비전'에는 전 차종에 하이브리드 기술 채용, 고성능 소형 2차 전지와 연료전지 개발, 바이오연료와 바이오플라스틱(천연소재로 생산되며, 생산에 필요한 에너지가 합성수지의 1/3, 철의 1/2 수준으로 범퍼, 차체 등에 폭넓게 이용 가능) 기술확립 등 친환경적인 사업아이템을 전면에 내걸었다. 2010년대 초반까지는 도요타 연간 총생산량의 약 10% 수준인 100만 대 판매를 목표로 하고 있다. 또한 전기자동차의 조기상용화를 위한 노력을 가속화하고 있으며, 2009년에는 하이브리드카와 전기자동차의 중간 단계인, 가정 내 전원을 통해 충전 가능한 '플러그인 하이브리드카'를 2009년에 출시할 계획으로 있다. 에너지 효율 제고 노력에 힘을 쏟지 못해 결국 심각한 경영위기에까지 직면하게 된 세계최대 자동차 메이커 제너럴 모터스(General Motors; GM)의 경우 '그린 스트래티지(Green Strategy)'를 슬로건으로 내걸고 50여 종의 생산차종 중 3/4을 하이브리드카로 교체하는 전략을 세우는 등 새로운 도약을 위해 안간힘을 쏟고 있는 중이다.

그런가 하면, 세계적인 컴퓨터 제조 기업인 델(DELL)의 경우 '심플

리파이 IT(Simplify IT)'라는 슬로건 아래, 친환경 PC 설계구조를 통해 2010년까지 전력소비량을 현재보다 25% 절감하는 새로운 PC를 시장에 선보일 계획이며, IBM은 '빅 프로젝트 그린(Big Project Green)'에 10억 달러를 투자하여 IT 인프라의 에너지 효율을 향상시킬 예정에 있다.

두 번째 유형의 대표적인 기업으로는 바스프(Basf), 제너럴 모터스(General Motors; GM) 중국법인, TNT Express 등을 들 수 있다. 필립스(Philips)는 '에코비전 4'라는 이름의 프로그램을 통해 사무실과 생산부서의 에너지 효율성을 5년간 25%까지 향상시킬 계획을 세웠다.

독일의 세계적인 화학제품제조회사인 바스프(Basf)의 경우 원재료 구매, 제품생산, 고객이용, 마지막 폐기에 이르는 각 프로세스별로 CO_2 배출량과 감축량을 조사한 결과를 담은 '탄소대조표(carbon balance)'를 작성하여 대외에 공표하고 있으며, CPO(Climate Protection Officer(기후변화담당 임원))를 임명하였다. 이러한 노력의 결과 2007년의 경우 CO_2 배출량이 8,700만 톤이었음에 비해 절감량은 2억 5,200만 톤에 달하는 획기적인 성과를 거두었다.

또한 제너럴 모터스(General Motors; GM) 중국법인의 경우 자사에 국한된 친환경 활동을 자사의 전후방 파트너에까지 확대하는 '공급사슬 그린화(greening the supply chain)' 프로젝트를 추진 중이다. 그 결과 CO_2 배출량을 2,100톤 감축했고, 물을 약 2억 5천만 리터 절약했으며, 휘발성 유기화합물 배출량을 38% 감축하는 등의 성과를 거두었다. 물류회사인 TNT Express는 화물용 자동차를 CO_2 절감 차량으로 교체하는 등의 내용을 담은 '플래닛 미(Planet Me)' 전략을 전개하고 있다.

세 번째 유형의 기업으로는 1863년에 설립된 세계 1위의 재보험사인 스위스 리(Swiss Re)를 들 수 있다. 이 회사에서는 온실가스 감축을 주된

≪표 3≫ 주요 기업의 녹색경영 사례

회 사	녹색경영 슬로건 (또는 프로그램)	추진 내용
도요타 (Toyota)	도요타 글로벌 비전	• 전 차종에 하이브리드기술 채용 • 고성능 소형 2차 전지와 연료전지 개발 • 바이오연료와 바이오플라스틱 기술 확립 등
제너럴 모터스 (GM)	Green Strategy	• 50여 종의 생산차종 중 3/4을 하이브리드카로 교체
델 (DELL)	Simplify IT	• 친환경 PC 설계구조를 통해 2010년까지 전력 소비량을 현재보다 25% 절감
아이비엠 (IBM)	Big Project Green	• IT 인프라 에너지 효율 향상 전략
바스프 (Basf)	–	• '탄소대조표(carbon balance)'를 작성하여 대외에 공표 • 원재료 구매, 제품생산, 고객이용, 마지막 폐기에 이르는 각 프로세스별로 CO_2 배출량과 감축량을 조사한 결과를 제시 • CPO(Climate Protection Officer(기후변화 담당 임원)) 임명 • 이러한 노력의 결과 2007년의 경우 CO_2 배출량이 8,700만 톤이었음에 비해 절감량은 2억 5,200만 톤에 달하는 획기적인 성과 달성
제너럴 모터스 (GM) 중국법인	Greening the Supply Chain	• CO_2 배출량을 2,100톤 감축했고, 물을 약 2억 5천만 리터 절약했으며, 휘발성 유기화합물 배출량을 38% 감축
티엔티 익스프레스 (TNT Express)	Planet Me	• 화물용 자동차를 CO_2 절감 차량으로 교체(기존 대비 6% 절감 목표)
스위스 리 (Swiss Re)	COYou2 reduce and gain	• 직원들에게 하이브리드카 구매, 대중교통 이용, 태양전지판 또는 히트 펌프 설치를 지원하는 인센티브 프로그램 • 근속년수 2년 이상인 직원을 대상으로 배출량 삭감에 투입한 비용의 50% 또는 최대 5,000스위스프랑까지 지원

자료: 삼성경제연구소(2008. 10), 현대경제연구원(2008. 8. 22) 참조.

≪표 4≫ 국내 대기업의 녹색경영 추진 동향

회 사 명	추진 내용
현대 · 기아차그룹	• 하이브리드 차량, 연료전지 차
삼성그룹	• 태양전지, 태양광 발전소, 연료전지사업(발전용, 휴대용)
GS그룹	• ADB와 1,000억 원 규모의 '아시아 클린 펀드(ACE)'를 조성
LG그룹	• 건물일체형 태양광 방전 시스템, 하이브리드 냉난방 시스템, 태양광 발전소, 태양전지, IT 시스템 통합기술을 활용한 태양광 발전 조성사업
POSCO(포스코)	• 발전용 연료전지, 해외 및 북한에서의 조림사업
한국전력	• 중국 최대 풍력발전단지를 운영하는 CDM 사업 • 발전용 연료전지 사업(포스코와 제휴)
현대중공업그룹	• 태양광발전 사업, 하이브리드 버스, 신재생에너지 사업
SK에너지	• CDM 사업
두산그룹	• 발전용 연료전지
효성그룹	• 태양광 발전소 건설 및 전력시스템 사업, 풍력터빈, 친환경섬유 사업
코오롱그룹	• 태양광 발전소 건설 및 유기 태양전지

자료: 현대경제연구원(2008. 8. 22).

내용으로 하는 'COYou2 reduce and gain' 프로그램을 실시하고 있다. 이는 직원들에게 하이브리드카 구매, 대중교통 이용, 태양전지판 또는 히트펌프 설치를 지원하는 인센티브 프로그램인데. 근속년수 2년 이상인 직원을 대상으로 배출량 삭감에 투입한 비용의 50% 또는 최대 5,000스위스프랑까지 지원하는 것을 그 골자로 하고 있다.

국내의 주요 기업들도 이러한 움직임에 적극적으로 동참하기 시작했다. 현대 · 기아차그룹은 하이브리드 차량과 연료전지 차 생산에 주력하고 있으며, 삼성그룹은 태양전지, 태양광발전소, 연료전지사업에 적극적이다.

[그림 2] 국내 기업의 '지속가능보고서' 발간 추이

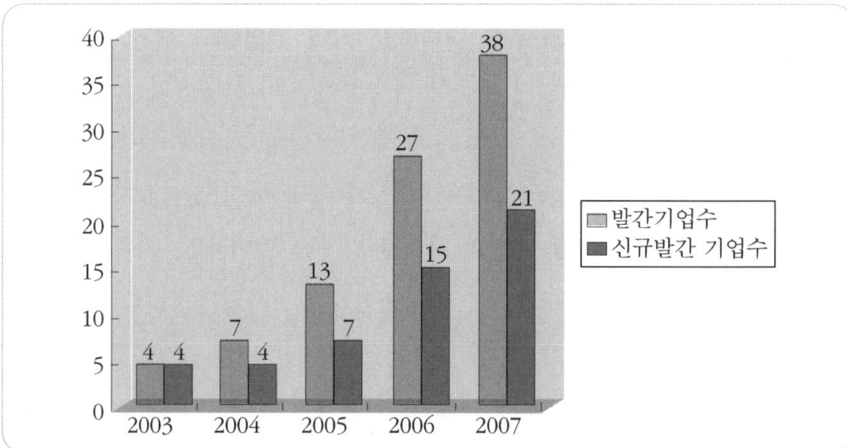

자료: 대한상공회의소.

GS그룹의 경우 ADB와 1,000억 원 규모의 '아시아 클린 펀드(ACE)'를 조성했고, LG그룹은 건물일체형 태양광발전 시스템, 하이브리드 냉난방 시스템, 태양광발전소, 태양전지, IT 시스템 통합기술을 활용한 태양광발전 조성사업 등에 나서고 있다. POSCO(포스코)는 발전용 연료전지, 해외 및 북한에서의 조림사업에 관심을 표명하고 있고, 한국전력은 선진국 기업이 개발도상국의 온실가스 감축사업에서 획득한 배출권을 자신의 할당목표를 충족하는 데 사용하는 제도인 CDM(Clean Development Mechanism) 사업을 추진하는 한편, 포스코와 제휴하여 발전용 연료전지 사업에 뛰어들고 있다.

그런가 하면, 현대중공업그룹은 태양광발전 사업, 하이브리드 버스, 신재생에너지 사업에 착수하였으며, SK에너지는 CDM 사업, 두산그룹은 발전용 연료전지 사업, 효성그룹은 태양광 발전소 건설 및 전력시스템 사업, 풍력터빈, 친환경섬유 사업, 코오롱 그룹은 태양광 발전소 건설 및 유기 태양전지 사업을 추진하고 있다.

또한 '지속가능보고서'를 채택하는 국내 기업들도 증가 추세에 있다. '지속가능보고서'는 기업이 지속할 가능성이 얼마나 높은가를 나타내 주는 것인데, 환경, 사회, 경제의 세 가지 축을 포함한 기업의 지속가능 경영 비전과 전략, 조직, 프로그램 그리고 그 성과 등을 담고 있다. 기업의 재무제표가 매출액과 순이익 등 유형의 가치를 다루는 것이라면, 지속가능성 보고서는 환경적 리스크(제품규제 대응, 사업장 관리 등), 사회적 리스크(인권, 노사관계 등), 관리능력(전략, 조직 등), 수익창출 기회(기술, 제품, 마케팅 등) 등의 내용을 다루는 것으로, 환경문제에 대한 기업의 인식과 대응이 매우 중요한 요소이다. 물론 절대적으로는 여전히 그 숫자가 미약하지만, 2003년에 4개에 불과했던 것에 비해, 2007년에는 38개로 크게 늘어났으며, 신규 발간 기업 수도 매년 증가 추세에 있다.

04절
녹색직업의 출현

새로운 기술과 산업의 등장과 성장은 새로운 직업의 출현을 가져온다. 그런 면에서 녹색성장은 당연히 거기에 수반되는 새로운 직업의 출현을 초래하게 되는데, 바로 이런 직업들이 녹색직업이다.

녹색직업을 보다 구체적으로 정의하면, UNEP, ILO, IOE & ITUC의 공동연구에 의할 경우 '기업과 여러 경제 분야의 환경충격을 궁극적으로 사회의 지속가능한 수준으로 줄이는 역할을 수행함으로써, 환경의 질을 보존하고 회복시키는 데 기여하는 직업'을 말한다. 이와 같은 녹색직업은 농업, 제조업, 서비스업 등 모든 산업영역에서 발견될 수 있다.

녹색직업은 새로운 기술과 영역의 개척에 따라 새롭게 등장하는 직업을 포함한다. 앞서 언급했던 바스프의 CPO, 즉 기후변화담당 임원이나 환경컨설턴트, 지속가능시스템개발자(sustainability systems developer; 풍력발전단지, 첨단전력시스템, 혼잡통행료 설계나 자연자원 보호를 위해 지력(intelligence)을 활용하는 그 밖의 시스템을 지탱하는 센서의 네트워크를 설계, 구축 또는 유지하는 전문 소프트웨어 개발자나 엔지니어를 지칭), 에너지 효율 설계자, 태양전지 설치인 등이 그 예이다.

이전부터 있던 많은 직업들 중 녹색직업에 해당되는 것이 상당수 존재한다. 유기농으로 농사를 짓는 농부나 재활용용품 수거업 및 재가공업 종사자, 자전거 제조업체 및 수리업 종사자 등이 그 예라고 할 수 있다.

또한 기존에 존재하던 직업의 성격을 일부 변화시키면 녹색직업으로 재탄생될 수 있다. 화학비료에 의존하던 농부가 유기농법으로 농사를 짓기 시작했다거나, 에너지 효율 제고와 무관한 방식으로 일을 하던 주택이나 건물개량사업 종사자가 보다 에너지 효율적인 방식으로 개량사업을 추진하게 될 경우 과거에는 녹색이 아니었던 직업이 녹색으로 변화되는 것이다.

UNEP, ILO, IOE & ITUC의 공동연구에서는 녹색직업의 유형을 에너지 공급, 교통, 제조업, 건물, 물질관리, 소매, 농업, 임업 등 8개 영역으로 나누어 보다 구체적으로 제시하고 있다.

먼저 에너지 공급(energy supply)과 관련해서는 석탄을 가스화 한 후 이를 이용하여 복합발전소를 운영하는 친환경 발전기술인 석탄가스화 복합발전(Integrated Gasification Combined Cycle; IGCC)이나 이산화탄소 고정화 기술, 열병합 발전, 재생에너지(풍력, 태양열, 바이오연료, 지열, 소수력발전), 연료전지 등의 개발 및 공급과 관련된 활동들이 모두 녹색직업으로 분류될 수 있다.

교통(transport)과 관련해서도 다양한 녹색직업이 존재할 수 있다. 에너지고효율 자동차나 하이브리드/전기/연료전지자동차, 카풀, 대중교통, 모터를 사용하지 않는 교통수단(자전거, 걷기), 자동차 교통에 대한 의존도를 감소시키기 위한 토지이용 및 정주패턴의 변화 등과 관련된 경제활동에 종사하는 경우가 모두 녹색직업에 해당된다.

제조업(manufacturing) 분야에서는 대기오염 통제나 에너지 및 물질의 효율성 제고, 청정생산기술의 활용, '요람에서 무덤까지(cradle to grave)'가 아닌 '요람에서 요람까지(cradle to cradle)', 다시 말해 어떤 물건이 사용된 후에 버려지는 것이 아니라, 다시 새롭게 태어나거나 안전하게 자연으로 돌아가도록 하는 철학과 통하는 모든 제조활동이 녹색직업에 속하는 것으로 볼 수 있다.

건물(buildings)과 관련해서는 에너지 효율적인 전구·전기장치 및 사무기기의 설치, 태양전지판과 태양열 난방, 에너지 효율을 높이는 방향으로의 건축물 개선, 에너지 효율적인 창문이나 방열재, 빌딩자재, 난방, 환기 및 공기조절 시스템을 갖춘 녹색빌딩의 건설, 태양열을 자연적인 방법, 즉 전도, 복사, 대류 등에 의해 실내로 공급하여 난방하는 자연형 태양열 주택의 건축, 탄소배출 제로빌딩의 건축 등의 활동이 모두 녹색직업에 해당된다. 건물 분야의 에너지 사용에 따른 온실가스와 폐기물 발생분이 전체의 30~40%에 달한다는 보고에서도 확인될 수 있는 것처럼, 이 분야는 온실가스 감축에 있어 가장 큰 잠재력을 지닌 분야인 만큼, 향후 녹색직업이 크게 확대될 것이라는 기대가 가능하다. 특히 이 분야의 경우 기존 기술의 적용이 가능하고, 소요되는 비용이 상대적으로 적다는 점에서도 녹색일자리 창출 전망을 밝게 하고 있다.

물질관리(material management) 분야에서는, 재활용, 제품 또는 포장재의 생산자에게 그 제품·포장재의 폐기물에 대해 일정량의 재활용 의무를 부과하는 생산자책임 재활용(EPR), 비물질화(de-materialization)의 추구, 내구성 및 수선가능성이 높은 제품 생산 등과 관련된 활동이 녹색직업에 속한다고 할 수 있다.

소매(retail) 분야에서는 에코라벨제품의 소비 촉진, 소매점의 주거지역 근접 입지, 생산지에서 소매점까지의 배송거리 최소화, 제품이 아닌 서비스를 판매하는 새로운 서비스 경제와 관련된 경제활동을 수행하는 직업이 녹색직업이라고 할 것이다.

1차 산업에도 녹색직업이 다수 존재한다. 농업(agriculture)에서는 유

≪표 5≫ 부문별 녹색직업의 유형

부 문	유 형
에너지 공급	• 석탄가스화 복합발전/탄소고정화 • 열병합발전 • 재생에너지(풍력, 태양열, 바이오연료, 지열, 소수력발전), 연료전지
교 통	• 에너지 고효율 자동차 • 하이브리드/전기/연료전지자동차 • 카풀 • 대중교통 • 모터를 사용하지 않는 교통수단(자전거, 걷기), 토지이용 및 정주패턴 변화(자동차교통 의존도 감소)
제 조 업	• 대기오염 통제 • 에너지 및 물질 효율화 • 청정생산기술(toxic avoidance) • 요람에서 요람으로(closed-loop system)
건 물	• 에너지 효율적 전구 · 전기장치 및 사무기기 • 태양전지판과 태양열 난방 • 건축물의 개선 • 녹색빌딩(에너지 효율적인 창문, 방열재, 빌딩자재, 난방, 환기 및 공기 조절) • 자연형 태양열 주택(passive-solar houses) • 탄소배출제로 빌딩(zero-emission buildings)
물질관리	• 재활용 • 생산자책임 재활용제도 • 비물질화(de-materialization) • 내구성 및 수선가능성 높은 제품 생산
소 매	• 에코라벨제품의 생산과 소비 촉진 • 소매점의 주거지역 근접 입지 • 생산지에서 소매점까지 배송거리의 최소화 • 새로운 서비스 경제(제품이 아닌 서비스를 판매)
농 업	• 토양보전 • 효율적 수자원 사용 • 유기농법 • 농장과 시장간 거리축소
임 업	• 재조림 • 산림농업 • 지속가능한 산림관리 및 인증 • 남벌 방지

자료: UNEP, ILO, IOE & ITUC(2008).

기농법뿐만 아니라, 토양보전, 효율적인 수자원 활용, 농장과 시장 간의 거리 축소 등과 관련된 경제활동을 하는 직업이 녹색직업이다. 임업(forestry) 분야에서는 재조림, 산림에서 다양한 형태의 농업을 경영하는 산림농업(agroforestry), 지속가능한 산림 관리 및 인증, 남벌방지 등과 관련된 직업이 바로 녹색직업이라고 할 것이다.

이렇게 다양한 녹색직업 중에서 보다 유망한 녹색직업은 과연 무엇일까? 최근 미국의 경영관련 월간지 『패스트컴퍼니』는 차세대 유망 녹색직업 10가지를 제시했다. 농부, 임학자/산림전문가, 태양전지 설치자, 에너지 효율 건축업자, 풍력터빈 제작자, 보전 생물학자(conservation biologist), 녹색 MBA와 기업가, 재활용업자, 지속가능시스템 개발자, 도시계획가 등이 그것이다.

한편, 2007년 미국 캘리포니아 버클리 지역 사회의 '그린 칼라 직업'을 조사한 핀터휴지 라쿠엘 박사는 유망 녹색직업으로 환경영향평가사, 환경친화정책 공무원, 기업 기후변화담당 임원, 환경공학 학자, 태양열 에너지 연구원, 유기농 채소 재배원, 작업환경 리서치 전문가, 산업보건 예방의사, 환경전문 판사·변호사, 에너지 절약 전문가, 생태도시 기획가, 해양오염 측정 전문가, 풍력 터빈 기술자, 환경 심리학자 등을 꼽았다.

05절

녹색직업의 규모 - 현황과 전망

녹색직업의 현재 규모에 대한 체계적인 통계자료는 존재하지 않는다. 그러나 UNEP, ILO, IOE & ITUC(2008)에 따르면, 대략적인 현황 파악이 가능하다.

먼저 에너지 공급, 즉 신재생에너지 분야에 2006년 말 현재 230만 명 이상이 고용되어 있다. 하지만 이와 같은 인력 규모는 신재생에너지가 전 세계 에너지 공급의 2%에 불과한 상황에서의 수치이다. 세부 에너지원별로 보면, 바이오매스가 117만 명(50%), 태양열이 62만 명(27%), 풍력이 30만 명(13%), 태양광발전 분야가 17만 명(7%)의 인력을 고용하고 있는 것으로 나타났다. 바이오매스의 경우 브라질, 미국, 중국 등의 고용규모가 큰 편이며, 태양열 분야에서는 중국이 60만 명을 고용하고 있어 그 비중이 압도적으로 높다. 풍력 분야에서는 독일의 고용규모가 큰 것으로 확인된다.

건물 및 건설 부문의 경우 현재의 고용규모가 제대로 파악되고 있지는 않지만, 이 부문의 일자리창출 잠재력은 매우 높을 것으로 기대된다. 독일의 경우 2006년에 약 34만 채의 아파트를 보수하는 대대적인 프로젝트를 펼쳤는데, 그 결과 약 14만 5천 명의 풀타임 일자리가 창출된 것으로 보고되고 있다. 또 2000년의 영국정부 보고서에 따르면, 건물 부문의 에너지 효

≪표 6≫ 재생에너지 부문의 고용규모(추정치, 2006) (단위: 명)

재생에너지 유형	세 계*	주 요 국	
풍 력	300,000	독 일	82,100
		미 국	36,800
		스 페 인	35,000
		중 국	22,200
		덴 마 크	21,000
		인 도	10,000
태양광 발전	170,000**	중 국	55,000
		독 일	35,000
		스 페 인	26,449
		미 국	15,700
태 양 열	624,000+	중 국	600,000
		독 일	13,300
		스 페 인	9,142
		미 국	1,900
바이오매스	1,174,000	브 라 질	500,000
		미 국	312,200
		중 국	266,000
		독 일	95,400
		스 페 인	10,349
수력전기	39,000+	유 럽	20,000
		미 국	19,000
지 열	25,000	미 국	21,000
		독 일	4,200
총 계	2,332,000+		

주: * 자료 이용이 가능한 국가들에 국한.
** 일본의 고용규모가 독일과 동일하다고 가정.
자료: UNEP, ILO, IOE & ITUC(2008).

≪표 7≫ 재활용 분야의 고용규모(일부 국가에 대한 추정치)

구 분	EU	일 본	한 국	미 국
승용차 생산인력(명)	2,000,000	952,000	247,000	1,095,000
1km당 CO_2 배출량 120g 이하 승용차의 비율(%)	7.5	6.3	4.3	NA
1갤런당 40마일 이상 연비 승용차의 비율(%)	NA	NA	NA	1.2
'녹색' 승용차 생산 일자리수(명)	150,000	62,000	10,000	13,000

자료: UNEP, ILO, IOE & ITUC(2008).

율성 증가를 위해 1백만 유로를 투자할 경우 11.3~13.5명 정도의 풀타임 고용창출이 가능한 것으로 나타나, 이 분야의 고용창출효과가 매우 크다는 사실이 확인된다.

교통 분야에서는 우선 저공해차 생산에 약 25만 명이 고용되어 있는 것으로 추정된다. 이는 EU와 미국, 일본, 한국에서 1km당 CO_2 배출량이 120g 이하인 승용차 생산에 고용된 인력을 합산한 것이다. EU의 경우 이 분야에 15만 명이 고용되어 있으며, 일본은 6만 2천 명, 미국은 1만 3천 명, 한국은 1만 명이 고용되어 있는 것으로 나타났다. 이들 국가에 승용차 생산이 집중되어 있는 것에 비추어 볼 때 다른 나라의 경우를 고려하더라도 고용규모가 이보다 더 크게 증가하지는 않을 것으로 보인다. 다만 저공해차의 CO_2 배출기준을 140g으로 낮추면 해당 고용규모는 80만 명 수준으로 늘어난다.

보다 환경친화적이며 노동집약적인 녹색교통수단이라고 볼 수 있는 철도부문 종사자의 숫자는 오히려 지속적으로 감소되고 있는 상황이다. 중국의 경우에도 그 규모가 340만 명에서 180만 명 수준으로 크게 줄었고, 인도에서도 170만 명에서 150만 명으로 고용규모가 줄어들었다. 철도가 발달

≪표 8≫ 재활용 분야의 고용규모(일부 국가에 대한 추정치)

구 분	국 가	일자리 규모(백만 명)
재활용 분야 전반	중 국	10
	미 국	1.1~1.3
	브 라 질	0.5
알루미늄캔 재활용	브 라 질	0.17
전자제품 재활용	중 국	0.7

자료: UNEP, ILO, IOE & ITUC(2008).

한 유럽의 경우에도 90만 명 수준으로 고용이 감소했다. 그러나 교통수단의 환경친화문제가 중요하게 대두되면서 이러한 감소추세가 향후에는 꺾이게 될 것으로 기대된다. 환경친화적 대중교통수단 중 하나인 CNG 버스의 도입이 확대되면서, 이에 따른 고용효과도 나타나고 있다. 인도 뉴델리에서는 2009년까지 6,100대의 CNG 버스를 도입할 예정이며, 이에 따라 1만 8천 명의 고용창출을 가져올 것으로 기대된다.

한편, 기초소재 산업의 환경영향을 줄이는 최선의 방법 중 하나는 재활용이다. 예를 들어 고철을 재활용한 2차 철강생산의 경우 1차 철강생산에 비해 에너지 소비량이 40~75% 수준에 불과한데, 이들 2차 철강생산이 전 세계 생산의 42%(2006년)를 차지하고 있으며, 그에 따른 고용규모가 20만 명 수준인 것으로 보고되고 있다. 브라질의 경우 알루미늄캔 재활용 분야에만 17만 명이 고용되어 있으며, 중국에서는 70만 명의 인력이 전자제품 재활용 분야에 고용되어 있다. 재활용 분야 전반으로 보면, 고용규모가 매우 클 것으로 추정된다. 최근 자료에 따르면, 미국에서만도 1백만 명 이상이 고용되어 있고, 중국은 1천만 명, 브라질에는 50만 명이 고용되어 있는 등 3개국에만 국한하더라도 재활용 분야의 고용규모가 1천 200만 명을 상회한다.

≪표 9≫ 분야별 녹색직업 전망

구 분		잠 재 력	현재까지의 발전 정도	장기 직업전망
에너지	재생에너지	매우 양호	양호	매우 양호
	탄소의 포집과 격리 (carbon capture and sequestration)	보통	없음	모름
산 업	철강	양호	보통	보통
	알루미늄	양호	보통	보통
	시멘트	보통	보통	보통
	펄프와 종이	양호	보통	양호
	재활용	매우 양호	양호	매우 양호
교 통	연료효율 자동차	보통~양호	미흡	양호
	대중교통	매우 양호	미흡	매우 양호
	철도	매우 양호	매우 미흡	매우 양호
	항공	미흡	미흡	미흡
건 물	녹색빌딩	매우 양호	미흡	매우 양호
	건물개선	매우 양호	미흡	매우 양호
	조명	매우 양호	양호	매우 양호
	효율적 시설과 장치	매우 양호	보통	매우 양호
농 업	소규모 지속가능 농업	매우 양호	매우 미흡	매우 양호
	유기농업	매우 양호	미흡	양호~매우 양호
	환경 서비스	양호	미흡	모름
임 업	재조림	양호	미흡	양호
	산림농업	양호~매우 양호	미흡	양호~매우 양호
	지속가능한 산림 관리	매우 양호	양호	매우 양호

자료: UNEP, ILO, IOE & ITUC(2008).

국가별로는 미국의 경우 환경관련 산업에서 2005년 현재 530만 개의 일자리를 창출했다. 이는 제약산업 고용규모의 10배에 달하는 것이다. 유럽의 대표적 녹색강국으로 꼽히는 독일에선 녹색일자리가 이미 150만 개에 이르며, 이는 전체 경제활동인구의 4%에 해당하는 숫자다.

각국의 경쟁적인 녹색성장 전략 추구가 가시화되고 있는 상황에서, 녹색직업은 향후 더욱 확대될 전망이다. 특히 재생에너지나 재활용, 대중교통, 철도, 에너지 효율 건물, 소규모 지속가능 농업이나 유기농업, 산림농업과 지속가능한 산림관리 분야의 경우 성장잠재력이 매우 크고, 현재까지의 발전 정도도 양호하며, 향후 일자리창출 전망도 매우 밝다고 할 것이다. 이 중에서 재생에너지 분야의 경우 2030년이 되면 2천만 개 이상의 일자리를 창출하게 될 것으로 전망된다. 2006년의 230만 개와 비교하면, 거의 9배에 가까운 증가를 기록하는 셈이다. 특히 바이오연료 분야에서만 2천만 개 일자리의 59%에 해당되는 1천 2백만 개의 일자리가 창출될 전망이며, 태양광발전 분야에는 630만 개, 풍력 분야에는 210만 개의 일자리가 만들어질 것으로 예상된다.

성장잠재력이 큰 연료효율 자동차 생산이나 재조림의 경우 지금까지의 발전 정도는 보통 수준에 그치거나 다소 미흡하였지만, 향후 일자리창출 전망은 밝을 것으로 판단된다. 반면, 철강, 알루미늄, 시멘트 생산과 같은 기초소재산업의 경우 현재까지의 발전 정도도 보통 수준에 그쳤고, 향후 일자리 창출 전망도 보통 수준에 그칠 것으로 보인다. 한편 향후 석탄이 지속적으로 사용되는 것을 목표로 하는 탄소의 포집과 격리 분야나, 도시지역에 비해 환경서비스 수준이 열악한 농산어촌지역의 환경 질을 제고하고자 하는 환경 서비스 분야의 경우 환경보호에는 매우 긍정적으로 작용하게 될 것으로 보이지만, 장기적인 일자리 창출 전망에 대해서는 판단이 쉽지 않다.

06절 녹색직업의 주요 특징[3]

이렇게 무수히 많은 녹색직업들이 모두 '괜찮은 일자리(decent job)'일까? 여기에는 엇갈리는 보고들이 존재한다.

최근 미국의 조지프 바이든 부통령이 '녹색직업과 관련된 훈련을 받기 이전에는 시간당 20달러 정도 벌던 사람들이 시간당 50달러 정도 벌수 있을 것이며, 청정에너지와 관련된 직업을 갖고 있는 사람들은 평균적으로 10~20% 높은 임금을 받는다'고 언급한 것도 녹색직업의 전도가 유망함을 시사하고 있다. 그러나 미국에서 재생에너지 기업들의 임금 수준을 조사한 결과에 따르면, 적어도 임금 기준만으로는 녹색직업이 괜찮은 일자리가 못되는 것으로 나타났다. 그런가 하면, 2008년 미국 메사추세츠-애머스트 대학의 보고서는 녹색투자가 상대적으로 높은 비중의 저급 입문단계 일자리도 많이 창출하지만, 이들 저급 일자리의 경우에도 보다 좋은 일자리로의 상승이 가능한 경력 사다리가 제공된다는 점에서는 분명히 긍정적인 측면이 있음을 지적하고 있다.

이런 상반된 지적들은 현실의 한 단면만을 보고 있기 때문에 나타난

3) 녹색직업의 특징과 관련된 보다 구체적인 논의는 Chapter 2를 참조하시오.

결과라 할 것이다. 이는 곧 이들 지적들이 모두 나름의 현실적 근거가 있음을 의미한다. 실제 녹색직업이라고 하더라도 모두 새롭게 등장한 것은 아니며, 업무 내용의 일부 변화에도 불구하고 대부분이 기존의 전통적인 직업에 기반하고 있기 때문이다.

현실은 이렇다고 하더라도, 적어도 녹색직업의 향후 전망은 다른 전통적인 직업들에 비해 밝다고 볼 수 있다. 녹색직업 관련 일자리가 향후 급격히 늘어난다면, 적어도 일정 기간은 구인수요가 인력공급을 압도하는 병목현상을 피할 수 없고, 이는 녹색직업의 임금 수준의 상승 등 근로조건의 개선을 가져 올 것이다. 그런 점에서 녹색직업은 전반적으로 괜찮은 일자리가 될 가능성이 높다. 2008년 구글 웹사이트(http://www.google.com)에서 '녹색직업'이라는 단어 검색이 급격하게 증가한 것도 이러한 긍정적인 전망을 뒷받침해 준다.

녹색직업은 상대적으로 노동집약적인 일자리이다. 이는 녹색산업이나 기술의 고용창출 효과가 다른 분야에 비해 클 것임을 시사한다. 앞서 언급한 미국 메사추세츠-애머스트 대학의 보고서에 따르면, 녹색산업에 1,000억 달러를 투자할 경우 2년간 약 200만 개의 일자리 창출이 가능한 반면, 같은 금액을 석유산업에 투자한다면, 그 1/4 수준인 약 54만 개의 일자리 창출에 그치는 것으로 나타났다. 녹색산업에 대한 투자를 통해 창출된 200만 개의 일자리 중 해당 부문에서의 직접적인 일자리 창출(direct effect) 규모는 그 절반 수준인 약 94만 개이며, 이들 산업과 연관된 중간재 산업 등에서 창출된 간접적인 고용(indirect effect) 규모는 약 59만 개 수준으로 추정되었다. 또 이렇게 만들어진 일자리를 통한 소비증가 등으로 추가 창출되는 유도된 일자리(induced effect)가 약 50만 개 수준인 것으로 확인되었다.

녹색직업의 또 다른 특징은 '아웃소싱'이 쉽지 않다는 점이다. 녹색

≪표 10≫ 녹색산업에 대한 1,000억 달러 투자의 고용창출 규모 (단위: 명)

직접 창출 일자리수	935,200
간접 창출 일자리수	586,000
유도된 일자리수	496,000
총 계	1,999,200

자료: PERI(2008).

일자리는 대개 '살고 있는 곳의 변화'와 관련되어 있기 때문에, 해외 이전이나 아웃소싱이 어렵다. 이런 점에서 녹색일자리는 한번 창출되면 보다 안정적으로 지속될 가능성이 높은 안정적인 일자리라고 할 것이다. '괜찮은 일자리'의 중요한 조건 중 하나가 '일자리의 안정성'이라고 한다면, 이런 측면에서 녹색일자리는 분명히 '괜찮은 일자리'이다.

녹색직업은 도덕적 가치가 매우 높은 일자리이다. 다시 말해 자기 자신이나 자기가 속한 조직만을 위한 일이 아니며, 하는 일의 사회적 · 국가적 · 세계적 의의가 높기 때문에 다른 일자리에 비해 일을 하는 보람을 크게 느낄 수 있다. 따라서 일에의 동기부여나 몰입도가 높아지고, 일의 만족도도 높아질 수 있는 그런 일자리라고 할 것이다.

07 절
녹색직업의 활성화를 위한 제언

노동에 대한 수요는 상품수요에 대한 파생수요이므로, 녹색직업의 창출은 근본적으로 녹색성장의 달성 정도에 의해 좌우될 것이다. 따라서 녹색성장의 강화를 위한 정책적 지원 노력이 요청된다. 이를 위해서는 환경에 유해한 산업에 대한 보조금을 폐지하고, 대신 환경친화적인 산업에 대한 보조금을 확대하는 식의 보조금 제도 재설계가 필요하다. 또 탄소거래시장을 활성화하고, 환경세의 신설 등과 같은 세제개혁을 추진하며, 녹색기술의 발전을 촉진하기 위해 꼭 필요한 규제를 적극적으로 도입하는 식의 정책추진이 요청된다. 녹색기술의 개발을 위한 연구개발예산에 대한 지원을 확대하고, 친환경제품에 대한 정확한 정보를 소비자에게 알기 쉽게 제공함으로써 녹색구매, 녹색소비를 활성화해야 할 것이다. 또한 기업으로 하여금 소비자 선호에 부합하는 친환경 제품을 개발 생산하도록 유도하는 데 목적이 있는 환경마크제도(eco-labelling)를 강화하는 한편, 생산자에게 폐기물 재활용 책임을 부과하는 생산자 책임 재활용제도의 강화 등과 같은 정책적인 노력도 있어야 할 것이다.

더불어 녹색일자리의 급격한 확대에 수반될 수밖에 없는 인력수급의 불일치 문제가 녹색일자리의 창출에 걸림돌로 작용하지 않도록 녹색기술 및 녹색직업의 변화 추이를 주기적으로 모니터링하고 녹색직업의 창출 분야와 규모 등에 대한 엄밀한 예측이 가능하도록 하는 '녹색직업 모니터링 및 수급전망체제'를 구축해야 한다.

또한 이러한 모니터링 및 전망 결과에 맞추어 녹색직업을 수행할 인력을 양성할 수 있는 시스템을 갖추는 것이 매우 중요하다. 이를 위해서는 대학의 전공이나 학과 신설, 재조정 등을 통해 새롭게 대두되는 녹색기술을 갖춘 인력을 공급할 수 있어야 한다. 또한 훈련시스템을 '녹색화'하는 노력도 병행되어야 한다. 훈련직종을 녹색숙련 위주로 대폭 개편하고, 특히 우선선정직종훈련의 경우 녹색숙련 위주의 개편이 시급히 요청된다. 녹색직업의 창출과정에서 비 녹색직업의 도태가 필연적으로 수반되는 만큼, 도태되는 인력들에게 녹색숙련 습득의 기회를 제공한다는 점에서도 훈련은 중요하다. 특히 기존의 영세한 훈련기관 만으로는 이러한 변화에의 적절한 대응이 용이하지 않을 것으로 판단되므로, 상대적으로 우수한 자원이 있는 대학의 단기 훈련과정 개설 및 제공을 적극 유도해 낼 필요가 있다.

녹색숙련에 대한 수요와 공급이 원활히 연결되도록 하기 위해서는 녹색숙련이나 직업관련 자격증을 신설하거나, 기존 자격증의 검정 내용에 녹색숙련 관련내용을 보완하는 행태로 자격증 제도를 재정비해야 한다.

나아가 유망 녹색직업에 대한 정보를 충실히 축적하고, 이를 학령기 학생들에게 적절히 제공함으로써 이들의 진로설정에 도움을 주고, 장차 발생할 가능성이 높은 숙련불일치 문제를 선제적으로 해소해 나갈 필요가 있다. 또한 이러한 녹색직업 정보가 진로를 전환하고자하는 성인들에게도 필요한 때 적절히 제공될 수 있어야 한다.

이렇게 전 방위적인 대처가 성공적으로 추진될 경우 녹색성장과 녹색직업의 미래 전망은 대단히 밝다고 할 것이다.

CHAPTER

2

녹색직업의 특성은 무엇인가?

한상근

본 고의 목적은 녹색경제가 직업세계에 어떠한 영향을 미쳤고, 녹색직업의 특성이 무엇인지를 밝히는 것이다. 이를 위하여 직업의 녹색화라는 입장에서 녹색직업의 존재적 특성, 녹색직업의 노동시장적 특성, 녹색직업의 요구숙련 등을 다루었다.

직업의 녹색화라는 관점에서 녹색직업을 ① 녹색이 수요를 증가시킨 직업(Green Increased Demand Occupations), ② 녹색이 스킬을 확장시킨 직업(Green Enhanced Skills Occupations), ③ 녹색의 신생 직업(Green New and Emerging Occupations) 등 세 유형으로 나누어 볼 수 있다. 이 세 가지 유형에 속하는 녹색직업에는 어떤 직업이 있는지를 살펴보았다.

녹색직업의 존재적 특성은 공공성, 편재성, 지역밀착성 등이다. 녹색직업의 노동시장적 특성에 관한 논의는 괜찮은 일자리로서의 녹색직업에 관한 논쟁이기도 하다. 녹색직업의 옹호론자들은 "녹색직업은 정당한 임금, 좋은 부가급여, 승진기회, 그리고 건강에 좋은 근로조건을 제공하고 있으며, 국내 모든 분야에서 모든 배경을 가진 구직자들이 접근할 수 있다는 것은 거의 이의가 없는 동의가 존재한다"고 주장한다. 그러나 반대론자들은 임금이나 고용에 대하여 옹호론자들이 과장을 했다고 비판한다.

다음으로 녹색직업에서 요구하는 지식, 스킬, 능력 등이 무엇인지를 직업정보네트워크(O*NET)를 분석하여 살펴보았다.

01 절
녹색경제와 직업의 녹색화

녹색경제(green economy)에 관한 쟁점은 초기에는 라이프 스타일의 문제였지만, 이제는 경제적 선택의 문제가 되었다. 환경 파괴는 우리 삶과 경제생활의 근거를 위협하는 수준까지 이르렀으며, 제조업의 블루칼라 일자리는 해외로 유출되고 있다. 더욱이 최근의 고유가 행진은 화석연료에 의존한 경제구조 전반에 타격을 주었다. 녹색경제는 이러한 제반문제와 관련하여 하나의 돌파구를 열어 줄 것으로 기대되고 있다.

본고의 목적은 녹색경제가 직업세계에 어떠한 영향을 미쳤고, 녹색직업의 특성이 무엇인지는 밝히는 것이다. 이를 위해서는 녹색직업에 관한 기존 논의의 지점을 넘어서야 할 것이다. 녹색직업에 대한 기존 논의의 문제점은 녹색직업의 구체적인 특성에 대한 논의에까지 이르고 있지 못하고 있다는 점이다. 다시 말해서 녹색경제가 수행 직무, 지식, 스킬, 능력 등의 직업 특성에 미친 영향을 논의하고 있지 못하고 있다. 녹색직업에 관한 기존 논의에서는 주로 녹색일자리의 창출에 초점을 맞추었고, 이에 따라 녹색직업에 관한 논의는 대부분 녹색직업의 명칭에 한정되었다.

'녹색(green)'이라는 용어를 단순히 표어로 사용하는 것을 넘어서서 실제 직업세계에 미친 성과를 이해하기 위해서는 복합명사로서의 녹색직업뿐만 아니라 '직업의 녹색화(the greening of occupations)'라는 진행형으로서 녹색직업을 이해해야 한다(Dierdorff et al., 2009).

> "직업의 녹색화는 녹색경제 활동과 기술이 기존 직업에 대한 수요를 증가시키는 정도, 노동과 직업의 성과에 필요한 노동자의 요건을 변화시키는 정도, 혹은 독특한 노동과 노동자 요건을 발생시키는 정도를 말한다."
>
> －Dierdorff et al., 2009－

본 장에서 '직업의 녹색화'라는 개념에 천착하는 이유 가운데 하나는 녹색직업의 대다수는 사실은 기존 직업이라는 점과 관계된다. 녹색경제의 영향에 따라 과거에는 없었던 직무를 수행하는 신생직업도 출현하였다. 그러나 녹색경제의 등장에 따라 영향을 받은 다수의 직업은 기존 직업들이다.

02절
녹색직업의 특성

녹색직업의 존재적 특성

공공성

개념 정의상 녹색직업은 지구 환경에 도움이 되는 역할을 수행해야 한다는 면에서 공공성이라는 속성을 배태하여 탄생하였다. 녹색직업은 화석연료의 사용을 줄이고 쓰레기나 오염원을 감소시키며, 재생에너지를 생산하거나, 지속가능한 기술을 연구하고 적용하고, 혹은 자연자원을 보존하는 등의 환경적 이익(environmental benefits)을 반드시 포함하고 있다(Parks & Helmer, 2009).

중앙정부와 지방정부는 녹색관련 과학자와 기술자를 고용하고 있는 주요한 고용주이기도 하다. 중앙정부와 지방정부가 직접 고용하는 경우뿐만 아니라 중앙정부와 지방정부의 출연기관, 출자기관, 위탁기관, 산하기관 등의 형태로 다양한 녹색직업 종사자들을 고용하고 있다.

그리고 각국 정부는 녹색경제를 차세대 성장산업으로 지원하고 있다. 다양한 녹색경제 부문들은 시장에서 민간들이 자발적으로 추진하기에는 아직 경제성이 확보되지 않았으며, 제도적으로 지원받을 부분이 많다.[1] 이에

1) 대통령 직속 미래기획위원회(2009)는 녹색성장을 위하여 정부가 할 일로 에너지 자립국으로서의 목표 제시, 수요

따라 각국 정부의 대규모 자금지원이 지원되고 있거나 예정되어 있다. 공공투자를 대규모로 지원받고 있는 녹색경제 부문의 특성은 녹색직업의 주요한 환경적 특성이 되고 있다. 정부의 정책적 지원을 지속적으로 주창하는 시민단체와 민간 연구소의 노력은 녹색직업의 공공성을 확보하는 데 기여하고 있다.[2)]

녹색경제를 이끌고 녹색기업체의 고용 수요를 증대시키는 데 있어서 정부가 후원하는 프로그램은 중요한 역할을 수행하고 있다. 녹색경제를 이끄는 주요 선진국의 경우를 보면 다양한 법규가 제정되어 녹색경제를 진흥시키고 있다. 미국에서 광범위하게 영향을 미치는 법률로는 녹색직업법(The Green Jobs Act), 녹색법(The Green Act of 2008), 재생에너지와 일자리창출법(The Renewable Energy and Job Creation Act of 2008), 에너지 독립과 안전법(The Energy Independence and Security Act of 2007) 등이 있다. 이 법률에 기초하여 정부의 막대한 예산이 직업훈련 프로그램, 기업체 보조금 등에 투자되고 있다.

편 재 성

녹색직업은 모든 산업에 걸쳐서 그리고 모든 교육 수준에서 발견된다. 그래서 녹색직업은 낮은 스킬이 요구되는 입문 수준의 직업에서부터 고급 스킬이 요구되는 고소득 직업까지 포괄한다. 편재성(遍在性)이라고 부를 수 있는 녹색직업의 이러한 특성은 녹색직업이 시장 영역에 존재할 뿐만 아니라 정부 부문이나 시민단체와 같은 비영리 부문에도 존재한다는 점에서도

와 공급의 정책, 녹색산업의 신성장동력화 등을 제시하고 있다.

2) 미국 아폴로 동맹의 '신 아폴로 프로그램'은 향후 10년간 5조 달러를 투자하여 5백만 개의 그린칼라 일자리를 만들자고 제안하였다. 미국 진보센터와 정치경제조사 연구소는 향후 2년간 1조 원을 투자하여 2백만 개의 녹색일자리를 창출하자고 요구하였다.

≪표 1≫ 녹색직업: 입문 수준과 고급 수준의 작업

녹색 비즈니스 부문	초급 수준의 작업	보다 고급의 녹색직업 작업
에 너 지	고객 서비스, 평가, 설치, 건설, 유지, 수선	에너지 기술공 태양전기 서비스 기술자 프로젝트 매니저
물	설치, 건설, 유지, 보상(repair)	기술공 프로젝트 매니저
녹색건축	건설, 목공, 해체, 수송, 운전	계약 프로젝트 매니저
목재작업	조립, 샌딩(sanding) 마감, 목공, 설치	기술공 수석 목수
녹색공간	조림, 유지 나무 자르기/가지 자르기	프로젝트 매니저 수석 정원사
음 식	재배, 포장, 배달, 판매, 양조, 굽기, 혼합, 청정작업	생산 관리자, 시장 관리자 현장 관리자, 수석 제빵사
수 송	속달과 배달 정리와 수선 연료 생산, 분배, 보상	배달인(messenger)/소유주 상점 관리자 생산 관리자, 수석 기계공
비독성 인쇄	제본, 인쇄 후(後) 공정, 배달	인쇄, 인쇄 전(前) 공정
비독성 청정작업	청정작업, 고객서비스	팀장
폐기물 관리	수집, 분류, 운전, 선적, 폐품수집, 창고, 포장과 혼합	창고 매니저, 현장/부서 관리자

자료: Pinderhughes(2007).

확인된다.

그러나 대부분의 녹색직업은 수습공(apprenticeship), 전문교육 수료(professional certificate), 혹은 1~2년 정도의 중등 교육과정 후의 교육을 받은 사람들을 요구한다(Cleary & Kopicki, 2009). 난방 노동자와 환풍 노동자들은 보다 효율적으로 난방, 환풍, 그리고 에어콘(heating, ventilation, and air conditioning; HVAC) 시스템을 설치할 수 있다. 풍력 터빈 생산과 관련해서 판금 노동자들에 대한 수요가 있으며, 발전소 업그레이드를 위해서는 건설 노동자들이 필요하다.

입문 수준에서부터 고급 수준까지 다양한 직업이 존재한다는 것은 녹색직업이 취업 장애를 가진 노동자들에게 좋은 일자리 기회가 되고 있다는 점을 시사하고 있다. 미국 버클리(Berkeley) 지역의 녹색직업을 연구한 보고서에 따르면 86%의 기업체가 이전에 직접적인 일 경험이 없는 노동자를 고용하고 있었다(Pinderhughes, 2007). 그리고 녹색사업체는 녹색직업을 원하는 사람들에게 직업훈련을 제공하였다. 조사대상 사업체 가운데 94%가 입문 수준의 근로자들에게 현장 훈련을 제공하고 있었다.

이와 같이 녹색직업 가운데 다수는 블루칼라 노동자들이 채울 수 있는 일자리이다. 다시 말해서 녹색직업 다수는 고등교육이 필요한 하이테크 일자리가 아니다. 녹색직업은 태양열 패널, 단열재를 넣어 그린 홈을 만드는 작업, 풍력 터빈 서비스 등을 포함한다. 이러한 일자리는 블루칼라 노동자들이 채울 수 있다.

지역 밀착성

녹색직업의 하나의 특성은 지역 밀착적(local)이다는 점이다. 다수의 녹색직업은 건물 재개발, 태양열 패널 설치, 운송로 건설, 조경과 같이 인근의 건축물과 자연환경을 변모시키고 업그레이드하는 일이다(Apollo Alliance & Green For All, 2008). 이로 인해서 녹색직업은 최종 수요자가 있는 지역의 인근에 위치하는 경향이 있다.

≪표 2≫ 오하이오 주 대도시 지역의 녹색직업 (단위: 명)

대도시 지역	현재(2006)	예측(2028)
에이크론	947	7,496
신시내티-미들타운	4,221	33,398
클리블랜드-엘리리아-멘토	2,952	23,357
컬럽버스	3,938	31,163
데 이 턴	1,180	9,334
맨스필드	146	1,156
스피링필드	84	662
톨 레 도	1,298	10,272
영스타운-워렌-보드맨	456	3,604

자료: Grossman(2008).

녹색직업의 지역 밀착성은 경제위기와 구조조정으로 인해서 무너진 중간계급을 복원하는 데 중요한 요소이다. 선진국의 많은 블루칼라 직업들이 동남아시아와 중남미 지역으로 대거 이전하였다. 반면 녹색직업은 본래 가진 지역 밀착적 성격으로 인해서 해외로의 일자리 이전이 잘 이루어지지 않을 것이다(Biden, 2009).

녹색직업의 지역적 성격과 관련하여 한 가지 추가하자면 다수의 녹색직업은 도시형 직업이다. 미국 오하이오 주의 녹색직업을 연구한 보고서에 따르면 일자리의 85%는 대도시에 위치해 있다. 또 새로운 녹색직업 가운데 상당수가 도시 근교에 위치할 것으로 예측된다.3) 물론 바이오 연료와 풍력 에너지 생산과 같은 부문의 녹색직업은 주로 농촌지역에 근거할 것이다

3) 대표적인 녹색직업 주창자 가운데 한 명인 밴 존스(Van Jones)는 다음과 같이 앞으로 도시지역이 녹색경제의 핵이 될 것이라고 전망한다. "환경이란 시냇물이나 동물에 관한 것이란 사고는 과거의 것이다. 우리는 이 문제들을 거대도시의 소비와 처리 과정을 통하여 다루어야 한다"(Danaher, Biggs & Mark, 2007: 128).

(Grossman, 2008).

녹색직업의 노동시장적 특성: 괜찮은 일자리

긍 정 론

녹색직업이 괜찮은 일자리(decent job)인가의 문제는 논쟁거리가 될 수 있다. 일부 옹호론자들은 "녹색직업은 정당한 임금, 좋은 부가급여, 승진 기회, 그리고 건강에 좋은 근로조건을 제공하고 있으며, 국내 모든 분야에서 모든 배경을 가진 구직자들이 접근할 수 있다는 것은 거의 이의가 없는(almost unanimous) 동의가 존재한다"고 주장한다(Parks & Helmer, 2009). 이러한 입장에 선 학자들은 녹색직업은 본래 노동자와 환경에 동시에 좋은 직

[그림 1] 재생에너지 분야 직업의 커리어 전진

전기 보조원	전공(電工)	전기 및 전자 기술공	전기 엔지니어
고용(2006) 1,260명	고용(2006) 24,000명	고용(2006) 4,240명	고용(2006) 6,370명
성장(2016) 3.6%	성장(2016) 4.5%	성장(2016) 7.4%	성장(2016) 6.6%
임금(2007) 13.53$	임금(2007) 27.18$	임금(2007) 24.14$	임금(2007) 36.11$
교육요건 단기 현장교육	교육요건 장기 현장교육	교육요건 전문대학 학위	교육요건 대학교 학위

초급 수준 → 중급 수준 → 고급 수준

자료: Weaver et al.(2009).

업이어서, 노동자들에게 생활임금(living wage)을 지급하는 것은 당연하다고 말한다.

녹색경제를 지향하는 시민단체인 '그린 포 올(Green for all)'의 대표인 밴 존스(Van Jones)가 녹색직업을 '빈곤을 탈출하는 녹색경로(green pathways out of poverty)'라고 부르는 것도 이러한 맥락에서이다. 존스처럼 녹색직업을 옹호하는 입장에서는 녹색경제 자체가 사람들에게 커리어 사다리(career ladder)를 제공한다.

"몇몇 노동자는 시간당 10달러를 받고 전력을 효율화시킨 전구를 검사하는 일을 한다. 그 후 그들은 시간당 18달러를 받고 태양열 패널을 설치하고, 나중에는 25달러를 받고 태양열 팀의 매니저가 될 것이다. 종국적으로 그들은 에너지를 효율화시키는 재건축을 하는 전기 엔지니어나 목수가 되어 시간당 40달러를 받게 될 것이다"

－Greenhouse, 2008. 3. 26－

이 부분은 많은 녹색직업 옹호론자들이 강조하는 부분이기도 하다. 미시간 주의 녹색직업 보고서는 녹색직업이 초급 수준에서 고급 수준으로의 커리어 전진(career progression) 가능성이 열려져 있는 분야라고 강조한다. 이것은 초급에서 고급 수준까지 분포되어 있는 편재성이라는 녹색직업의 특성에 기인한 것이다. 미시간주의 보고서는 초급 단계에서 고급 단계로 전진할 수 있는 전형적인 모형을 몇 가지 들고 있다. 재생에너지 분야의 경우 전기 보조원, 전공(電工), 전기 및 전자 기술공, 전기 엔지니어 등으로 순차적인 커리어 전진이 가능하다고 주장하고 있다.

미국 중간계급을 복원시킬 수 있는 복안을 녹색직업에서 찾으려는 주장도 유사한 입장이다(Biden, 2009). 녹색경제는 중간계급에게 임금이 높은

≪표 3≫ 녹색직업과 전체직업의 임금 비교

녹색직업	발전소(발전) 혹은 터빈/엔진 제조(터빈) 부문의 평균임금($)	전산업에 존재하는 동일한 직업의 평균 임금($)	전형적인 녹색 산업의 임금 프리미엄(%)
발전 라인 설치원과 수선원(발전)	27.43	25.79	6.4
컴퓨터 통제 프로그래머/조작원(터빈)	17.06	17.42	−2.1
통제장치와 밸브 설치원과 수선원(발전)	31.09	23.07	34.8
전기 및 전자 엔지니어(발전)	40.55	41.78	−2.9
전기/전자 수선원(발전)	29.80	24.97	19.3
전기기사(발전)	27.90	23.99	16.3
엔진 및 기타 기계 조립공(터빈)	15.49	16.59	−6.6
공학기사(발전)	28.49	25.17	13.2
기계류의 현장 감독/관리자, 설치원 및 수선원(발전)	34.68	28.64	21.1
생산직 및 조작원의 현장감독/관리자(터빈)	28.32	25.82	9.7
산업 및 내화성 기계류의 기계공(발전)	27.83	21.96	26.7
선반기계의 장치원/조작원(터빈)	17.33	16.73	3.6
기계기사(mechanist)(터빈)	18.81	18.15	3.6
발전 혹은 터빈/엔진 제조분야의 모든 직업	29.91	NA	NA
미국 전체 직업		20.30	

자료: Occupational Empolyment Statistics 자료, 임금은 2008년 자료로 Biden(2009)에서 인용.

양질의 일자리 원천이다. 녹색직업은 가족을 부양할 수 있는 양질의 직업(quality, family-sustaining jobs)이 될 수 있는 잠재력을 가지고 있다.

다시 말해서 녹색직업은 지속가능한 가족임금, 건강과 은퇴급여, 그리고 괜찮은 근로조건을 제공하는 좋은 일자리이다. 그러면 녹색직업을 다른 직업과 비교해서 이러한 주장을 실증할 수 있을까? 미국의 중간계급 태스크 포스(Middle Class Task Force)의 조 비든(Biden, 2009)은 주요 녹색직업의 임금이 전체 직업의 평균 임금보다는 대체로 높다는 자료를 내놓는다. 녹색성장 부문인 발전소에서 일하는 기계공은 시간당 임금이 약 28달러로서 미국 전체 직업의 임금인 20달러에 비하여 더 높다. 조 비든이 제시하는 자료 가운데 흥미로운 것은 유사한 일자리이지만 발전부문에서 일하지 않는 기계공들은 시간당 6달러를 적게 번다. 조 비든은 임금 차이를 일반적으로 설명하는 요소를 통제하고 난 이후에도 이러한 임금 프리미엄은 남는다고 주장한다. 임금 차이와 관련된 변수를 통제하고 난 이후에 자료를 분석해 보면 전형적인 녹색직업의 노동자들이 비녹색 직업분야의 노동자들보다 10~20%의 프리미엄이 있다.

부 정 론

녹색직업에 대한 긍정론이 충분한 근거를 확보한 것은 아니다. 녹색직업의 범위와 정의에 대하여 모두가 동의하고 있는 것은 아니며, 녹색직업의 의의와 효과에 대하여 다른 의견도 가능하다. 비판론자들은 옹호론자들이 녹색직업의 현실과 미래 전망을 너무 장미빛으로 묘사하고 있다고 주장한다. 풍력이나 에탄올에서 새로운 일자리가 만들어질 경우, 전통적인 화력발전소와 같은 다른 산업의 일자리가 사라질 수도 있다. 또 새롭게 창출되는 일부 녹색직업은 닷컴기업의 쇠잔한 현실에서 목격할 수 있듯이 지속성도

의문이고 노동조건도 좋지 않다.

미국 재생 에너지 기업의 임금 수준을 조사한 보고서(Mattera et al., 2009)에 따르면 녹색직업의 임금은 전국 평균임금 수준보다 낮으며 생활임금 수준에도 미치지 못한다. 풍력과 태양력 기업체의 임금은 시간당 18.88달러로서 제조업체 평균보다 못하다. 재활용 처리 공장 노동자들의 임금은 시간당 8.25달러, 재생에너지 관련 제조업체의 시간당 임금은 11달러에 불과하였다.

미국의 지속가능한 농업 분야를 연구한 결과에 따르면 독성이 적은 곡물을 재배하는 농장에서 노동자들은 극심한 착취를 당하고 있다. 또 유기농산물을 가공하는 공장과 유기식품을 판매하는 슈퍼마켓은 파트타임 고용을 고집하고 있다. "환경의 질을 개선하기 위하여 설계된 일자리라고 해서 노동자들에게 실질적인 이익을 주는 안정적인 생활임금을 보장하는 것은 아니다."[4)]

이와 유사한 맥락에서 월드워치(Worldwatch)는 녹색직업이 21세기의 핵심적인 경제적 추동체가 될 것으로 예상하면서도 녹색직업의 질에 대하여 의문을 제시하고 있다. "녹색직업은 적정한 임금과 수입 안정성, 안전한 노동조건, 일의 존엄성, 그리고 적절한 노동자의 권리를 제공하는 괜찮은 일자리이어야 한다. 현재 안타깝게도 항상 그렇지는 못하다. 재활용 관련 일자리는 때때로 불안정하여, 심각한 신체상의 위험이 있으며 종종 생활임금 이하의 수입을 지급하고 있다."(Renner, 2008)

다양한 논의를 종합해 보면, 녹색직업이 괜찮은 일자리라는 주장은 아직은 현실이라기보다는 당위론에 가깝다. 옹호론자들의 글을 보면 "녹색

4) http://www.urbanhabitat.org/node/528(Pinderhughes, "Green Collar Jobs").

≪표 4≫ 보조금을 받는 미국의 풍력 및 태양력 제조 사업체의 생산직 임금

회 사	도 시	주(州)	시간당 임금($)
애키오나 윈드파워	웨스트 브랜치	루이지애나	15.20
클리퍼 윈드파워	시더 라피즈	루이지애나	20.21
에버그린 솔라	미들랜드	미시간	16.22
퍼스트 솔라	페리버스	오하이오	13~17.23
가메사	에벤스버그	펜실베니아	14~20.24
LM 글래스피버	리틀 락	애리조나	17.26
산요 솔라	살렘	오리곤	22.28
쇼트 솔라	앨부쿼크	뉴멕시코	16.29
지멘스 발전소	포트 메디슨	아이오와	19.30
솔라익스	포틀랜드	오리곤	13.31

자료: Mattera et al.(2009).

직업은 괜찮은 일자리여야 한다(Green jobs need to be decent work)."는 식의 표현방식이 많다. 녹색직업이 좋은 노동조건을 가진 좋은 일자리여야 한다고 보는 이러한 입장은 이들이 녹색경제를 운동차원에서 접근하는 것과도 관련이 있다. 녹색경제와 녹색직업의 이념을 전파하고 정부로부터 더 많은 예산을 확보하여 사업을 추진하기 위하여 녹색직업의 긍정적인 측면을 강조하고 있는 것이다.

녹색직업 주창자들은 녹색직업의 정의에 노동기준(labor standard)을 포함시키는 경향이 있다. 다시 말해서 이들은 녹색직업이란 환경을 개선하는 데 도움이 될 뿐만 아니라 노동자들에게는 좋은 직업이어야 한다는 조건을 녹색직업을 정의하는 데 사용하는 경우가 많다. 녹색직업에 대한 이러한 정의는 현실을 반영하고 있는 것이 아니라 주창자들의 희망이 가미된 것으로 이해할 수 있다. 이들의 의중과 노력을 클리어리와 코피키(Cleary & Kopicki,

2009)는 다음과 같이 정리하였다.

"녹색경제의 많은 주창자들은 녹색직업이 안정된 노동조건, 스킬 향상 기회 그리고 가족을 부양할 수 있는 임금과 부가급여 확보를 원한다. 그들은 청년과 성인들에게 빈곤으로부터 탈출할 수 있는 길을 제공할 수 있는 공평하게 분포된 일자리를 위해서 기금을 제공하는 법률안을 지지하였다."

이상에서 녹색직업이 괜찮은 일자리인가에 대한 찬반양론을 살펴보았다. 여기서 분명하게 한 가지 결론을 내릴 수 있는 것은 '녹색직업은 자동적으로 좋은 일자리가 아니다'라는 점이다. 국가 정책적으로 어떠한 입장을 취하고 녹색직업의 관련 행위자가 어떻게 행동하느냐에 따라 녹색직업의 미래가 좌우될 것이다.

03절 녹색직업의 요구 숙련

세 가지 유형의 녹색직업

녹색경제의 등장으로 직업세계는 다음과 같이 세 가지 측면에서 영향을 받는다. 첫째, 녹색경제와 관련된 기존 직업의 고용 수요를 증가시켜 관련 직업의 일자리를 증가시킨다. 둘째, 녹색경제는 기존 직업의 수행직무, 스킬, 지식 등을 변화시킨다. 셋째, 녹색경제는 새로운 직업을 출현시킨다. 녹색경제가 야기한 녹색 직업화를 이와 같이 이해할 때, 이른바 녹색직업은 ① 녹색이 수요를 증가시킨 직업(Green Increased Demand Occupations), ② 녹색이 스킬을 확장시킨 직업(Green Enhanced Skills Occupations), ③ 녹색의 신생직업(Green New and Emerging Occupations) 등 세 가지로 나누어진다(Dierdorff et al., 2009).

녹색이 수요를 증가시킨 직업: 녹색경제 활동과 기술의 충격은 기존 직업의 고용 수요를 증가시킨다. 그러나 이 충격은 그 직업의 일과 작업자 요건에 의미 있는 변화를 동반하지는 않는다. 노동 맥락(work context)은 변화할 수 있으나 수행 직무(tasks) 자체는 변화하지 않는다.

녹색이 스킬을 확장시킨 직업: 녹색경제 활동과 기술의 충격이 기존

≪표 5≫ 녹색이 수요를 증가시킨 주요 직업

직업 명칭[1]	O*NET 코드	O*NET 직업 명칭[2]
컴퓨터 소프트웨어 엔지니어	15-1032.00	컴퓨터 시스템 소프트웨어 엔지니어
수문(水文) 지질학자 및 수문학자	19-2043.00	수문학자
산업 공학자	17-2112.00	산업 공학자
재료 과학자	19-2032.00	재료 과학자
제품 디자이너	27-1021.00	상업 및 산업 디자이너
안전 조사원/ 원인 분석가	29-9011.00	직업 건강 및 안전 전문가
농업진흥 전문가	25-9021.00	농장 및 주택관리 자문관
해양 생물학자	19-1023.00	동물학자 및 야생 생물학자
환경 과학자	19-2041.00	환경 과학자 및 전문가
산림보전 노동자	45-4011.00	산림 및 보전 노동자
시멘트공	47-2051.00	시멘트공 및 콘크리트 마무리원
건설 장비 조작원	47-2073.00	작동 엔지니어 및 기타 건축장비 조작공
전공(電工)	47-2111.00	전공(電工)
산업용 트럭 기사	53-7051.00	산업용 트럭 및 트랙터 조작원
단열재 설치원	47-2131.00	지면, 천정 및 벽의 단열재 설치원
강철 노동자	47-2221.00	구조강 및 강철 노동자
자연자원 관리자	11-9121.00	자연과학 관리자
토양보존 기사	19-4093.00	산림 및 보존 기사
야생생물학자	19-1023.00	동물학자 및 야생 생물학자

주: 1) 녹색직업에 관한 각종 보고서에서 보고된 직업 명칭.
2) 보고된 직업명칭이 속하는 미국 표준직업분류의 직업분류 명칭(O*NET-SOC Title).
자료: The National Center for O*NET Development(2009).

직업의 일과 작업자 요건에 의미 있는 변화를 야기한다. 이 충격은 그 직업에 대한 고용 수요를 증가시킬 수도 있고, 그렇지 않을 수도 있다. 그 직업의 본질적 목적은 동일하지만, 수행 직무, 스킬, 지식 그리고 자격증과 같은

≪표 6≫ 녹색이 스킬을 확장한 주요 직업

직업 명칭	O*NET 코드	O*NET 직업 명칭
에탄올 보존 기계공	49-9042.00	보존 및 정비 노동자
연료저장 기사	11-3071.02	저장 및 분배 관리자
지열발전 엔지니어	17-2071.00	전기 엔지니어
수력발전소 전기 엔지니어	51-8013.00	발전소 조작공
메탄 포획 시스템유지 노동자	49-9042.00	보존 및 정비 노동자
석유 및 가스 탐사기사	19-4041.02	지질 표본 검사 기사
폐수 처리장 토목기사	17-2051.00	토목 기사
풍력 발전 시스템 설계자	17-2071.00	전기엔지니어
철도 시스템 조작원	11-3071.01	수송 관리자
수송, 저장 및 물류 기사	43-5071.00	운송, 수신 및 교통 사무원
에너지 효율화 재정관리자	13-2051.00	재정 분석가
난방 엔지니어	17-2141.00	기계공학자
도시재생 관리자	19-3051.00	도시 및 지역 계획가
바이오 연료사업장 건설 노동자	47-2061.00	건설 노동자
건물 조사원	47-4011.00	건설 및 건물 조사원
녹색건물 건축가	17-1011.00	건축가

자료: The National Center for O*NET Development(2009).

외적 요소는 변화한다.

녹색의 신생 직업: 녹색경제 활동과 기술의 충격은 독특한 일과 작업자 요건을 창출한다. 이 직업은 기존 표준 직업분류와 비교하여 볼 때 새로운 것이다. 이 새로운 직업은 기존 직업과는 완전히 새롭거나 '태동한' 것이다.

먼저 녹색이 수요를 증가시킨 직업으로는 어떤 직업이 있는지를 보

자. 녹색직업에 관한 다양한 연구를 종합하여 디어도프와 동료들(Dierdorff et al., 2009)은 12개 업종에서 총 91개의 직업을 선별하였다.[5] 여기에는 컴퓨터 소프트웨어 엔지니어, 수력발전소를 건설하기 위하여 지질을 탐색하고 분석하는 수문(水文) 지질학자, 시멘트공, 트럭기사, 자연자원 관리자, 토양보존 기사, 야생동물을 연구하고 분석하는 동물학자 및 야생생물학자 등이 있다.

다음으로 녹색이 스킬을 확장한 직업을 보자. 여기에는 에탄올을 다루는 보존 및 정비 노동자, 지열을 다루는 전기엔지니어, 수력발전소에서 전기를 다루는 발전소 조작원, 폐수 작업장을 만드는 토목 엔지니어, 풍력 전기시스템을 디자인하는 전기 엔지니어, 에너지 효율을 위한 금융상품을 다루는 금융분석가, 효율적인 난방방법을 기획하고 난방장비의 설치를 감독하는 기계엔지니어 등이 포함된다. 디어도프와 동료들(Dierdorff et al., 2009)은 12개 업종에서 총 216종의 직업을 선별하였다

마지막으로 신생 녹색직업을 살펴보자. 녹색경제의 등장으로 새롭게 출현한 녹색직업으로는 공기 질 관리 전문가, 바이오연료처리 기사, 바이오매스 작업장 기사, 환경오염지대의 재개발 전문가, 탄소 포획 시스템 설치원, 탄소거래 중개인, 지열기사, 메탄, 매립지 가스수집 시스템 조작원, 재활용 조정원, 태양에너지 설치 관리원, 태양력 발전기사, 풍력 엔지니어 등 다양하다. 이 가운데 바이오 매스 작업장 기사는 가열, 발효 등 다양한 과정을 거쳐 죽은 생물체를 전기, 석탄, 석유 등의 연료로 변환시키는 일을 수행한다. 탄소거래 전문가는 탄소를 배출할 수 있는 권리를 사고파는 일을 하는 사람이다. 풍력에너지 엔지니어는 풍력으로부터 에너지를 확보할 수 있는

5) 디어도프와 동료들(Dierdorff et al., 2009)은 녹색직업에 관한 60종 이상의 보고서를 분석하고 이 보고서에서 제시된 직업 명칭을 재분석하였다. 각종 보고서에서 제시된 직업 가운데 표준 직업명칭으로 보기에 단위가 지나치게 미세하거나 너무 큰 것을 제외하고 유사한 것을 통합하여 최종 선별하였다.

≪표 7≫ 주요한 신생 녹색직업

신생직업	직무 개요
공기 질 관리 전문가	장비와 설비의 인가, 검사, 배출 조절 조사, 기록 유지, 보고, 그리고 기획과정의 참여 등을 포함하여 양질의 공기를 유지하기 위한 일련의 임무를 수행한다.
바이오연료 처리 기사	발효나 반응과정에 필요한 정제된 원료를 계산하고, 측정하고, 적재하고, 혼합하고, 처리한다.
바이오매스 작업장 기사	생물자원을 이용한 바이오매스 작업장의 활동을 통제하고 모니터하며 작업장을 유지하기 위하여 필요한 행위를 한다.
환경오염지대의 재개발 전문가	오염된 지역을 재활용하기 위한 계획, 청정 작업, 재개발에 참여한다.
탄소 포획 시스템 설치원	탄소 에너지를 포획하는 시설을 설치하고 유지한다.
탄소거래 중개인	탄소배출허가권을 판매하고 구입하는 회사를 대표한다.
지열기사	지열 에너지원으로부터 전기를 생산하는 발전소에서 기술적 활동을 수행한다.
메탄, 매립지 가스 수집 시스템 조작원	매립지의 가스를 수집하기 위한 장치를 매일 작동하고 유지하며 수선한다.
재활용 조정원	지방정부나 민간회사의 재활용 프로그램을 관리한다.
태양에너지 설치 관리원	지역이나 민간회사의 태양열 시스템을 설치하는 직원들을 관리한다.
태양력 발전기사	태양열로부터 전기를 생산하는 시설에서 기계, 통제장치 그리고 전기시스템을 모니터하고 수선한다.
풍력 엔지니어	지하 혹은 지상의 풍력을 모으는 지하 혹은 지상의 시스템을 설계하고, 상세 설명서를 준비하고 개발한다.

자료: The National Center for O*NET Development(2009).

시스템을 설계하고 개발하는 일을 맡고 있다.[6]

녹색직업의 요구 숙련 분석

여기서는 세 가지 유형의 녹색직업 가운데 앞의 두 가지, 즉 녹색이 수요를 증가시킨 직업과 녹색이 스킬을 확장시킨 직업의 요구 숙련을 분석하려고 한다. 이 두 가지 유형은 기존의 직업정보 데이터베이스를 활용할 수 있다는 공통점이 있다. 녹색의 신생 직업은 새롭게 출현한 직업으로 아직 직업의 직무 속성과 작업자 특성을 분석한 데이터베이스가 구축되어 있지 않다. 그래서 본 고에서는 데이터베이스를 확보할 수 있는 두 가지 유형에 대하여 요구 숙련의 특성을 살펴보려고 한다.[7]

먼저 녹색직업의 직무를 수행하는 데 있어서 전형적인 작업활동이 무엇인지를 살펴보자.[8] O*NET 데이터베이스에서는 일반화된 작업활동(Generalized Work Activities; GWAs)과 세부적인 작업활동(Detailed Work Activities; DWAs)을 함께 다루고 있다. 특정 직업에서 수행하는 직무(task)에 대한 정보가 있지만, 이 직무 정보는 직업별로 상이하여 비교하기가 어렵다. 반면 O*NET의 작업활동은 수많은 직업을 설명할 수 있는 단일한 설명변수를 제공하고 있다.

---

6) 매일노동뉴스 2009년 6월 5일자에 따르면 국내에는 녹색 신생직업에 대한 본격적인 연구 결과물은 없다. 한국고용정보원은 태양광발전 연구 및 개발자, 해양바이오에너지연구원, 지열시스템개발기술자, 탄소포집저장연구원, 해수담수화연구원, LED조명시스템기술자, 선박환경기술자, 건물에너지컨설턴트 등 19개 직업이 녹색기술 산업 분야에서 유망할 것으로 보고하였다.

7) 본 연구에서 활용한 직업에 관한 데이터베이스는 O*NET이다. O*NET은 직업에 관한 속성과 특성을 수량화하여 제공하고 있는 미국의 대표적인 직업정보 시스템이다.

8) 각종 보고서에서 녹색직업으로 보고된 직업들 가운데 녹색이 수요를 증가시킨 직업은 12개 업종에서 91종, 녹색이 스킬을 확장한 직업은 216종이었다. 이 직업들의 직업 특성을 O*NET의 직업정보 데이터베이스에서 자료를 수집하였고, 이 가운데 본 연구에서 보려는 세부항목별로 자료를 분석하였다. 분석 자료에서 제시되는 빈도는 각 직업에서 직무 수행을 위하여 가장 필요한 요건으로 분석된 항목을 집계한 것이다.

《표 8》 녹색직업의 주된 작업활동

녹색이 수요를 증가시킨 직업			녹색이 스킬을 확장한 직업		
순위	작업활동 명칭	빈도	순위	작업활동 명칭	빈도
1	정보 획득	21	1	의사결정과 문제해결	35
2	장비·구조 혹은 재료의 조사	11	2	정보 획득	34
3	감독·동료·하급자와의 의사소통	9	3	컴퓨터 활용	28
4	컴퓨터 활용	7	4	물체·행위·사건의 인식	18
5	일반적인 육체 활동	7	5	장비·구조·재료의 조사	15
6	기계 통제와 가공	6	6	외부 조직인과의 의사소통	11
7	물체의 취급과 이동	6	7	일반적인 육체 활동	11

자료: O*NET의 직업정보 데이터베이스 분석 결과.

녹색이 수요를 증가시킨 직업에서 발견되는 주된 작업활동은 정보 획득이 가장 많았고, 다음으로 장비·구조 혹은 재료의 조사, 감독·동료·하급자와의 의사소통, 컴퓨터 활용, 일반적인 육체 활동, 기계 통제와 가공, 물체의 취급과 이동, 자동차·기계화된 설비 혹은 장비의 작동, 기계 장비의 정비와 유지 등이 빈번한 활동이었다. 녹색이 스킬을 확장시킨 직업에서는 의사결정과 문제해결이 가장 빈번한 활동이었고, 다음으로 정보 획득, 컴퓨터 활용, 물체·행위·사건의 인식, 장비·구조·재료의 조사, 외부 조직인과의 의사소통, 자동차·기계화된 설비 혹은 장비의 작동 등이 빈번하게 이루어지는 작업활동이었다.

그렇다면 녹색직업의 종사자들이 많이 활용하는 지식은 무엇인가? 작업자들은 일 경험과 교육을 통하여 지식을 습득하게 된다. 녹색이 수요를 증가시킨 직업에서는 기계, 건축과 건설, 생산과 가공, 영어, 화학, 디자인, 법과 정부 등의 지식이 많이 활용되었다. 녹색이 스킬을 확장한 직업에서는

《표 9》 녹색직업에서 활용도가 높은 지식

녹색이 수요를 증가시킨 직업			녹색이 스킬을 확장한 직업		
순위	지식 명칭	빈도	순위	지식 명칭	빈도
1	기계	19	1	공학과 기술	53
2	건축과 건설	12	2	기계	51
3	생산과 가공	9	3	건축과 건설	24
4	영어	7	4	고객과 대인 서비스	12
5	화학	6	5	화학	9
6	디자인	5	6	교육과 훈련	9
7	법과 정부	5	7	생물학	7

자료: O*NET의 직업정보 데이터베이스 분석 결과.

공학과 기술, 기계, 건축과 건설, 고객과 개인 서비스, 화학, 교육과 훈련, 생물학 등의 지식이 많이 활용되었다.

두 종류의 녹색직업에서 많이 활용된 지식을 살펴보면 특정한 목적을 위해 설계하고 개발하며 기술을 활용하는 공학 분야의 지식을 많은 것을 확인할 수 있다. 녹색이 수요를 증가시킨 직업에서 가장 많이 활용되고 있는 지식인 '기계(mechanical)'는 설계, 사용, 정비 그리고 유지를 포함하여 장비와 도구에 대한 지식을 의미한다. 녹색이 스킬을 확장한 직업에서 가장 많이 활용되고 있는 '공학과 기술'은 공학과 기술의 실제적인 적용에 대한 지식으로, 여기에는 다양한 상품과 서비스를 설계하고 생산하는 데 원칙, 기술, 절차 그리고 장비를 적용하는 것을 포함한다.

다음으로 녹색직업에서 활용도가 높은 스킬을 알아보자. O*NET의 데이터베이스에서 스킬(skill)은 읽기와 쓰기, 말하기와 같이 학습이나 지식습득을 촉진하는 능력을 의미하는 기초적 스킬(basic skill), 그리고 설득, 타협,

≪표 10≫ 녹색직업에서 활용도가 높은 스킬

녹색이 수요를 증가시킨 직업			녹색이 스킬을 확장한 직업		
순위	스킬 명칭	빈도	순위	스킬 명칭	빈도
1	적극적 청취	30	1	적극적 청취	52
2	과학	11	2	동작 모니터링	27
3	독해력	8	3	독해력	22
4	설치	5	4	장비유지	21
5	작동과 통제	5	5	수학	19
6	수학	4	6	시관관리	17
7	비판적 사고	3	7	쓰기	12

자료: O*NET의 직업정보 데이터베이스 분석 결과.

프로그래밍, 시간관리 등과 같이 여러 직업에 발생하는 활동을 촉진시키는 능력을 의미하는 범직업적 스킬(cross-functional skill)로 구성된다.

녹색이 수요를 증가시킨 직업에서는 적극적 청취, 과학, 독해력, 설치, 작동과 통제, 수학, 비판적 사고, 장비유지, 질 관리 분석, 수선, 문제점 조정 등의 순으로 많이 활용되었다. 여기서 '적극적 청취'란 다른 사람들이 말하는 것을 주의 깊게 듣고, 요점을 이해할 수 있도록 시간을 할애하며 적절한 질문을 하는 것을 망라한다. 녹색이 스킬을 확장한 직업에서는 적극적 청취, 작동 모니터링, 독해력, 장비 유지, 수학, 시간관리, 쓰기, 말하기, 복잡한 문제해결, 문제점 조정 등의 순이었다. '동작 모니터링'은 기계가 잘 작동하도록 계기, 다이얼 혹은 다른 표시기를 관찰하는 것을 의미한다.

이번에는 녹색직업에서 활용도가 높은 능력이 무엇인지 알아보자. 능력(ability)이란 업무 수행에 영향을 비치는 개인의 지속적인 속성이다. 능력은 크게 보아 문제 해결시 지식의 습득과 적용에 영향을 미치는 능력인

≪표 11≫ 녹색직업에서 활용도가 높은 능력

녹색이 수요를 증가시킨 직업			녹색이 스킬을 확장한 직업		
순위	능력 명칭	빈도	순위	능력 명칭	빈도
1	문제 민감성	22	1	구두 독해력	64
2	팔과 손의 안정성	15	2	문제 민감성	38
3	구두 독해력	15	3	구두 표현력	32
4	구두 표현력	8	4	연역적 추리력	28
5	정밀 통제	7	5	독해력	12
6	근접 보기 능력	6	6	근접 보기 능력	10
7	연역적 추리력	4	7	팔과 손의 안정성	8

자료: O*NET의 직업정보 데이터베이스 분석 결과.

인지적 능력, 대상물을 조작하고 통제할 수 있는 역량에 영향을 미치는 능력을 의미하는 정신 운동적(psychomotor) 능력, 인내력, 유연성과 균형 및 조정, 그리고 감각적 능력 등으로 구성된다.

녹색이 수요를 증가시킨 직업에서는 문제 민감성, 팔과 손의 안정성(arm-hand steadiness), 구두 이해력, 구두 표현력, 정밀 통제, 근접 보기 능력, 연역적 추리력, 유연성 등이 많이 활용되는 능력이었다. '문제 민감성'이란 언제 잘못되었거나 잘못될 수 있는지를 알아 낼 수 있는 능력이다. 녹색이 스킬을 확장시킨 직업에서는 구두 독해력, 문제 민감성, 구두 표현력, 연역적 추리력, 독해력, 근접 보기 능력, 팔과 손의 안정성, 정밀 통제 등이 빈번하게 관찰된 능력이었다.

04절
녹색직업 육성을 위한 정책

앞 절에서 살펴본 바와 같이 세 가지 유형의 녹색직업을 상정할 수 있다. 유형에 따라 녹색직업 육성을 위한 정책적 방식도 달라질 수밖에 없다. 첫 번째 유형인 녹색이 수요를 증가시킨 직업과 관련해서는 숙련노동자를 확보하는 것이 정책적으로 긴요하다. 이 유형의 녹색직업은 녹색화 때문에 추가적인 교육이나 훈련, 혹은 다른 자격을 요구하지 않는다. 태양열 패널 시설을 만드는 제조관련 노동자들은 첨단 제조 환경에서 요구하는 일반적인 지식과 스킬 이외의 어떤 것을 필요로 하지 않는다(Cleary & Kopicki, 2009). 주택의 단열작업을 하는 입문 수준의 노동자에게는 초보적인 건축 노동자 이상의 어떤 기술을 더 요구하지는 않는다. 에너지 효율성이 좋은 주택을 만드는 일을 경험 많은 목수가 하게 된다면 특별히 새로운 지식과 스킬이 추가적으로 필요하지는 않다. 숙련도가 높은 목수는 에너지 효율성이 높은 창문을 만들 수 있는 지식과 스킬을 이미 가지고 있기 때문이다.

이와 같이 첫 번째 유형의 녹색직업과 관련한 정책적 과제는 숙련공의 부족이다. 고단열재 시공을 하는데 새로운 스킬을 필요로 하지 않는다. 다시 말해서 녹색직업의 숙련공에게는 기회가 많다. 미국 버클리 지역을 연구한 보고서에 따르면 녹색 사업체를 운영하는 73%의 사업주는 숙련 노동자가 부족하다고 보았다. 이 지역에서 부족한 인력은 에너지, 그린 빌딩, 그리고 기계분야의 숙련공이었다(Pinderhughes, 2007).

세 가지 유형의 녹색직업 가운데, 직업의 종류가 가장 많고 정책적으로 특히 유의해야 하는 대상은 두 번째 유형, 즉 녹색이 스킬을 확장한 직업이다. 제 2 절에서 강조했듯이 녹색직업 가운데 일부는 완전히 새로운 직업이지만, 대부분은 새로운 녹색 지식과 스킬을 요구하는 기존 직업들이다. 다시 말해서 "녹색직업은 건설 노동자, 제조업 노동자, 회계원, 과학자 등 종종 전통적 직업이며, 이 직업들은 녹색 지식과 스킬이라는 추가적인 층(layer)을 요구한다(Cleary & Kopicki, 2009)." 예를 들어 용접을 하는 판금 노동자는 풍력 터빈을 제조하는 새로운 기술을 배울 필요가 있다. 기존 주택을 에너지 효율성이 높은 새로운 주거지로 전환시키는 건설산업은 에너지 효율화에 대한 최신 훈련을 받은 전통적인 건설 노동자를 필요로 한다. 태양열 주택을 만드는 기업은 추가적으로 전문화된 태양열 기술을 가지고 있으면서 전통적인 전기훈련을 받은 노동자를 필요로 한다(Apollo Alliance & Green For All, 2008).

녹색이 스킬을 확장한 직업과 관련해서 정책적으로 지원해야 할 일은 구직자들이 먼저 해당 직업에서 요구하는 기초적인 스킬(basic skill)과 범직업적 스킬(cross-functional skill), 관련 분야의 학위, 그리고 특정 직업과 관련된 공인 자격증을 습득하도록 지원하는 것이다. 다음으로 특정한 녹색직업을 수행하기 위해서는 필요하나 해당 직업의 기존 지식과 스킬로는 지원이 불가능한 녹색 지식과 스킬을 추가로 습득하도록 해야 한다.

다음으로 세 번째 녹색직업 유형인 녹색 신생직업에 대한 정책적 대응을 고민해 보자. 새로운 직업에서 요구하는 녹색 지식을 구직자들이 준비할 수 있도록 해야 한다. 그러나 녹색 신생직업의 스펙트럼이 다양해서 특정한 지식과 스킬을 제시할 수는 없다. 그럼에도 불구하고 전반적인 틀을 제시하자면 먼저 녹색의 신생직업 분야의 인력 수요를 예측하고 이에 걸맞는 인력양성 대책을 마련해야 한다. 다음으로 녹색의 신생직업에서 요구하는 지식과 스킬을 체계적으로 교육훈련시킬 수 있는 교육훈련 과정을 설계하고 인력양성을 지원해야 한다.

CHAPTER

3

탄소거래 확대에 따른 관련 유망직업

황규희

교토의정서에 따라 국가별로 탄소배출량을 규정하는 탄소배출권이 운영되고 있으며, 이의 거래가 영국, 미국 등을 중심으로 진행되고 있다. 2012년까지는 탄소배출권 거래시장(탄소시장)이 선진국을 중심으로 제한적으로 운영되나, 그 이후에는 한국을 비롯한 많은 나라에서도 탄소시장이 본격화될 가능성이 크다.

한국에서는 아직 할당량 기반의 배출권 거래시장이 형성되지 못하였으나, 2004년 이래 일부 국내 기업에서 해외 탄소배출 축소 프로젝트에 참여하고 있다. 2007년 한국 정부는 기업의 자발적 감축실적에 대해 국내 배출권 KCER(Korean Certified Emission Reductions)을 발급하였으며, 금융위원회도 2007년 9월 탄소배출권에 투자할 수 있는 근거조항을 마련함으로써 상품화를 촉진하고 있는 가운데, 현재 탄소배출권 거래소 설립 계획을 세우고 준비중이다.

탄소배출권거래의 등장은 새로운 유망직업을 다수 만들어 낼 것으로 전망된다. 먼저 탄소배출권 거래의 등장에 따라 직접적으로 파생되는 직업 중 탄소거래 중개와 탄소배출 검증과 관련된 직업이 특히 주목된다. 한편, 탄소배출이 비용으로 간주되며 기업경영의 핵심적 요소로 전환되는 가운데 탄소배출 및 환경문제에 대한 전문성을 기업업무에 반영하도록 하는 전문직종의 중요성도 강화될 전망이다. 환경영향평가 전문직과 환경경영컨설턴트가 중요해질 것이다. 또한 탄소배출 절감을 위한 대규모 투자가 중요한 문제가 되는 가운데 녹색 프로젝트 파인낸싱 전문직도 핵심적인 유망직업으로 등장할 것이다.

본 장에서는 탄소거래 확대에 따른 유망직업을 검토하고 이들의 육성 및 활용 방안을 모색하며 관련 법·제도 정비 등을 포함한 정책적 시사점을 제시하였다.

01 절
탄소거래 관련 유망직업 등장 배경

친환경-저탄소 패러다임이 글로벌 규제로 등장하는 가운데, 녹색기술의 개발과 확산은 새로운 산업을 촉발할 뿐 아니라 기존 산업을 재편하고, 이에 따른 새로운 유망직업의 등장과 필요 직무능력의 변화 등이 제기되고 있다. 특히 서비스 부문에서는 탄소배출권 거래, 환경경영컨설팅, 녹색파이낸싱 등이 녹색성장의 핵심서비스 영역으로 부상하고 있다.

기후변화협약에서 선진국의 탄소배출 감축목표를 규정하고 해당국가에서는 기업에 탄소배출을 규제하게 된다. 국가나 기업에서 탄소배출 허용치에 대해 목표 이상의 감축을 수행하여 여분의 권리를 가진 주체가 허용치를 초과한 주체에 대해 배출권을 판매할 수 있게 함으로써 탄소배출권 거래시장(이하 탄소시장)이 이루어지게 되었다. 탄소시장이란 기본적으로 온실가스 배출권을 거래하는 시장을 의미하며, 관련사업 전반을 포괄하는 광의의 개념으로도 총칭된다.

탄소배출권 거래는 거래참가자들이 시장에서 비용 효율적으로 탄소배출량을 감축하도록 한다. 비용 효율적으로 탄소를 감축할 수 있는 기업은 감축사업에서 발생하는 탄소배출권을 매각하여 이득을 볼 수 있고, 효율적으로 탄소를 감축할 수 없는 기업은 감축사업을 하는 것보다 낮은 비용으로

≪표 1≫ 탄소거래 관련 유망직업

영 역	대표적인 유망직업
탄소거래에 의해 직접적으로 파생	탄소거래 중개인
	탄소배출 감정사
기업경영전략 변화로부터 파생	환경영향평가 전문직
	환경경영 컨설턴트
탄소거래 관련 금융전문직	녹색 프로젝트 파이낸싱 전문직
	배출권 거래 지원 전문직

탄소배출권을 시장에서 구입할 수 있도록 하는 것이다. 이러한 탄소배출권 거래의 기반은 1997년 '교토의정서' 체결에 따라 이루어졌다.

한국의 경우에는, 교토의정서 1차 의무 이행기인 2012년까지는 온실가스 감축의무가 없는 국가로 분류되나, 이후에는 의무감축국으로 편입이 유력하다. 한국에서는 현재 할당량 기반의 배출권 거래시장이 아직 형성되지 않았으나, 2007년 한국 정부는 기업의 자발적 감축실적에 대해 국내 배출권 KCER(Korean Certified Emission Reductions)을 발급하였으며, 금융위원회도 2007년 9월 탄소배출권에 투자할 수 있는 근거조항을 마련함으로써 상품화를 촉진하고 있고, 2011년까지 탄소배출권 설립 계획을 세우고 준비중이다.

탄소배출권 거래의 등장은 새로운 유망직업을 다수 만들어 낼 것으로 전망된다. 먼저 탄소배출권 거래의 등장에 따라 직접적으로 파생되는 직업 중 탄소거래 중개와 탄소배출 검증과 관련된 직업이 주목된다. 금융전문직으로의 배출권 거래 지원 전문직도 다수 만들어질 것이다. 한편, 탄소배출이 비용으로 간주되며 기업경영의 핵심적 요소로 전환하는 가운데 탄소배출 및 환경문제에 대한 전문성을 기업업무에 반영하도록 하는 전문직종의 중요성도 강화될 전망이다. 환경영향평가 전문직과 환경경영 컨설턴트가 중요해질 것이다. 또한 탄소배출 절감을 위한 대규모 투자가 중요한 문제가 되는 가운데 녹색 프로젝트 파이낸싱 전문직도 핵심적인 유망직업으로 등장할 것이다.

02절
탄소거래와 탄소시장

탄소배출권의 등장과 탄소거래

1992년 기후변화협약 체결을 기점으로 시작됐던 온실가스 규제 논의가 2005년 2월 교토의정서 공식발효를 계기로 본격화하였다. 기후변화에 관한 각국정부 협의체인 IPCC(Intergovernmental Panel on Climate Change)는 범 지구촌 차원의 대책 마련에 부심중이다. 2005년 이후 EU는 포스트 교토의정서 협상을 통해 온실가스 규제를 주도하고 있으며, 2007년에 미국은 기술협력을 통한 온실가스 감축을 제안하였다.

탄소배출권 거래제도와 탄소시장은 교토의정서에 따라 온실가스 감

[그림 1] 온실가스 규제 논의의 전개과정

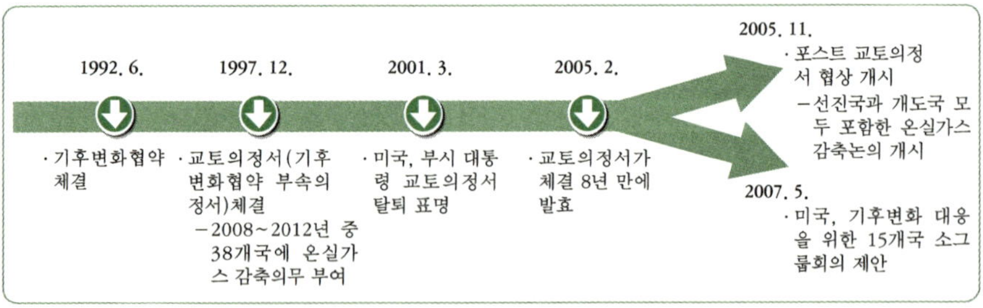

자료: 김현진 · 강희찬 · 김준(2007).

축의무가 있는 국가에 배출쿼터를 부여하여 해당 국가간 배출쿼터의 거래를 허용하는 제도이다. 2002년 영국에서 처음으로 탄소배출권거래(Emission Trading Scheme; ETS)를 실시한 이후, 2005년에 교토의정서가 공식 발효되는 한편, EU 차원의 탄소배출권시장(EU-ETS)도 등장하였다. EU 25개국 1만 2천 기업 중 에너지 다소비 사업장을 대상으로 이산화탄소 배출 허용량을 설정한 후 잉여분 및 부족분을 거래하도록 한 것이다. EU-ETS에 참여한 철강, 전력, 화학 등 에너지 다소비 사업장의 이산화탄소 배출량은 EU 25개국 총 배출량의 45%에 해당하였다. 2008년 이후 감축의무 불이행에 따른 벌금이 인상(이산화탄소 1톤당 40유로→100유로)될 예정이어서 배출권시장은 더욱 활성화될 전망이다.

미국은 그간 온실가스 규제에 방관적이었으나, 오바마 정부는 온실가스 규제에 적극 참여하려 한다. 특히, 글로벌 탄소배출권 거래시장에 대한 영향력을 확대하고자 '연방 배출권 할당 및 거래제도(federal cap and trade scheme)'를 적극 추진하고 있어, 향후 글로벌 시장 경쟁 심화 및 구조변화 등이 예상된다. 이 계획은 오는 2020년까지 미국 내 이산화탄소 배출량은 현 수준에서 14% 감축하고 최종적으로 2050년까지 83% 감축하는 것을 목표로 하며, 효율적인 시행을 위해 배출권 거래시장을 신설할 계획이다. 향후 8년간 배출권 거래시장을 통한 수입규모가 6,460억 달러에 달할 것으로 추정되고 있는데, 미국 정부는 이 중 1,200억 달러를 친환경에너지 기술개발에 투자하고 나머지는 중산층 세제지원을 통한 생활 온실가스 절감 유도 등을 지원한다는 방침이다(주간 금융브리프, 2009).

탄소배출권 거래 기반으로의 '교토유연성체제'[1]는 시장기능의 도입을

1) 교토유연성체제(Kyoto Flexible Mechanism)는 1997년 '교토의정서' 체결시 도입된 시장메커니즘이다.

≪표 2≫ 교토유연성체제

제 도	주요 내용	거래 대상	거래기준	거래 당사자
배출권거래 (ETS)	국가별로 부과된 배출쿼터의 매매를 허용함	배출권 (allowance) 거래	할당량 (quato)	다자/양자간
청정개발체제 (CDM)	선진국이 개발도상국에 투자하여 감축한 온실가스의 일정량을 자국의 실적으로 인정함	크레디트 (credit) 거래	프로젝트 (사업)	양자간
공동이행 (JI)	선진국이 다른 선진국에 투자하여 감축한 온실가스의 일정량을 자국의 실적으로 인정함	크레디트 (credit) 거래	프로젝트 (사업)	다자/양자간/ 단독

자료: 이길남 · 윤영한(2008).

통해서 신축적으로 배출가스를 감축하는 것으로 '배출권 거래(Emission Trading; ET)', '청정개발체제(Clean Development Mechanism; CDM)', '공동이행(Joint Implement; JI)'이 핵심을 이룬다. 배출권 거래는 할당받은 배출쿼터를 사고 팔 수 있게 하는 '할당 기반' 탄소시장이다. 기업별로 온실가스 배출 허용량이 할당되면, 할당량 대비 잉여분 및 부족분을 거래한다는 것이다.

한편, '청정개발체제'와 '공동이행'은 감축 프로젝트 기반 탄소시장이다. 감축 프로젝트 기반 시장이란 배출량 감축 프로젝트를 실시해 거둔 성과에 따라 획득한 크레디트(credit)[2]를 배출권 형태로 거래하는 개념인데 크레디트는 유효성 심사 및 인증을 거친 후에 발생한다.[3] 삭감의무를 가진 A국이 B국의 온실가스 감축에 투자하여 얻은 실적을 A국의 배출삭감 실적으

2) CDM 프로젝트를 통해 획득한 크레디트는 'CER(Certified Emission Reduction)'로 지칭되며, JI 프로젝트를 통해 획득한 크레디트는 'ERU(Emission Reduction Unit)'로 지칭한다.

3) CDM 프로젝트는 승인, 실시에서 CER이 발행되기까지 국가 CDM 승인기구, CDM사업 운영기구, CDM집행위원회 등의 승인·심사·검증과정을 거친다.

[그림 2] 탄소시장의 운영 메커니즘

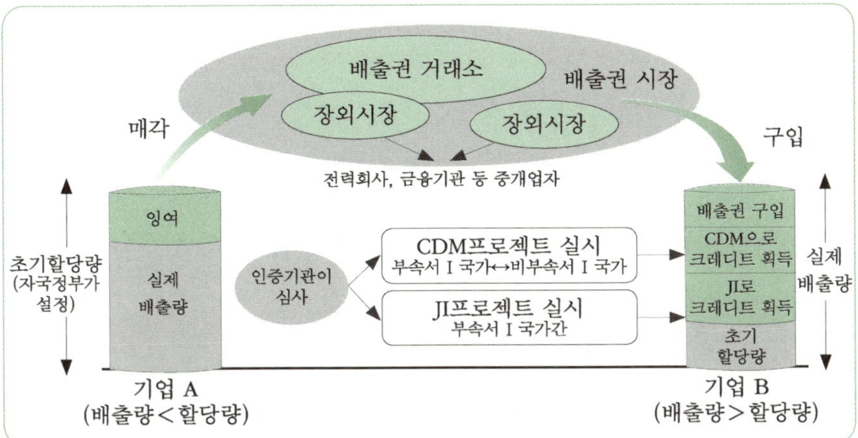

자료: 김현진 · 강희찬 · 박준(2007).

로 인정받을 수 있는데, B국이 삭감의무를 가지지 않는 나라인 경우에는 '청정개발체제'라 하고, B국도 삭감의무를 가지는 경우에는 '공동이행'이라 한다.

여기에서, 온실가스 감축의무를 갖는 부속서 I (Annex I) 국가와 감축의무가 면제되는 非부속서 I (Non-Annex I) 국가의 구분에 대한 이해가 요구된다. 이는 교토의정서 1차 의무 이행기인 2012년까지의 의무국가 규정에 의한 것으로, 부속서 I 국가는 선진국과 시장경제 이행국(러시아 및 동구권)이 포함되고, 非부속서 I 국가는 주로 개도국이 포함된다.

한국은 현재는 감축의무가 면제되는 非부속서 I 국가로 분류되었으나, 1990~2004년 동안 온실가스 배출량 증가율이 연평균 4.7%로 OECD회원국 중 최고 수준인 가운데, 2차 의무감축기간(2013년~미정)에는 의무감축국으로의 편입 가능성이 높다. 근래 한국정부는 국가 온실가스 중기(2020년) 감축목표를 설정하기 위해 세 가지 감축목표 시나리오[4]를 마련하고 국민 여론수렴 절차에 들어가고 있다.

탄소배출권 거래시장 규모

World Bank에 따르면 2008년 세계 탄소시장 규모는 배출권 거래에서 925억 달러, 감축프로젝트 거래에서 72억 달러 등 총 1,263억 달러 규모이다. 감축프로젝트는 기업 단독으로 수행하기 어렵고 특히 개도국에서 실행되는 프로젝트의 경우 국가 리스크(country risk)나 운영 리스크가 크다. 기업 입장에서는 프로젝트 베이스보다 배출권 구입이 용이한 것으로 간주되는 가운데 할당량 거래시장이 더 크게 확장되고 있다.

2007년 기준, 유럽 배출권 거래의 경우 런던소재 유럽기후거래소(European Climate Exchange; ECX)가 46%를 점유하고 있으며, 48%는 장외시장, 6%는 여타 거래소를 통해 거래되고 있다. 한편, 미국의 시카고 기후거래소(Chicago Climate Exchange; CCX)는 대표적인 자발적 할당량 거래시장으로, 2003년 이래 전 세계 탄소거래를 중개하고 있다.

한국의 경우, 2012년까지는 온실가스 감축의무가 없는 국가로 분류되었기 때문에 할당량 기반의 배출권 거래시장은 아직 형성되지 않았고 공동이행제도(JI)의 참여도 불가능하다. 하지만 청정개발체제(CDM)을 통한 감축 프로젝트 거래는 가능하다. 정부는 CDM 프로젝트를 촉진하기 위해 2004년 6월 국가 CDM 프로젝트 승인기구(DNA)[5]를 설치하였다. 2005년 울

4) 2020년 온실가스 배출전망치(BAU: 기존 온실가스 감축정책을 계속 유지할 경우 미래 온실가스 배출량 추이) 대비 ① 21%, ② 27%, ③ 30%를 감축하는 시나리오를 작성했는데, 이를 2005년 온실가스 배출량(594백만 톤 CO_2) 대비 절대기준으로 환산하면, ① 8% 증가, ② 동결, ③ 4% 감소시키는 것에 해당한다(녹색성장위원회, 2009).

5) DNA(Designated National Approval)는 제안된 CDM 프로젝트를 자국 내에서 평가하고 승인하는 기관이다.

≪표 3≫ 세계 탄소시장 거래규모 현황 (단위: 백만 달러)

감축 프로젝트 거래		
	2007년	2008년
청정개발체제(CDM)	7,433	6,519
공동이행제도(JI)	499	294
자발적 시장(Voluntary Market)	263	397
소 계	8,195	7,210
배출권(ETS) 거래시장		
	2007년	2008년
EU ETS	49,065	91,910
New South Wales	224	183
C C X	72	309
기 타	–	457
소 계	49,361	92,589
총 계	63,007	126,345

자료: World Bank(2009), "State and Trends of the Carbon Market 2009".

산 HFC(수소불화탄소) 분해사업, 온산 아산화질소 감축사업 등을 시작으로 2008년까지 총 50개(이 중 UN등록 19건)의 CDM 프로젝트를 추진 중이며, 국내기업의 해외추진 사업은 약 10여 개에 이른다(김현진·강희찬·박준, 2007). ≪표 3≫에서 보듯이 세계 CDM 프로젝트에서 한국이 차지하는 비중은 20007년 기준 8.2%로 중국(45.4%), 인도(15.8%), 브라질(9.9%)에 이어 UN 등록기준 4위에 해당한다.

2007년 정부는 기업의 자발적 감축실적에 대해 국내 배출권 KCER (Korean Certified Emission Reductions)을 발급하고, 초기 KCER 판매부진시 정부가 구매하는 제도를 도입하였다. 2007년 37개 프로젝트(94만 CO_2t)에 대해

≪표 4≫ 주요 판매국의 청정개발체제(CDM) 프로젝트 현황(2007년 기준)

판매국	연평균 예상 CER (등록 프로젝트 기준, CO_2톤)	순위(%)	기 발행된 CER (CO_2톤)	순위(%)
중 국	79,058,789	1위(45.4)	23,393,704	2위(25.4)
인 도	27,604,123	2위(15.8)	31,918,274	1위(34.7)
브라질	17,413,991	3위(9.9)	13,816,933	4위(15.0)
한 국	14,352,204	4위(8.2)	15,480,735	3위(16.8)
멕시코	6,463,625	5위(3.7)	1,910,664	5위(2.1)

주: CER(Certified Emission Reduction)은 CDM 프로젝트를 통해 획득한 크레디트.
자료: UNFCCC(UN Framework Convention on Climate Change) 홈페이지.

≪표 5≫ 한국의 탄소시장 현황(누적치)

구 분	2005년	2006년	2007년
시장규모(백만 달러)	98.1	103.1(4.98)	133.7(30.6)
획득배출권(백만 CO_2톤)	10.6	11.1(0.54)	14.4(3.3)
건 수	2	7	18

자료: UNFCCC의 자료를 김현진 · 강희찬 · 박준(2007)에서 재인용.

KCER을 발급하여 정부가 전액(46.9억 원) 구매하였으며, 2008년도 정부구매 자금으로 90억 원을 책정하였다. 한편 한국 정부는 2007년 5월 '탄소펀드 계획'을 발표한 이래, 그 해 8월에는 국내 최초로 탄소펀드인 '한국사모 탄소특별자산 1호'가 탄생하였다.[6] 금융위원회도 2007년 9월 탄소배출권에 투자할 수 있는 근거조항을 마련함으로써 상품화를 촉진하였다(기획재정부, 2008. 8. 26).

한편, 전 세계 탄소배출권 시장의 전망을 보면, 교토의정서 1차 의

6) 탄소펀드란 금융시장에서 투자자를 모아서 펀드를 조성한 후 온실가스 저감사업이나 배출권에 투자하는 것을 말한다. 배출권 투자에서 발생한 크레디트를 판매해 거둔 수익을 투자자들에게 배당한다.

≪표 6≫ 세계탄소시장 지역별 규모 전망 (단위: 백만 달러)

구 분	2009년	2012년	2020년
유 럽	101,577	216,315	980,723
미 국	972	116,425	860,716
호 주	154	19,863	50,974
교 토	15,619	48,335	194,758
기 타	384	55,646	28,527
전체시장	118,706	408,249	2,115,698

자료: 구정한(2008a).

무 이행기인 2012년까지는 전 세계 탄소배출권 시장이 완만히 증가할 것으로 예상되나, 교토의정서 서약기간 만료 이후에는 탄소배출권 거래가 보다 활발해 질 것으로 여겨진다. 2008년 전 세계 탄소배출권 시장이 1,263억 달러 규모인 것에 비해, 2020년에는 거래시장간 경쟁심화 등과 함께 전세계 탄소배출권 시장규모가 2조 달러규모를 초과할 것으로 전망되고 있다.[7)]

한국은 아직 탄소시장이 도입되지도 않은 가운데, 탄소시장 규모에 대한 전망이 마련되지 않고 있다. 다만, 2015년 한국의 온실가스 배출량은 7억 3,680만 CO_2톤으로 1995년(4억 3,150 CO_2톤) 대비 170% 증가할 것으로 예상되는 수준이다. 2015년 EU 배출권 가격이 CO_2톤당 평균 5~25달러에 달할 것으로 여겨지는 가운데,[8)] 2015년까지 온실가스 배출량을 1995년보다 5% 낮은 4억 990만 CO_2톤 수준으로 낮추기 위해 의무감축분 전량을 탄소시장에서 구입한다고 가정할 경우 연간 49억 달러[9)]가 필요할 것으로 예상된

7) 구정한(2008a)은 2009년 1,200억 달러 이상에서 2020년 2조 달러에 육박할 것으로 전망하였으나, 2008년 현재 이미 1,263억 달러 규모에 이르렀기에 2020년 시장규모도 2조 달러 이상이 될 것으로 여겨진다.

8) Synapse Energy Economics(2006. 5), "Climate Change and Power: Carbon Dioxide Emissions Costs and Electricity Resource Planning", 2006. 5.

9) 최대 82억 달러, 최소 16억 달러이며 배출권가격이 국내 감축비용보다 저렴하다는 것을 전제한 경우이다.

다(김현진 · 강희찬 · 박준, 2007).

탄소거래 관련 제도 변화

탄소배출권 거래시장이 활성화되기 위해서는 하부 인프라 구축이 매우 중요하다. 하부 인프라 구조로는 배출권을 거래하는 거래소, 거래를 뒷받침하는 청산 및 결제기관, 이산화탄소 배출량을 검증하는 검증기관, 탄소거래의 규제 및 감독기관 등이 필요할 것이다(강석훈, 2008).

탄소배출권은 배출권 거래소나 장외시장을 통해 거래된다. 탄소배출권 거래소의 대표적인 모습은 런던에 있는 유럽기후거래소(European Climate Exchange; ECX)이다. 이외에 시카고기후거래소(Chicago Climate Exchange; CCX)와 시카고기후선물거래소(Chicago Climate Futures Exchange; CCFE)도 유명하다.[10] 2002년 런던 증권거래소에 세계 최초의 탄소배출권 거래소가 개설된 이래, 2005년 유럽기후거래소(European Climate Exchange; ECX)가 독립기관으로 정식 개설되었으며, 2007년 현재 전 세계 10개의 배출권 거래소가 개설되었고 지금도 계속 증가 중이다.

선발주자인 영국에서는 독립된 거래소로 운영되고 있으며, 상대적으로 후발주자인 독일, 프랑스에서는 증권선물거래소의 자회사로 배출권 거래소가 존재하고 있다. 특이한 것은 미국의 경우, 국가적으로는 탄소거래에 대한 국제간 논의에서 소극적이고 후발주자의 모습이나, 배출권 거래소 설치 및 운영에서는 영국과 함께 선두주자이다. 아시아권에서는 일본이 상대적으

10) 이들 유럽기후거래소(European Climate Exchange; ECX), 시카고기후거래소(Chicago Climate Exchange; CCX), 시카고기후선물거래소(Chicago Climate Futures Exchange; CCFE)는 다시 기후거래회사(Climate Exchange Plc; CLE)의 구성멤버이다.

로 선두적이나, 서구에 비하면 후발적인 가운데 아직 배출권 거래시장이 수립되지 못한 상황이다. 일본은 지주회사로서 종합거래소를 만들고 그 산하에 자회사로 배출권 거래시장을 개설할 예정이다. 한국은 배출권 거래소 설립이 논의 중인 가운데, 전력거래소 확대안과 한국증권 선물거래소 확대안이 제안되고 있는 상황이다.

각국에서 배출권 거래소의 형태는 다르지만, 거래소 감독기관에 있어서는 모든 경우에 금융감독기관이 배출권 거래시장의 감독을 담당하고 있다. 영국에서 유럽기후거래소(ECX)의 청산업무는 민간회사인 LCH.Clearnet에서 수행하는데, LCH.Clearnet는 ECX뿐만 아니라 NYSE Euronext, London Stock Exchange 등의 청산도 포괄하고 있다. 한편, 독일에서는 독일 내 배출권 거래소의 자회사에서 에너지관련 상품과 관련 파생상품에 대한 청산소의 역할을 담당하고 있으며, 프랑스에서는 청산소가 공공금융기관으로 나타나는 등 각 국가마다 청산소의 운영시스템은 차이를 보인다.

배출량에 대한 검증기관도 국가마다 차이가 있다. CDM사업의 검증작업은 UN에서 지정된 DOE에 의해서만 수행될 수 있으나, 유럽에서 배출량 거래관련 검증작업에 대해서는 강제기준이 없어 국가마다 정부 차원에서 수행하거나 외주를 통해 해결하고 있다. 영국·프랑스 등에서는 다수의 민간회사가 검증기관으로 인정되고 있으나, 벨기에·네덜란드에서는 배출량에 대한 검증기관이 정부기관이다.

03 절

탄소거래 확대와 기업경영 변화

환경경영 컨설팅의 등장

환경컨설팅은 환경문제의 발생부터 해결과정까지 일련의 환경이슈와 관련된 모든 자문 및 상담을 일컫는 것이며, 환경보전을 위한 기초조사, 진단, 설계, 평가, 인허가, 프로젝트 관리, 시운전, 모니터링 등을 통해 기업과 국가의 사회적 비용을 감소시켜 경제시스템 전반의 외부비용 감소와 환경자원의 가치를 높이는 행위라고 볼 수 있다. 보다 미시적이고 직접적인 시각에서의 환경컨설팅은 환경산업의 출발점으로 인식되는 분야이며, 지식을 기반으로 사업이 진행되는 특징을 갖고 있다. 현재 국내에서는 환경설비를 위한 기초조사, 설계, 감리 및 시운전 등의 환경 엔지니어링이 대부분이며, 환경영향 평가사업도 관련 법제화 이후 매우 활발한 편이다. 또 기업의 환경성이 기업가치와 연결됨에 따라 환경경영 컨설팅, 기업간 인수 및 합병에 따른 환경위험평가 작업도 중요성이 인식되기 시작했다(최진석 외, 2003).

환경컨설팅 분야로는 수자원 관련 컨설팅영역, 대기오염 관련 컨설팅 영역, 토양 관련 컨설팅 영역, 폐기물 관련 컨설팅 영역, 환경경영 관련 컨설팅 영역, 기타영역으로 나눌 수 있다. 이 중 환경경영 컨설팅은 일반 기업 혹은 조직의 활동이 환경측면에서 성과를 거둘 수 있도록 기업(조직)활동

전반을 계획, 조직설계, 감독, 감시하는 종합 환경경영프로그램을 제공하여 소위 '지속가능발전'을 유도하는 데 그 목적이 있다. 최근 기업들의 '지속가능발전'을 위해서는 기업이 사회적 책임을 다해야 한다는 인식이 확산되면서 기업들이 녹색광고(green advertising) 등을 통한 기업 이미지 재고에 힘을 쓰고 있다.[11] 향후 탄소배출에 대한 규제와 탄소거래 배출권 거래가 확대되면서 환경경영 컨설팅의 중요성은 더욱 높아질 것이다.

녹색 파이낸싱의 등장

금융은 환경에 영향을 미칠 수 있는 활동에 자금을 제공한다는 측면에서 환경문제에 간접적인 책임이 있다. 최근 세계적으로 환경문제가 이슈가 되고 차세대 성장동력으로 녹색산업이 대두되면서 금융계 또한 환경과 수익창출 두 가지를 달성하기 위해 녹색금융에 주력하고 있다. 녹색금융 상품 및 서비스는 프로젝트 파이낸싱, 소매금융, 자산관리, 보험 등을 포함한다.

녹색 프로젝트 파이낸싱의 경우에는 신재생에너지 발전소, 친환경인증, 녹색기술 보유, 녹색경영 기업을 대상으로 대출한도와 금리 등을 조정하는 것을 의미한다. 소매금융 분야는 녹색관련 예금상품이나 그린모기지(green mortgage), 기후 유지 신용카드(climate credit card) 상품 개발을 한다. 자산관리 분야는 Green펀드, 탄소펀드의 개발 및 운용을 담당하며 보험 분야는 탄소배출권의 보증이나 녹색상품관련 보험상품 개발을 실시한다. 이하에서는 녹색 프로젝트 파이낸싱을 집중하여 녹색금융을 살펴보기로 한다.

프로젝트 파이낸싱(project financing)이란 은행 등 금융기관이 사회간

11) 아직 탄소소비 의무고지 등이 없는 가운데 자발적으로 나타난 '탄소성적표지제' – 영국 등지의 제품 생산 등에서 배출되는 탄소량의 표시도 근래 한국에서도 나타나기 시작했다 – 는 녹색광고의 전형적인 모습이라 할 수 있을 것이다.

접시설 등의 투자에서, 프로젝트 자체의 수익성을 평가하여 자금을 지원하는 금융기법이다. 대규모의 자금이 필요한 석유, 탄광, 조선, 발전소, 고속도로 건설 등에서 널리 활용되며, 금융기관이 개발계획 입안단계부터 참여하여 프로젝트 운영, 성과전망 등 광범위한 분야에 걸쳐 심사를 한다.

현재 국내에서도 많은 은행들이 녹색 프로젝트 파이낸싱에 참여하고 있다. 하나은행의 로하스 기업대출 상품은 친환경 인증, 녹색기술 보유, 녹색경영 기업 등 녹색기업을 대상으로 대출한도와 금리를 우대하는 가운데, 2007년 11월 태양광 발전소 건립자금을 프로젝트 파이낸싱 기법으로 장기저리 지원했다.

국민은행은 녹색성장 기업에 필요한 여신과 각종 금융서비스를 우대 지원하고 대출 이익의 0.5%를 녹색성장 발전기금으로 기부하는 'KB 그린 그로스 론(loan)'을 판매하고 있다. 친환경상품 제조기업과 신재생에너지 전문업체 등 저탄소 녹색성장 관련 기업에 연 0.3% 우대이율을 제공하는 '사업자 우대적금'도 출시했다.

신한은행은 태양광 발전소 건설단계에서 소요되는 자금을 지원하고 발전소 가동에 따른 전력 판매대금으로 분할 상환하도록 설계된 '신한 솔라 파워론'을 내놓았다. 대출대상은 태양광 발전소 사업허가를 얻어 한국전력거래소 또는 한국전력공사를 통해 전력을 판매하고자 하는 사업자다. 우량 시공사와 연계를 통해 사업을 한층 안정성 있게 진행토록 지원한다.

우리은행은 발광다이오드(LED) 산업 특화 전용 대출상품인 '우리 LED론'을 선보였다. 한국광산업진흥회의 업종추천을 받은 LED기업을 대상으로 생산시설자금 대출한도를 기존보다 5~10% 확대해 최대 80~85% 적용한다. 그린IT산업 육성을 위해 RFID와 USN 기업을 특별 지원하는 '우리 RFID/USN론'도 출시되었다.

04절
탄소거래 관련 서비스직종 유망직업

탄소거래에 의해 직접적으로 파생되는 직업

탄소배출권 거래의 등장은 배출권 거래소의 운영, 탄소거래 중개, 거래의 청산·결재·감독, 탄소배출 검증 등의 전문인력을 요구한다. 배출권 거래소가 시행되고 있는 선진국의 경우, 탄소거래와 관련된 직업들이 고소득 전문직으로 각광받고 있다. 이 중 배출권 거래소의 운영, 거래의 청산·결재·감독 등은 기존의 금융시장 및 관련 기관 등의 업무와 연계성이 상당한 가운데 탄소거래의 특수성이 반영될 것이다. 배출권 거래소의 운영, 거래의 청산·결재·감독 등과 관련된 직업은 기존 선물거래, 전력거래 등을 포함한 광의의 금융거래 및 감독 기능과의 연계성이 클 것으로 여겨지며, 여기에서는 탄소거래 중개와 탄소배출 검증에 보다 주목하기로 한다.

탄소거래 중개인

탄소거래 중개를 수행하는 인력('탄소거래 중개인'이라고 잠정적 명명)은 배출권 거래소의 운영, 거래의 청산·결재·감독 등과 관련된 직업보다 탄소시장의 특수성을 더욱 반영하여야 하여야 할 것이며, 상당한 정도의 환경기술 등에 대한 지식이 요구될 것이다. 하지만 이러한 '탄소거래 중개인'에 대

≪표 7≫ 탄소거래에 의해 직접적으로 파생되는 유망 전문직종

기능	관련 직업
배출권 거래소의 운영	탄소배출권거래소 전문직
배출권 거래	탄소거래 중개인
거래의 청산·결재	탄소배출권 청산·결재 전문직
거래감독	탄소거래 관리·감독 전문직
탄소배출 검증	탄소배출 감정사

한 국제적인 규정이나 전문자격은 아직 없는 상황이다. 국내에서는 프로젝트사업으로 생기는 탄소 크레디트를 중개하는 탄소거래 중개업무를 일부 환경컨설팅업체에서 시행하고 있으며, 다양한 방면에서 경험을 가진 석사 이상의 인력들이 탄소거래 중개인으로 활동하고 있다.

이들의 경력을 보면 MBA 출신, 국제법 전공자, 환경공학 전공자 등 이력이 다양하다. 기후변화 관련 컨설팅 업체나 연구소에서 최소 1년 이상 경험을 쌓는다면 탄소거래 중개인 활동에 유리할 수 있다. 탄소거래 중개인으로 활동하려면 기후변화와 CDM 사업에 대한 전반적인 이해와 국제 탄소시장 및 최신 국제정책 동향을 이해해야 한다. 탄소의 가치를 정확한 정보를 기초로 판단할 수 있는 전문인력이 요구되기 때문에 계량경제 등 수리적 능력이 요구되며, 에너지나 관련 분야에서의 무역 상거래 경험을 가지고 있고, 탄소시장에 대한 폭넓은 지식이 필요하다. 또한 프로젝트사업으로 생기는 탄소 크레디트의 가치를 매기고 수요자와 공급자를 연결하는 역할을 한다. 업무 특성상 환경에 대한 지식은 물론, 프로젝트를 평가할 수 있는 능력도 필요하다. 정책적 측면에서 관련 전문자격제도 마련 등 법제정비가 시급하다.

탄소배출 감정사

탄소배출권과 탄소배출권 거래는 엄격한 탄소배출 측정을 전제로 한다. 이를 위해서는 객관적이고 독립된 위치에 있는 전문가에 의해, 탄소배출 측정이 공증될 수 있어야 할 것이다. 이러한 전문가에 의하여 환경감사를 받고, 감사 결과 법적으로 유효하다는 선언이 필요하다. 이러한 전문가는 업무성격상 환경변호사(가칭)로서의 성격을 가지며, 지난 2003년 환경감정사라는 이름으로 추진되었으나 전문직 내 수용여부에 대한 의견수렴이 이루어지지 못한 채 불발된 바 있다.[12]

탄소배출 감정사가 갖추어야 할 요소는 탄소배출 검증을 위한 환경공학등의 기술전문성과 함께 환경법률가로서의 고도의 법률가적 능력을 동시에 갖추어야 할 것이다. 나아가 이들의 판단이 법적 공증을 가지는 것이 되기 위해서는 독립 환경변호사로서보다는 환경판사 혹은 환경검사로서의 제도적 성격이 보다 요구된다고 할 수 있다. 이를 위해서는 특허변호사로서의 변리사와 유사하게 고도의 공학적 지식과 법률적 지식을 동시에 갖추어야 할 것이며, 정책적 측면에서 관련 법제정비가 요청된다.

탄소거래에 따른 기업경영전략 변화와 관련된 직업

탄소배출이 비용으로 간주되며 기업경영의 핵심적 요소로 전환하는 가운데 탄소배출 및 환경문제에 대한 전문성을 기업업무에 반영하도록 하는 전문직종의 중요성이 강화될 전망이다. 기업내 경영전략 수립 및 운용에서도 탄소배출 및 환경문제에 대한 전문성이 강화되어야 할 것이나 이 자체만으로는 새로운 직종이라고 할 수는 없을 것이다. 탄소거래에 따른 기업경영

12) 추진사항은 김명룡(2003)을 참조할 수 있으며, 추진경과에 대해서는 관련 전문가 인터뷰에 의한 것이다.

≪표 8≫ 기업경영전략 변화와 관련된 유망 전문직종

기 능	관련 직업
탄소배출 및 환경문제 진단	환경영향평가 전문직
탄소배출 및 환경문제와 기업경영 연계 자문	환경경영 컨설턴트

전략 변화와 관련된 새로운 직업은 기업외부에서 나타날 가능성이 크다. 앞서의 탄소배출 감정사가 매우 높은 수준의 공학적 법률적 지식을 요구한다면, 기업경영전략 변화와 관련된 새로운 직업은 그보다는 낮은 수준의 공학적 법률적 지식만으로도 충분할 것이나 대신 경영, 기업회계 등에 대한 이해가 요구될 전망이다.

환경영향평가 전문직

기업 등 민간기관뿐만 아니라 공공기관 등이 탄소배출 등 환경문제에 영향을 미칠 수 있는 각종 계획 및 사업을 수립·시행함에 있어서, 환경영향평가 전문직은 사전에 이들 사업으로 인해 환경에 미치는 영향정도를 과학적으로 예측·분석·평가하고, 부정적 환경효과를 줄이도록 적절한 사후관리를 수행하는 전문직이다.

이들은 환경기술 등 기술적 사항에 대한 전문성과 함께 효과분석 및 전망을 수행할 능력을 갖추어야 한다. 이외에도 법적 전문지식, 회계 등에 대한 전문성이 요청된다. 환경영향평가 전문직은 부동산 감정평가사나 회계사와 같은 전문직종으로 발전할 것으로 기대되며, 이들 환경영향평가 전문직은 기업에 대한 전문 컨설팅업무로서만이 아니라 정부기관 등에서 환경영향평가서 분석 등에서도 요청될 것이다. 현재 신설이 추진되는 환경영향평가사 자격제도(박종성 외, 2009)와 긴밀하게 연계된다.

녹색경영 컨설턴트

탄소배출이 비용으로 전환되고 환경문제에 대한 대응에 기업가치가 변동되는 가운데, 경영일반에서 환경 · 기후변화에 대한 전략적 대응의 중요성이 증대하고 기업 인수합병에서도 환경 · 기후변화에 대한 대응능력이 중요해지는 가운데, 이를 지원하는 환경 · 기후변화 경영컨설턴트(이하 녹색경영 컨설턴트)의 역할이 새롭게 등장할 것이다.

녹색경영 컨설팅은 환경기술 등 기술적 사항에 전문성, 경영 · 경제에 대한 전문지식, 그리고 이들 제반 전문성을 실제 기업 환경문제와 결부시키며 기업운용 효율성과 발전성을 도모하도록 하는 것이다. 녹색경영 컨설턴트에게는 기업의 탄소배출 및 기후변화 관련 위험관리 지원과 함께, 녹색경영전략 수립과 운영에 대한 지원도 요청될 것이다. 또한 '지속가능발전'을 위한 기업의 책임에 대한 사회적 인식이 확산되는 가운데, 녹색경영 컨설턴트로서는 탄소표지제 등을 통한 친환경 저탄소배출 기업이미지 제고도 지원해야 할 것이다.

녹색경영 컨설턴트가 되기 위한 별도의 자격제도가 요청되지는 않을 것이나, 관련 분야에 대한 다양한 지식과 경험이 요구될 전망이다. 수질 · 대기 · 소음진동 · 폐기물 · 토양 · 자연환경 등 환경과 관련된 제반 분야에 대한 포괄적인 기본지식을 바탕으로 경영, 경제에 대한 전문지식이 요구된다. 특히 이들 제반 전문성을 실제 기업 환경문제와 결부시키며 기업운용 효율성과 발전성을 도모할 수 있어야 할 것이며, 급속히 발전하는 환경관련 국내외 법규 및 규제에 대한 지속적인 이해도 필요하다. 정책적 측면에서는 별도 자격제도보다는, 환경기술 관련 전공자를 중심으로 환경MBA를 유도하는 것이 효과적일 전망이다.

탄소거래 관련 금융전문직

녹색금융 분야의 경우, 기본적으로 금융거래 및 운용에 대한 전문성을 기반으로, 녹색기술 부문에 대한 지식을 부가적으로 요구한다. 녹색 프로젝트 파이낸싱을 비롯하여 투자상품개발 및 위험관리, 펀드의 투자 및 운용업무 등이 있는데, 대부분은 기존 금융업무의 확장이라 볼 수 있을 것이나 녹색 프로젝트 파이낸싱의 경우에는 녹색기술에 대한 이해 등이 상당히 요구된다. 한편, 앞서 검토되었던 배출권 탄소배출권거래소 전문직, 청산·결재 전문직 등 배출권 거래지원 기능은 금융전문직으로의 유망성이 높다.

≪표 9≫ 녹색금융 분야 유망 전문직종

기 능	관련 직업
녹색프로젝트 파이낸싱	녹색 프로젝트 파이낸싱 전문직
기존 금융업무의 확장	녹색 소매대출 개발직 녹색 투자펀드 개발직 녹색 투자 운용직
배출권 거래 지원	탄소배출권거래소 전문직 탄소배출권 청산·결재 전문직 탄소거래 관리·감독 전문직

녹색 프로젝트 파이낸싱 전문직

프로젝트 파이낸싱(project financing)이란 사회간접시설 등의 투자에서 프로젝트 자체의 수익성을 평가하여 자금을 지원하는 금융기법으로서, 파이낸싱 주관 금융기관이 개발계획 입안단계부터 참여하여 프로젝트 운영, 성과전망 등 광범위한 분야에 걸쳐 심사를 한다. 녹색 프로젝트 파이낸싱은 에너지·환경 직접 관련 신규시설 투자뿐만 아니라 기존 산업에서의 제 시설을 친환경, 저에너지 소비형태로 전환하는 것을 포함한다.

금융지식이 필요한 것은 당연한 사항인 가운데, 에너지·환경 등 협의의 녹색 R&D에 대한 이해뿐만 아니라, 기존 기술의 녹색전환(green transformation)에 대한 이해도 요청된다. 세부적인 사항에서는 관련 전문가의 도움을 받더라도, 최종적으로 대출한도와 금리 조정 등에 대한 사항은 프로젝트 파이낸싱 담당자가 마련해야 하는 것이기 때문이다. 기술적인 사항에 대한 이해를 기반으로, 프로젝트 위험요소 분석, 위험도 이해, 기대성과에 대한 신뢰정도 판단 등이 중요하다. 고도의 수리적 능력, 분석능력, 판단능력이 필요하며, 기후변화와 탄소배출권에 대한 전반적인 이해와 국제 탄소시장 및 최신 국제정책 동향 이해도 중요하다. 정책적 측면에서, 프로젝트 파이낸싱 전문가에 대한 탄소배출권 관련 전문교육과정 제공하는 금융전문과정의 개발과 경쟁력 제고를 촉구할 수 있을 것이다.

배출권 거래지원 전문직

탄소배출권 거래는 배출권거래소 전문직, 탄소배출권 청산·결재 전문직, 탄소거래 관리·감독 전문직 등을 요구하는데, 이들은 기본적으로 금융전문인력으로 간주될 수 있다. 금융거래소의 운영, 청산, 관리, 감독 등이 원자재 거래시장 및 전력 거래시장 등에서도 유사하게 적용되는 것과 마찬가지로 탄소배출권 거래에서도 유사하게 적용될 수 있기 때문이다. 다만, 탄소배출권 거래의 특성상 탄소배출 관련 공학적 전문지식이 부가적으로 요구된다는 것이 차별성이다.

녹색 프로젝트 파이낸싱 전문직과 유사하게 금융지식이 필요한 것은 당연한 사항인 가운데, 에너지·환경 등 협의의 녹색 R&D에 대한 이해뿐 만 아니라, 기존 기술의 녹색전환(green transformation)에 대한 이해도 요청된다. 전반적으로 환경기술전문가가 금융이론을 습득하는 것보다는 금융전문가가 환경관련 기술 동향을 파악하는 것이 용이할 것으로 여겨진다. 정책적 측면에서 환경MBA 내 전문금융과정의 개발과 경쟁력 제고를 촉구할 수 있을 것이다.

05절

인력양성과 활용방안

탄소배출권 거래의 확산과 이로 인한 경영환경 변화에서 탄소거래 중개인, 환경감정사, 환경경영 컨설턴트 등의 수요가 급속히 제기되며 유망직업으로 부상이 예상되고 있다. 이에 대하여, 본 절에서는 이들 직업에 대한 인력양성 관련 사항을 검토하기로 한다. 먼저 이들 인력에게 요구되는 능력과 그에 대응한 양성과정에 대해, 전 세계적으로 가장 탄소거래가 활성화되고 기업의 대응도 적극적인 영국에서의 관련인력 양성 사례를 살펴보기로 한다. 이어서 관련 법제에 대한 국내외 사례를 검토하고, 한국의 관련인력 양성 및 활용 방안을 관련 자격제도 도입과 함께 제시하고자 한다.

탄소거래 관련 인력양성 해외사례: 영국

유럽기후거래소(ECX) 교육과정[13)]

유럽기후거래소는 탄소거래의 원칙, EU 탄소배출권 거래소(EU ETS) 및 UN 청정개발체제(CDM)에 대한 이해를 도모하며, 탄소가격 결정, 탄소거래기법 등 탄소시장 운영에 대한 사항과 함께 자발적 탄소시장 및 탄소감축

13) http://www.ecx.eu/course-modules

≪표 10≫ 유럽기후거래소(ECX) 교육과정

주 제	교육내용
탄소거래 원칙의 이해	기후변화의 배경과 교토의정서 협약에 따른 탄소시장의 원칙에 대해 검토
EU 탄소배출권 거래소(EU ETS)의 이해	유럽을 중심으로 탄소감축계획을 포함하는 규제들에 대해 검토해보고 유럽 배출허용권의 재분배와 거래가 어떻게 실시되는지 알아봄. 또한 배출권거래소 설립 이후 유럽 배출허용권의 가치 평가와 탄소가격결정요인에 대해 알아봄.
UN 청정개발체제(CDM)의 이해	약 2,000개의 CDM프로젝트가 개발도상국에서 실시되고 있으며 이는 선진국으로부터 100억 달러의 규모의 투자를 유치하고 있는데, 본 프로그램은 이러한 CDM프로젝트 개발과정을 검토해보고 CDM등록, 프로젝트 위험평가, 위험완화방법, 과거 가격에 대해 알아봄.
탄소시장의 거래증권	탄소배출권에는 AAUs, EUAs, CERs, ERUs, CFIs, VERs, RMUs, tCERs and lCERs 등과 같이 여러 종류가 있는데, 본 프로그램은 이러한 제반 탄소배출권의 특징을 알아보고 이들 탄소배출권들이 어떻게 일반화 될 수 있는지, 가치평가가 어떻게 가능한지, 제한된 상황에서의 조정된 적용 등에 대해 검토.
탄소가격의 결정	탄소시장에서 가격은 변동적이고 자산의 종류가 다르다면 달라질 수 있으며, 탄소시장의 투자자들은 가격 변화와 변동성에 대한 이해가 요망됨. 본 프로그램은 EU ETS, CDM과 다른 탄소시장에서 가격결정요인에 대해 검토.
거래도구 및 전략	탄소거래는 선물, 옵션, 스왑 등의 증가로 점점 정교해지고 있는데, 본 프로그램은 탄소시장에서 가격변화에 대해 검토해보고 각 계약들이 어떻게 이루어지는지에 대해 알아봄.
탄소시장의 거래자는 누구인가	탄소시장의 거래자는 누구이며, 그들은 왜 거래를 하고 그들의 목표를 이루기 위해 어떤 방법을 쓰는지를 이해. 본 프로그램은 거래자에 대해 분류하고 그들의 다른 목표에 따른 다양한 방법에 대해 검토.
자발적 시장과 탄소감축	자발적 시장란 감축의무로부터 규제를 받지 않는 기업들이 자유로운 참가가 가능한 탄소시장을 의미. 본 프로그램은 어떻게 기업들의 스스로 정직성을 강화시킬수 있는지 이해하며, 그들이 투자한 프로젝트의 질적 요소에 중심으로 탄소감축과정에 대해 검토.

에 대한 이해를 요구한다. 이하에서는 각 주제별 주요 교육내용을 정리한다.

런던비즈니스스쿨(London Business School)의 Carbon Finance and Analytics Programme[14)]

유럽기후거래소가 탄소거래 전문가 교육과정을 제시하고 있는 것에 대비하여, 본 프로그램은 탄소거래 직접 관련자뿐 아니라 금융 분야, 컨설팅 분야의 관련 인력들에게 이론교육, 사례연구, 모형분석, 쌍방향교육과 그룹워크를 통해 탄소시장의 기초와 조직에 대한 이해를 제공하는 향상교육이다. 이에 따라 본 과정의 주된 교육대상은 탄소와 에너지 시장에서 전문성을 획득하고자 하는 트레이더, 분석가, 위험관리자, 자산관리자, 재무설계자 혹은 컨설턴트 등과 같은 비즈니스 전문가인 가운데, 재무학회, 제조업체, 컨설팅 업체와 정책 입안자들도 대상으로 한다.

본 프로그램에 모든 사람이 지원 가능하나, 관련 전문가를 우선적으로 선별하고 있다. 관련된 업종 경력은 재무학 혹은 에너지/상품시장의 배경지식이 있거나 트레이더, 애널리스트, 위험관리사, 회계사, 컨설턴트, 정책입안자, 재무저널리스트 혹은 이와 유사한 업종이다. 프로그램은 총 4주간 진행되며(각주가 1회 세미나로 간주되며, 1회 세미나는 2.5일), 비용은 12,500유로에 이른다.

구체적 내용은 다음과 같다.

---

14) http://www.pointcarbon.com/events/carbonfinance

≪표 11≫ 런던비즈니스스쿨 프로그램 내용

	주 제	교육내용
1주 1일	기후정책: 기원, 개념, 방향	• 기후변화정책에 관한 정치적 동기와 이슈의 계층적 관점을 설명. • 국제적 · 지역적 · 국가적 수준에서 정치적 과정과 제도의 동태적 과정을 이해하고 확인.
1주 2일	배출권 거래소: 다양성과 관점	• 배출권거래소를 정립할 정책입안자의 선택에 관한 사례연구를 통하여 경제적 상호연관성과 cap-and-trade방식의 이론적 동기에 대해 알아봄. • 유럽과 미국의 cap-and-trade방식의 배출권 거래를 환경영향성과 시장효율성, 기술혁신의 파급성에 초점을 맞추어 고찰.
1주 3일	탄소 감축: 역할과 영향	• 프로젝트 베이스 시장에서 정부투자의 구조와 원칙에 대한 포괄적인 관점에 대해 제공. • 자발적 시장과 비자발적 시장의 차이점에 대해 분석해보고 투자자들의 프로젝트와 거래전략에 대해 살펴봄.
2주 1일	탄소의 내재가격	• 탄소의 내재가격에 대해 상세하게 소개. • 탄소시장에서 투자, 경로의존성, 혁신을 통한 기술적 기회에 대해 조사.
2주 2일	탄소시장의 동태 모형과 분석	• 탄소가격 결정의 요소들에 대해 이해하고 탄소시장 모형과 가격예측에 관한 엄밀한 분석체계를 구축.
2주 3일	가격예측: 시나리오 분석과 스트레스 테스트	• 팀 프로젝트 수업으로 앞의 배운 내용을 가지고 현실에 가장 부합하는 모형을 만들어 2020년까지 탄소가격변화를 시나리오 분석하고 조사.
3주 1일	에너지와 탄소가격의 상호작용	• 계량분석의 모형과 도구를 이용하여 탄소와 석유, 석탄, 가스, 전력과의 상호관계를 분석. • 시장특성을 고려한 사례연구를 통해 옵션가격결정모형을 적용.

3주 2일	탄소시장의 미시적 구조	• 단기와 중기의 탄소가격결정 요소들에 대해 깊이 있는 이해를 해 봄. • 사례연구와 실증데이터를 이용하여 탄소가격의 변동성에 대해 조사, 분석.
3주 3일	거래업무의 사례 연구	• 사례연구를 통하여 거래전략과 헤징전략 및 기술, 교차상품의 거래와 상대가치거래에서 전략을 분석하고 선택하는 법을 연구.
4주 1일	위험관리의 원리와 적용	• value-at-risk, earnings-at-risk와 확률적 계약 및 투자포트폴리오의 탄소가격과 정책의 시뮬레이션을 어떻게 운영하는가에 대해 사례연구를 통해 조사.
4주 2일	탄소금융과 투자위험	• 장단기, 특수한 프로젝트 파이낸싱 연구, 포트폴리오 모델 적용에서의 충격 관점에서 탄소 파이낸스와 투자위험평가를 위한 분석적 기초를 제공.
4주 3일	탄소투자와 위험관리의 전략	• 사례연구와 팀 프로젝트 수업으로 현실에 부합하는 사례를 가지고 앞서 배운 이론들을 적용. • 포트폴리오 관리와 가격시나리오 분석을 하고 마지막 결과를 팀별로 프리젠테이션을 실시함.

관련 국내외 법·제도

환경 관련 인력에 대한 법·제도가 가장 선진적인 곳은 EU이며, 특히 독일이 그러하다.[15] 독일은 환경감시와 관련한 위원회에 개인이 등록하도록 하고 있고, 등록 시에 자신의 전문성을 입증하는 인증확인(certification)을 제출하도록 하며, 등록 후에 해당 위원회에서 시행하는 프로그램에 참여하도록 하고 있다.

15) 법·제도적 측면에서 독일이 보다 구체적이며, 영국은 불문법의 전통 속에 법규보다 시장원리에 의한 환경문제 대응이 큰 것으로 여겨진다.

독일이 2002년 제정한 환경감사법에서는 환경감정사(environment verifier) 허가조건의 심사에 관련 전문지식뿐 아니라, 실무경험을 강조하고 있다. 환경경영감사의 실시, 기업경영, 기업경영상의 환경사무, 기업의 환경보호에 관한 기술적 관계와 경영상의 환경보호법 등과 관련된 대학의 전공과목 이수가 필요하다고 지적하나, 이러한 전문성은 대학졸업 자격에 의해서뿐만 아니라 기술자격증과 장기간의 실무경험을 통해서도 대체될 수 있도록 하는 한편, 기업경영상의 환경보호에 대한 실무상의 경험을 얻을 수 있는 적어도 3년간의 해당 부문의 직업활동을 요구한다.[16]

미국은 1996년 연방환경청(EPA)이 『환경경영원칙법』을 제정하여 연방정부가 공동의 환경윤리에 전념을 요구하고 경영프로그램 등에 관한 원칙을 채택하고 있다. 오리건주는 최초의 임의적 환경감시법을 제정하여 임의적으로 환경감사를 실시하는 기업에 대하여 민·형사상 및 행정법상의 소송절차에서 특권을 부여하고 있으며 콜로라도주는 기업이 자발적으로 위반행위를 공개하는 경우 민·형사상 및 행정법상의 벌칙으로부터의 면책과 증거법상의 특권을 허용하는 5개년 프로그램 제정하고 있다.

한국에서는 환경관련 법률로는 『환경기술개발 및 지원에 관한 법률』, 『환경친화적 산업구조로의 전환촉진에 관한 법률』이 있으나, 아직 관련 인력의 자격, 관리, 교육 등에 대한 규정은 없다. 국제기준과의 연계성 차원에서 '환경친화기업의 지정제도'를 운영 중이며, 환경부지정 예규로 환경친화적기업 지정제도 운영규정이 있는 수준이다.

환경 관련 인력에 대한 입법화에 대해서는 2005년 환경감사제도의 입법화가 검토되어, 국회사무처 법제실에서 환경감사제도의 입법화에 대한

16) http://www.bmu.de/files/pdfs/allgemein/application/pdf/uag_2004_eng.pdf

조사를 수행한 바 있으나 법안화되지는 못했다. 당시 검토사항에서 주목되는 것은 환경감사의 대상을 모든 기업으로 하되, 기업의 규모와 성격별로 감사기준을 달리 정할 것을 권고하고 있으며, 환경감사인력 선발을 위해 법학, 회계학, 공학 등 전문분야별 '선발 시험'을 도입하고자 한 것이다. 이러한 선발시험을 통한 환경감사인력 선발은 EU 등의 대응과는 구분된다. 한편, 2009년 현재 환경영향평가사제도가 모색되고 있는데, 그 수준은 환경감사제도보다는 환경부문의 기술사 정도의 수준으로 여겨진다(박종성, 2009).

탄소배출권 확대에 대응한 전문인력 양성과 활용

한국은 2009년 8월 현재 아직 탄소배출권 확대에 따른 탄소거래 중개인이나 환경감정사 등에 대해서는 구체적인 논의가 제기되고 있지는 않다. 다만 한국금융연수원 주관으로 '녹색금융(green finance) 전문가' 양성이 마련중이다. 녹색금융 전문가(가칭 '녹색금융사') 교육과정은 대출심사에서 친환경우호 대출을 촉진하고자 하는 것이며,[17] 보다 중요한 녹색 프로젝트 파이낸싱(PF) 전문인력 양성이 아직 마련되고 있지는 못한 상황이다.

한편, 탄소배출권의 확대에 따른 유망 녹색서비스직업 대부분은 별도의 신규 인력양성 프로그램보다는 기존 관련학과(환경 관련학과, 경영학, 법학 등)간의 학제간 연계가 필요한 사항으로 여겨질 수도 있다. 또한, 기존 관련 직업종사인력(환경산업 관련 종사자, 금융거래 전문인력, 회계사, 경영컨설턴트 등)을 중심으로 탄소배출권 거래 등을 위한 향상훈련도 필요할 전망이다.

17) 헤럴드경제 2009년 8월 3일자에 따르면 본 교육과정은 ▷ 녹색성장의 개념과 장기목표, ▷ 환경친화적·환경 중립적·환경 파괴적 대출을 식별하는 방법, ▷ 금융적 수익률과 사회적 수익률을 구분하는 방법 등을 포함하고 있다. 2009년 10월부터 2010년 3월까지 6개월간 교육과정으로, 주 교육대상은 5년차 대리급 은행원을 상정하고 있다.

인력양성을 위한 독립 프로그램이 요청된다면, 학부 수준보다는 대학원 수준에서 학부졸업 후 관련 업무조사 경력을 일정기간 가진 이들을 대상으로 하며, 프로젝트 기반 학습을 통해 환경-금융-경영-법 등에 대한 융합을 도모하게 하는 것이 효율적일 것이다. 기본적으로 신규 인력양성 프로그램보다는 유관업무 조사자에 대한 향상교육의 성격을 가진다고 여겨진다. 이때 이공계 출신자만을 대상으로 할 필요는 없으나, 상대적으로 이공계 출신자가 경영-법-환경 등에 대해 학습하는 것이, 경영-법 전공자가 환경-경영-법을 학습하는 것보다 수월할 것으로 여겨진다.

그런데 앞서 환경감사제도의 입법화에서도 살펴본바, 한국적 상황은 경력에 대한 인증확인만으로는 사회적 합의에 도달하기 어려우며, 일정 자격시험이 요청될 전망이다. 특히 탄소거래 중개인, 환경감정사, 환경영향평가사 등은 시장조정에 의해 적정인력의 양적 규모나 질적 수준이 보장되는 것이 쉽지 않을 수 있으리라 여겨진다. 이러한 경우에는 전문자격 인증체계와 연계되는 것이 필요할 것으로 예상되며, 이를 위한 자격인증 제도 및 법제와의 종합 검토가 요청된다. 이때 환경기술 부문의 지속적인 빠른 기술개발과 급속한 대외 여건 변화 등을 고려하여, 자격의 효력에 주기적 향상교육이 수반되어야 하는 일몰형 자격제도여야 할 것이다.

한편, 환경경영 컨설턴트, 녹색금융 전문직 등의 경우에는 시장 및 기업내 업무실적 평가만으로도 적정인력에 대한 양적·질적 관리가 가능할 수 있을 것이다. 자격제도보다는 향상훈련 차원의 특수대학원 프로그램을 개발하는 것이 효율적일 것으로 여겨지며, 또한 경영컨설턴트의 경우에는 사회경력을 갖춘 인력을 그 교육대상으로 함이 효과적일 것으로 예상된다.

06절
정책 대응

2012년까지의 교토의정서 서약기간 만료 이후, 전 세계 탄소배출권 시장이 급속히 증가하는 한편 한국도 온실가스 감축의무 부과에 적극 대비하야 하는 상황이다. 저탄소 친환경 기술개발과 활용과 함께 탄소거래 시장의 적절한 활용이 매우 중요한 문제가 될 것은 분명하다.

탄소거래 시장의 활성화에 대비하여 가장 핵심적인 사항은, 기업경영에서 저탄소 기술개발과 탄소관리간 위험분산을 최적화하도록 하는 한편, 사회 전체의 탄소관리 효율성을 높이는 것이다. 이를 위해서는 탄소거래 관련 전문인력의 양성과 활용을 시급히 대비하여야 한다. 다만, 탄소거래 선진사례로서의 영국의 탄소거래 전문인력 양성 프로그램에서 보이듯이, 별도의 신규 인력양성 프로그램보다는 기존 관련 인력의 향상훈련을 도모하는 것이 효과적이라고 여겨지며, 신규 인력양성 프로그램에 대한 문제는 크지 않다고 여겨진다.

중요한 것은 서구의 경우와 달리 한국적 상황에서는 관련 자격인증이 핵심적인 제도 기반으로 등장할 가능성이 높은 가운데, 탄소거래 확대에 대비한 전문인력 관련 법제 정비가 시급하다는 것이다. 탄소거래 활성화에 따른 다양한 인력 수요가 제기되는 가운데, 어느 직업에 대해 어떠한 자격규정을 요구할 것이며, 이에 따른 자격 필요기준 및 유지기준 등에 대한 세밀한 대응 마련이 중요한 문제로 제기된다. 서구에서는 경력에 따른 전문성 인정이 사회적으로 용인되고 있으며, 자격인정이 큰 문제가 되지 않을 수 있으나, 한국의 경우에는 자격에 대한 '시험'제도가 요청될 가능성이 높은 가운데 자격제도의 도입과 운영에 상당한 노력이 요구될 전망이다.

CHAPTER

4

생태·녹색관광 활성화를 통한 녹색일자리 창출

송창용

최근 여가시간의 증가, 인구구조의 변화, 가치관의 변화 및 도시화에 따른 여가욕구의 증대, 사회·경제적 특성의 변화, 소득의 증가 등에 따라 관광의 흐름과 형태가 변화하고 있다. 관광객의 욕구가 질적으로 고급화되고 생태, 환경, 건강, 웰빙 등 친환경적이고 새로운 형태의 체험관광 프로그램을 원하는 관광 수요가 증가하고 있다. 또한, 지속가능성·친환경 중심의 관광문화가 확산됨에 따라 관광산업정책 역시 녹색성장 중심의 관광정책으로의 변화가 요구되고 있다. 요컨대 기존의 경제성장에만 중점을 둔 환경훼손형 관광개발정책에서 저탄소 녹색성장의 새로운 개념에 입각한 관광정책으로의 전환이 필요하다.

이에 본 고에서는 생태·녹색관광산업의 정의와 특징을 살펴보고, 생태·녹색관광산업 지원 정책현황 및 문제점을 검토한다. 생태·녹색관광산업의 활성화와 지역 일자리 창출을 위한 정책제언은 다음과 같다.

지역사회와 공동체를 중심으로 지역주민이 자발적이고 적극적인 추진주체가 되어 지역사회가 보유하고 있는 자원, 기술, 전문인력, 전통문화 등 모든 자원을 활용한 생태·녹색마을의 수익모델을 구축하는 것이 필요하다. 또한, 생태·녹색관광 전문인력 양성 및 자격체계를 구축할 필요가 있다. 문화, 풍습, 역사, 특산물 등 다양한 소재를 결합하여 친환경 관광상품을 개발할 수 있는 전문인력의 양성이 필수적이며, 체험과 휴식, 재충전을 특징으로 한 관광상품의 내용, 진행, 준비 등 새로운 지식과 숙련형성이 요청된다. 아울러, 『생태·녹색관광특별법(가칭)』을 제정하여 추진조직과 예산 등의 제도적인 정비가 필요하다. 이를 통해 안정적인 생태·녹색관광 육성정책을 추진할 수 있는 제도적 기틀을 마련하고, 적극적인 정책추진을 통해 생태·녹색관광산업이 지역의 경제를 활성화시켜 지역 발전의 성장동력으로 부상하기를 기대한다.

01 절
관광산업 패러다임의 변화

21세기 들어 여가시간의 증가, 인구구조의 변화, 가치관의 변화 및 도시화에 따른 여가욕구의 증대, 사회·경제적 특성의 변화, 소득의 증가 등으로 관광의 흐름과 형태가 근본적인 가치인식의 변화와 함께 달라지고 있다. 환경파괴를 수반하는 대규모 산업화와 도시화의 후유증으로 공해와 교통 혼잡, 자살과 스트레스와 같은 정신질환 등 사회문제가 심각하게 대두되면서 무공해, 친환경 지역인 농어촌 지역으로 관광 목적지를 선택하는 현상이 뚜렷하게 나타나고 있다.

관광객의 욕구가 질적으로 고급화되고 생태, 환경, 건강, 웰빙 등 친환경적이고 지속가능한 관광에 대한 긍정적인 인식변화가 빠르게 진행되면서 새로운 형태의 체험관광, 생태 및 녹색관광 프로그램을 원하는 관광 수요가 증가하고 있다. 기존의 전통적인 대중관광 및 단체관광 형태가 단순한 자연경관 감상 중심의 관광활동이었다면 새로운 형태의 관광은 체험위주의 동적 행동과 다양한 활동이 동시에 이루어지는 관광이라고 할 수 있다.

세계경제는 고유가로 대표되는 자원위기와 기후변화로 상징되는 환경위기에 동시에 직면하고 있으며 이런 가운데 환경이 미래 국가경쟁력의 핵심으로 대두하고 있다. 세계 각국은 경제위기를 극복하고 녹색성장을 구

≪표 1≫ 관광개발의 패러다임 변화

구 분	전통적 관광	21세기형 관광
기 간	1980~2000년대	2000년대 이후
1인당 국민총소득	2,000~10,000달러	10,000~20,000달러
추진주체	정부/공공주도의 관광개발 (top-down)	지자체/지역사회 중심의 관광개발(bottom-up)
개발형태	환경훼손형 대규모 관광개발	지속가능성/친환경 · 저탄소형 관광개발
의식변화	경제성장/외형중심의 가치	전통문화/생태환경적 가치
관광패턴	대중관광/단체관광	체험관광/생태 · 녹색관광
활 동 성	정적 활동 (관광/휴식/감상)	동적 행동 (놀이/레포츠/교육/모험)

자료: 송창용 · 양승필(2009), 「생태 · 녹색관광산업 활성화를 통한 지역 일자리 창출」, 『e-HRD Review』, 12-13호, 한국직업능력개발원.

현하기 위한 정책들을 경쟁적으로 채택하며 새로운 성장동력을 찾아 성장잠재력을 확충하는 정책도 빠르게 도입하고 있다.

녹색성장은 경제와 환경이 상생하는 성장모델로서 녹색기술에 입각한 신성장동력 창출이 필요하다. 녹색성장 역시 지식기반 경제의 진화된 형태이며 녹색기술 분야의 첨단지식과 기술의 발전이 매우 중요하게 대두되고 있다. 또한, 녹색성장은 단순히 에너지 절약이나 신기술 개발의 차원을 넘어선 생활양식 전반의 변화를 수반하는 새로운 패러다임으로 전개되고 있다. 생태 · 녹색관광산업은 이러한 의미에서 매우 중요하다고 하겠다.

관광산업정책에 있어서도 대규모 관광개발 중심의 관광정책에서 지속가능하고 친환경 중심의 녹색관광정책으로 변화해야 한다. 기존의 경제성장에 따른 환경훼손형 관광개발에서 환경을 보호하고 개선할 수 있는 저탄소 녹색성장의 새로운 개념에 입각한 관광정책의 입안과 추진이 필요하다.

[그림 1] 녹색성장 중심의 관광정책 변화

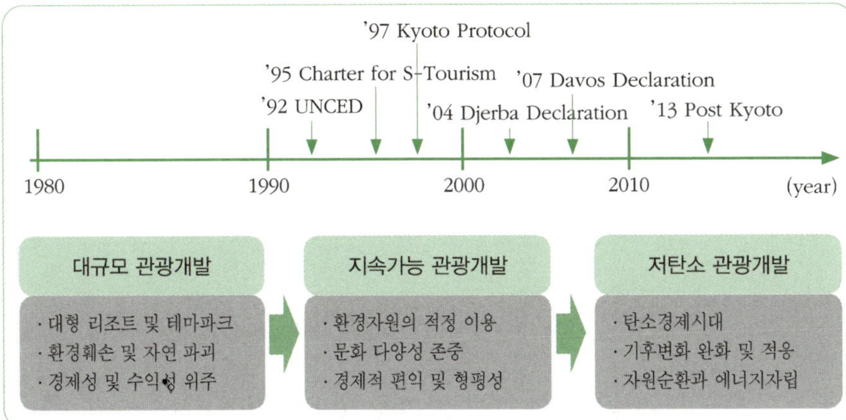

자료: 김성진(2009), 「기후변화 대응 관광자원개발 가이드라인(안)」, 재작성.

관광개발의 추진주체 역시 종래의 중앙집권적이며 하향적인 개발방식에서 벗어나 지자체 및 지역사회 중심의 차별화된 관광개발 형태로 변화해야 한다.

녹색성장 중심의 관광산업은 생태자원과 녹색자원을 관광자원으로 개발 · 육성하여 생태자원을 최대한 보존하면서 환경친화적인 관광개발을 유도함으로써 기존 관광을 보다 지속가능하고 부가가치가 높은 생태 · 녹색관광산업으로 유도할 수 있다. 이에 본고에서는 생태 · 녹색관광산업의 정의와 특징을 살펴보고, 생태 · 녹색관광산업 정책현황 및 문제점을 검토한 후, 생태 · 녹색관광산업의 활성화와 지역 일자리 창출을 위한 정책적 시사점을 제시하고자 한다. 생태 · 녹색관광산업은 보다 지속가능하고 부가가치가 높은 관광산업의 대안으로서 지역경제 활성화와 지역일자리 창출에 긍정적인 효과를 나타낼 수 있다.

02절 생태·녹색관광의 정의

생태관광은 19세기에 개발 및 성장 위주의 경제정책의 추진으로 환경생태계의 심각한 훼손을 수반하는 대규모 개발 규범과 지역사회에 과다한 사회적·환경적인 부작용을 유발하는 기존의 대중관광에 대한 성찰과 비판에서 제기되었다(Butler, 1995). 여기에 자연환경에 대한 가치관의 변화에 따른 자연지향적인 관광수요가 급증하여 생태관광이 대안관광과 지속가능성을 실현하기 위한 최적의 실천전략으로 부각되게 되었다.

생태관광은 '환경보전과 지역주민의 복리 증진의 목적을 달성할 수 있는 자연지역으로의 책임있는 여행'(세계생태관광학회), '역사적인 문화자원을 포함한 자연을 향유 및 감상하기 위해 자연지역에서 영위되는 환경적으로 책임있는 여행 또는 방문으로서, 환경보전을 촉진하고 이로 인한 방문객들의 부정적 악영향이 발생하지 않으며, 지역사회에 사회적·경제적 파급효과를 도모할 수 있는 관광'(세계자연보전연맹)으로 정의되고 있다. 생태관광의 특징은 다음과 같다.

① 자연환경과 문화유산의 보전에 적극적으로 기여해야 한다.

② 고용 및 소득의 창출 등 지역사회에 대한 경제적·사회적·문화

적인 혜택을 제공하고 지역주민의 복지에 기여한다.

③ 생태관광사업의 계획, 개발, 운영단계의 의사결정과정상에 지역주민의 적극적인 참여기반을 보장해야 한다.

④ 생태관광객에게 자연현상에 대한 관찰활동을 통해 자연환경을 폭넓게 이해할 수 있도록 직접적이고 친밀한 경험을 제공한다.

⑤ 환경해설이 가능한 전문 가이드를 동반하고 생태관광객의 환경가치관을 고양시키며 관광목적지의 자연환경 및 문화유산을 소개하는 환경교육적인 요소를 포함해야 한다.

⑥ 지역사회의 전통, 관습, 생활문화의 고유성은 존중되어야 하고 부정적인 경제적·사회문화적·환경적 영향이 최소화되며 지속가능성이라는 사회적 책임감을 실천할 수 있어야 한다(문창현, 2007).

한편, 녹색관광은 농촌다움(rurality)과 지속성(sustainability)이란 속성을 가짐으로써 다른 유형의 관광과 차별화될 수 있다(OECD, 1994). 유사한 용어인 생태자원의 희소성을 바탕으로 환경보존과 교육적 경험을 제공하는 생태관광, 장기적으로 미래세대까지 관광의 연속성이 보장되는 지속가능한 관광 등의 형태 중에서 녹색관광은 농촌지역에서 이루어지는 관광으로 규정되고 있다.

녹색관광은 도시민의 여가활동 측면에서 농촌의 자연경관과 전통문화, 생활과 산업을 매개로 도시민과 농촌주민 간의 교류형태로 추진되면서 관광수요를 창출하는 체류형 여가활동(류선무·장용만·김성기, 2001)으로 정의한다.

최근 녹색관광은 기후변화의 대응에 초점을 맞추어 기존의 대중관

[그림 2] 녹색관광의 정의

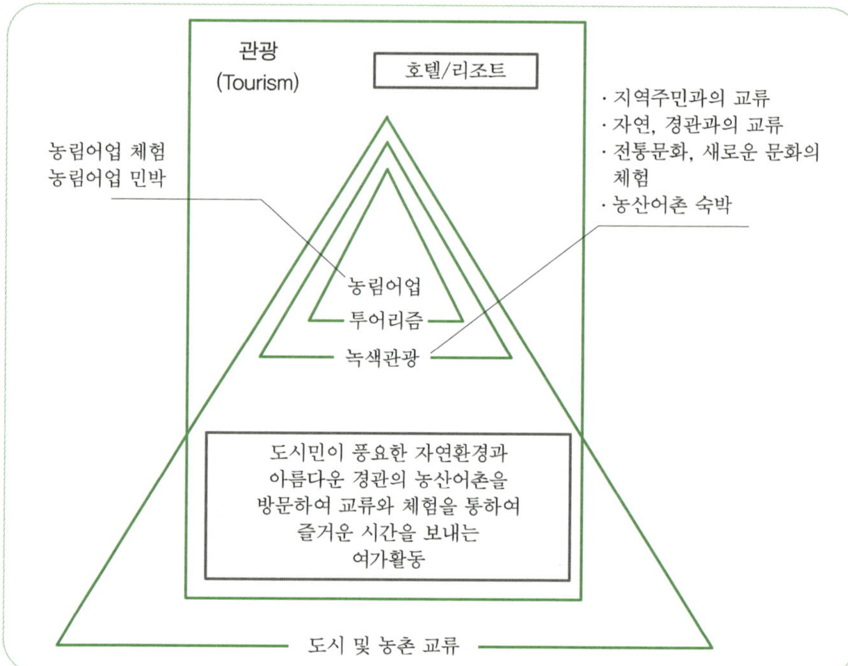

자료: 미야자키 타케시(2003), 『그린 투어리즘과 일본의 농촌』, 재작성.

광형태에 대한 대안으로 제시한 녹색관광의 형태에서 보다 더 기후변화에 적극적으로 대응하고 감축대상가스(greenhouse gases)를 완화하기 위한 방식으로 그 개념이 확장되고 있다.

한편, 세계관광기구(WTO)에서는 1995년 스페인 란자로떼(Lanzarote)에서의 '세계지속가능관광회의(World Conference on Sustainable Tourism)'와 1996년 스페인 마드리드(Madrid)에서의 '여행 및 관광산업의 의제 21 회의(Agenda 21 for Travel & Tourism Industry)'를 통하여 지속가능한 발전의 개념을 적용한 '지속가능한 관광'의 개념을 정립하였다.

지속가능한 관광은 "미래세대의 관광기회를 보호하고 증진시키는 동시에 현세대의 관광객 및 지역사회의 필요를 충족시키는 것으로서, 문화 보전, 필수적인 생태적 과정, 생물다양성, 그리고 생명지원체계를 유지하면서 경제적 · 사회적 · 심미적 필요를 충족시킬 수 있도록 모든 자원을 관리하는 것"(한국문화관광연구원, 2006)이라 정의하고 있다.

지속가능한 관광은 다음과 같이 네 가지 기본원칙을 설정하고 있다.

① 지속가능한 관광은 생태관광, 농촌관광 등 특정 유형의 관광을 의미하는 것이 아니라 모든 형태의 관광이 보다 지속가능해야 함을 의미한다.

② 지속가능한 관광은 관광객, 관광산업, 환경, 지역사회의 네 요소로 구성된다.

③ 지속가능한 관광의 실천을 위해서는 정부의 선도적 역할이 중요하다.

④ 지속가능한 관광의 실천은 '특정 목적지 또는 지역사회 기반(destination-specific or community-specific)'을 두고 있다.

이러한 관광산업의 발전과 개념에 기반하여 우리는 다음과 같이 생태 · 녹색관광(eco-tourism)을 정의하고자 한다.

생태 · 녹색관광은 도시를 비롯한 지역주민의 여가와 생활활동 측면에서 자연경관과 전통문화, 생활을 매개로 지역공동체 기반의 관광수요를 창출하는 체류형 여가활동으로 정의한다. 생태 · 녹색관광은 지역문화 환경의 보전과 지역공동체의 경제와 주민의 복리 증진의 목적을 달성할 수 있는 사회적 책임 있는 여행이다. 뿐만 아니라 생태 · 녹색관광은 지역다움과 지속

[그림 3] 대립형 관광개발에서 지속가능한 관광개발로의 변화

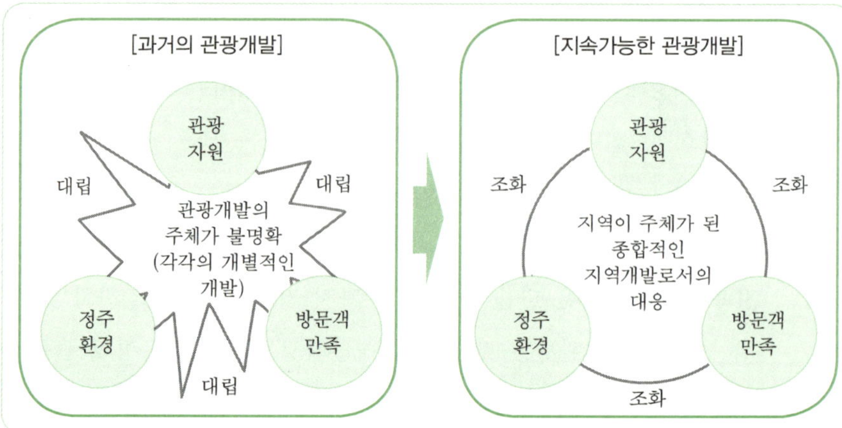

자료: 한국문화관광연구원(2006), 『지속가능한 정주형 관광개발체계 연구』.

성이란 속성을 가짐으로써 다른 유형의 관광과 차별화될 수 있다. 지역다움은 지역공동체 기반의 경제적·문화적·주체적 활동이라 할 수 있다.

생태·녹색관광의 기본 특징은 다음과 같다.

① 생태·녹색관광은 단순히 일회성 방문에 그치는 것이 아니라 지역사회의 전통, 관습, 생활문화의 고유성을 보존하고 존중하는 사회적 책임감(social responsibility)이라는 개념이 포함되어 있으며 이는 지속가능한 관광이라는 가치를 담고 있다.

② 고용 및 소득의 창출 등 지역사회에 대한 경제적·사회적·문화적인 혜택을 제공하고 지역주민의 복지에 기여한다.

③ 생태관광사업의 계획, 개발, 운영단계의 의사결정과정상에 지역주민의 적극적인 참여기반을 보장해야 한다.

④ 관광객은 지역의 문화와 자연에 대한 직접적이고 친밀한 체험활

[그림 4] 지속가능한 생태·녹색관광의 가치와 원칙

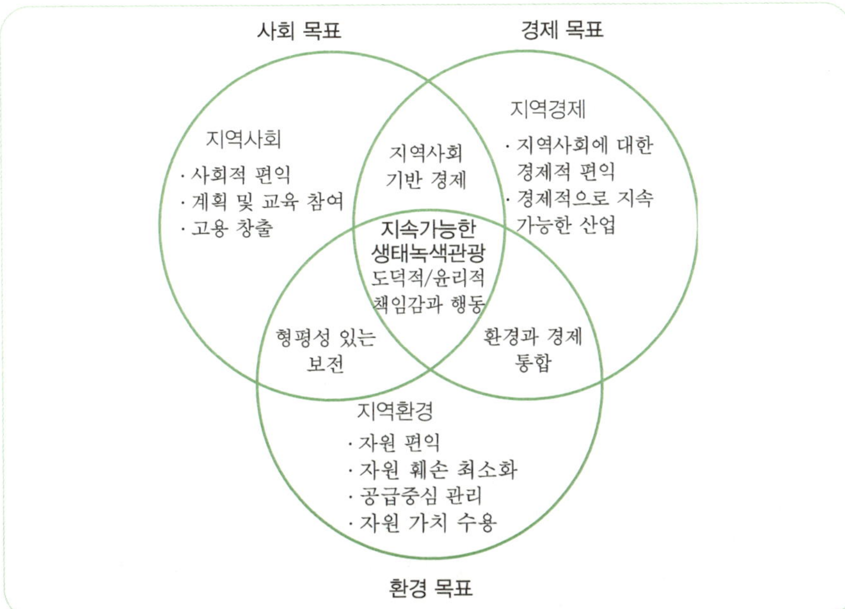

자료: Buckley(1994), 재작성.

동을 통해 지역환경을 폭넓게 이해하게 된다.

생태·녹색관광이 지속가능한 관광이 되기 위해 추구해야 할 가치와 원칙은 환경적 목표는 물론이고 사회적·경제적 목표 달성을 통합적으로 추구할 때 가능하며 관광의 공급자나 수요자 모두의 윤리적 책임감과 행동이 수반되어야 한다.

03 절
생태·녹색관광의 현황과 문제점

최근에는 생태·녹색관광의 한 사례로서 장거리 도보여행이 주목받고 있다. 2008년 9월 개장한 제주도 도보 순례길 '제주 올레'에 이어 2009년 4월에는 지리산 도보 순례길인 '지리산길'이 꾸며졌다. 장거리 도보 순례는 수백 킬로미터(km)의 구간을 매일 20~30km씩 10여 일을 걸어 완주하는 도보여행의 일종이다. 외국에서도 영국의 풋패스(footpath)와 일본의 자연보도, 스페인의 '카미오 데 산티아고' 등이 대표적인 순례길이다. 이러한 도보여행이 인기를 누리는 것은 자연과의 직접적인 교감을 통해 자기를 성찰하고 건강을 증진시키는 주요한 수단으로 인식되었기 때문이다.

이러한 흐름에 맞추어 각 지자체에서는 친환경을 기반으로 한 새로운 형태의 관광상품을 경쟁적으로 개발하여 도입하고 있다. 2008년 경남 창원에서의 람사르총회의 개최를 계기로 국내에서도 생태 및 녹색관광상품에 대한 관심과 수요가 급증하여 친환경적이고 지속가능한 관광상품의 개발 및 확대가 지속될 것으로 예상되고 있다. 문화체육관광부뿐만 아니라 환경부에서도 최근 생태·녹색관광에 대한 국민적 수요에 부응하기 위해서 지자체와 협력하여 '생태관광 프로그램 20선'을 선정·발표하고 있다.

새로운 형태의 관광상품의 경쟁적인 개발과 도입은 기존 관광상품

≪표 2≫ 생태·녹색관광 자원개발 추진의 형태 및 사례

관광형태	추진개념	추진사례	추진주체
생태관광	• 걷기중심 체험 • 생태계중심 체험 • 생태환경 관광시설 • 생태관광 활성화	• 제주 올레코스/오름트레킹, 지리산 둘레길 • 습지생태계, DMZ 생태계, 해안생태계 • 강원 백두대간 • 생태관광 프로그램 20선	정부/지자체/생태관련 단체
녹색관광	• 휴양/체험공간 • 자연환경/전통문화 • 자연환경/생활문화 • 자연자산 보전관리	• 녹색농촌체험마을(농림수산식품부) • 농촌전통테마마을(농촌진흥청) • 어촌체험마을(국토해양부) • 자연생태우수마을지정사업(환경부)	정부/지자체
친환경관광	• 환경수도 • 태양광 • 태양광 돔 • 태양광/한강물 • 탄소제로도시	• 경남 창원의 에코타운 • 충남 태안의 태양광발전단지 • 대구광역시의 솔라 캐노피 • 경기 김포의 에너지 절약형 관광모델 • 전남 무안의 서남해안 관광레저도시	정부/지자체/관련 기업
슬로시티	• 느림의 미학과 생활/슬로푸드	• 전남 완도의 청산도, 신안의 증도 (슬로 시티 1박 2일, 보물섬 증도여행)	지자체/지역대학

자료: 송창용·양승필(2009), 「생태·녹색관광산업 활성화를 통한 지역 일자리 창출」, 『e-HRD Review』, 12-13호, 한국직업능력개발원.

의 겉 포장만 달리한 것이라는 비판이 제기되기도 한다. 전통과 문화의 존중, 지역공동체 기반, 그리고 지속 가능성이라는 생태·녹색관광의 철학과 개념이 담겨 있기에는 아직 우리 관광문화 자체가 일천하기 때문이다. 이러한 문제와 비판은 기존관광에서도 일관되게 제기되어 온 것이기도 하며 우리나라 관광정책의 수준을 보여 준다고 할 수 있다.

생태·녹색관광의 문제점을 영역별로 정리하면 다음과 같다.

≪표 3≫ 2008년 관광자원개발 사업의 개요(294개 사업/2,478억 원)

분 야	사업내용	예산지원	특 성
관광지 등	• (관광지) 전국 230개 관광지를 대상으로 도로, 주차장 등 공공기반시설 정비 지원 • (관광특구) 우수 특구 대상 입간판 정비 등 지원	• 51개 사업 (관광지 43, 특구 8) • 41,385백만 원	지구지정, 부지조성 및 시설설치 (특구 제외)
광역권 관광개발	• 남해안 관광벨트 등 6대 광역권의 관광기반시설 설치 및 문화관광자원 개발	• 45개 사업 • 43,347백만 원	관광(단)지, 문화관광자원과 유사
문화관광 자원	• 지역의 역사문화, 레포츠 자원 등에 도로, 주차장, 전시관 등 공공기반시설 설치 지원	• 143개 사업 • 115,018백만 원	부지조성 및 시설설치
생태·녹색 관광자원	• 갯벌, 습지, 철새, 동굴 등을 대상으로 자연환경 관찰, 보호, 체험시설 등 설치	• 27개 사업 • 18,931백만 원	부지조성 및 시설설치
농산어촌 마을	• 농산어촌의 마을 경관 개선, 연계 프로그램 개발, 콘텐츠 개발운영 지원 등	• 16개 사업 • 5,100백만 원	정주공간, 프로그램(콘텐츠) 보완
가고 싶은 섬	• 외연도 등 4개 섬을 대상으로 기반시설 정비, 관광프로그램 개발 등	• 4개 사업 • 7,650백만 원	정주공간, 기반시설 및 프로그램
기타	• 폐광지역 관광상품 개발, 도시관광 활성화 지원, 지역 방문의 해 지원, 전통문화 재현 등	• 8개 사업 • 16,340백만 원	복합적

자료: 김성진(2009), 「기후변화 대응 관광자원개발 가이드라인(안)」.

첫째, 생태·녹색관광자원 개발의 문제이다. 최근까지도 통합적 투자계획의 시너지(synergy)를 발휘하지 못하고 중복 개발의 비효율성과 사업

수 대비 투자금액 부족 등으로 장기적으로 규모의 경제효과가 나타나지 못하고 있다. 즉 개별 정부부처나 지자체 중심의 비효율적 관광개발 형태를 보이고 있다.

2008년의 관광자원개발사업 전체에 대한 생태·녹색관광 분야 예산지원 비율을 보면, 예산규모에서는 전체 2,478억 원의 약 12.8%, 사업 수에서는 전체 294개 사업 중 약 16.0%를 차지하고 있어 예산지원의 규모가 상대적으로 작다는 것을 알 수 있다.

둘째, 법·제도 및 사업추진상의 문제점[1]이다. 법규 정비가 미흡하여 생태 및 녹색 관광자원 개발사업의 근거 법규(『관광진흥법』)에 사업과 관련한 구체적인 내용이 포함되어 있지 않은 상황이다. 그 결과 사업내용 및 추진체계가 정립되지 못해 사업의 정체성이 모호해지는 등 문제가 발생하고 있어 법규의 정비가 우선적으로 필요하다.

사업 정체성이 확립되지 않고 있어 생태 및 녹색 관광자원 개발사업은 관광자원 개발사업으로서 사업의 내용, 기능 및 역할 등 사업의 정체성이 모호하다. 관광지, 관광단지, 관광특구 등 타 유형의 관광자원 개발사업들과 차별화되는 내용, 기능 및 역할의 정립이 필요하다.

셋째, 사업 추진체계에 있어서도 사업의 신청 및 선정 등 사업선정 체계가 확립되어 있지 못해 부실한 사업들이 선정되면서 사업추진이 지연되는 문제가 발생하고 있다. 국고 지원 후 사업의 추진 정도, 성과 등에 대한 모니터링 체계가 확립되어 있지 못해 효율적인 사업 추진에 한계가 있다.

이러한 추진상의 문제는 사업 집행성과의 저조로 나타나고 있다. 문화체육관광부의 예산 교부실적에 비해 지방자치단체의 예산집행 실적이 매

1) 한국문화관광정책연구원(2005a)을 정리·요약하였다.

우 저조한 상황이고, 일부사업은 연속적으로 사업예산을 전액 집행하고 있지 못함에도 추가적인 예산이 편성되는 문제 등이 발생하고 있다. 생태·녹색관광 전문인력에 대한 양성에 있어서도 정부의 체계적인 관리 및 지원이 부족한 실정이다.

04절
생태·녹색관광 일자리의 유형과 전망

일본에서는 생태관광 추진 및 실행의 핵심인력으로서 지역 코디네이터와 생태 가이드의 양성을 역점적으로 추진하고 있다. 이러한 전국적인 인력양성시스템 외에도 이와 유사하게 각 지역의 생태관광 관련 자격이나 일자리는 지역내 특성을 살린 생태, 문화, 자연자원 등에 적합한 인력양성의 목적과 명칭으로 양성되고 있다. 예컨대 자연가이드 양성사업, 건강보양 가이드 양성사업, 지역관광 매니저 양성강좌, 에코투어(ecotour) 가이드 양성강습회, 아웃도어(outdoor) 가이드 및 자연가이드 자격취득강습회 등이 있다. 생태·녹색관광 인력양성을 위해 다양한 형태의 자격, 연수, 세미나, 강습회 등의 형태로 관광자격제도의 운영 및 녹색일자리 창출을 위한 교육훈련이 실시되고 있다. 이러한 과정을 거쳐 지역 코디네이터와 생태 가이드 이외에도 관광 서포터, 관광 리더, 관광 마이스터, 전통요리 인스트럭터(instructor), 역사·사적 가이드, 네이처(nature) 가이드 등 다양한 생태·녹색관광 직업이 생겨나고 있다.

우리나라 역시 현재 생태녹색관광 프로그램이 도입된 초기단계에서 자생적으로 발생하고 있는 녹색일자리를 체계적으로 관리할 수 있는 전문인력 양성 시스템의 제도적 구축 및 지원이 필요하다. 일본의 사례처럼 각 지역의 고유한 문화, 생태, 자연 등에 적합한 형태의 지역 코디네이터(coordinator)와 지역내 생태 가이드의 양성이 시급하며 제도적으로 다양한 생태·녹색관광의 직종 및 분야에서 자격 및 교육훈련기관이 필요하다.

아래에서는 생태·녹색관광이 활성화되면서 각광을 받는 주요 직업에 대해 소개하고자 한다.

지역 코디네이터(coordinator)

지역 코디네이터는 생태·녹색관광 활성화뿐만 아니라 관광을 활용한 지역경제를 활성화하는 데 매우 중요한 인력이다. 그러나 그 필요성에 대한 인식이 지역에서는 현재 부족한 상황이다.

행정 주도로 생태·녹색관광을 추진하는 경우는 행정이나 관광 관련 단체의 담당자가 지역 코디네이터의 역할을 담당하면 프로젝트가 부드럽게 추진된다. 또는 지역의 관광산업 종사자 등 관광 발전에 관계되는 업무를 담당하는 전문인력 중에 적임자가 있기도 한다.

지역 코디네이터는 생태·녹색관광에 관한 폭넓은 정보를 갖추고, 생태·녹색관광을 실시하는 필드나 자원의 특징, 여행 유통 계획이나 여행 시장의 상황에 관한 지식, 그리고 사고 등의 위험비용을 경감하기 위한 보험이나 법률 등에 관한 기초지식 등을 갖추고 있도록 요구된다.

또한 지역 코디네이터는 원활하게 그리고 계속적으로 프로젝트를 추진해 나가기 위해서 행정, 관광 관련단체, 사업자, 가이드, 지역주민 상호간의 의견의 중개역할자가 되어 여러 가지 안건의 지역내 조정을 완수하는 역할도 맡기 때문에 신뢰할 수 있는 인격을 갖추는 것도 필요하다.

이와 같은 인재들을 집합교육이나 교재 등을 활용해 육성하는 것은 어렵다. 현재로서는 지역 코디네이터의 육성을 주요 목적으로 하는 양성체계나 프로그램 등이 미흡한 실정이다.

지역 코디네이터가 생태·녹색관광에 관한 여러 가지 식견을 얻기 위해서는 다른 지역 등에서의 실례를 파악하여 문제점이나 성공사례를 본인의 지역에 적용하는 방법을 실행하는 것이 중요하다. 다른 생태·녹색관광 지역의 견학을 통한 의견 교환과 함께 각 지역의 코디네이터가 모이는 세미나에 참가하고, 지역의 실정에 관한 정보교환을 실행할 수 있는 기회를 만드는 것이 지역 코디네이터의 육성에 필요하다.

생태 가이드

생태 가이드는 높은 전문 지식과 기능을 갖추고 있어야 한다. 그러나 실제로는 하나의 직업으로서 확립되지도, 널리 인지되지도 못하고 있는 상황이다. 직업으로서의 불안정성으로 인해 이 직업을 희망하는 전문인력 역시 적은 실정이다. 즉 취업할 수 있는 직장이 불충분하여 생태 가이드에 뜻을 두어도 취직할 수 없는 상황이 많이 발생하고 있다. 많은 지역에서 생태 가이드를 육성하면서, 동시에 생태·녹색관광사업을 활성화하여 취업 또는 사업자로 활동할 수 있는 일자리를 만들어 내야 하는 어려운 상황에 직면해 있다.

생태 가이드의 육성은 기본적으로는 생태 가이드 개인을 포함하는 사업자로서 활동하게 하는 것이다. 그러나 지역정책으로서 생태·녹색관광사업 추진에 대응하기 위해서 생태 가이드는 생태·녹색관광사업의 계속적인 실시에 핵심 역할을 맡기 때문에, 우수한 가이드를 육성하는 것은 생태·녹색관광 추진의 중요한 요인이다.

지역의 자원 특성을 살린 생태 가이드 양성 세미나를 개최하는 등의 행정지원이 필요하다. 그리고 다양한 형태의 기관이 생태 가이드 양성을 위한 연수회를 개최하고 참가하는 것이 필요하다.

일본에서는 생태 가이드 양성을 위해 정부, 지자체, 민간단체 등에서 양성사업과 프로그램, 세미나 등을 실시하고 있다. 다양한 사례로 NPO 법인 자연체험활동추진협의회(CONE), 사단법인 환경교육포럼, 자연학교, 주식회사 자연교육 연구센터, 재단법인 일본 자연보호협회(NACS-J), 재단법인 일본야조의 회, 사단법인 전국 삼림레크레이션협회 등이 있다.

그 외에도 다양한 유형의 일자리가 생성될 수 있다. 지역 기반의 경제와 관련하여 여행사, 숙박업, 지역 특유의 친환경, 유기농 농수산 특산품이나 가공품을 제조, 유통하는 기업 등을 중심으로 일자리가 창출되고 있다.

또한 생태·녹색관광 상품의 기획과 운영에 필요한 다양한 직업이 생겨나고 있다. 생태·녹색관광 상품기획사, 오름, 오솔길, 갯벌, 습지, 철새, 동굴 체험 등을 중심으로 생태 해설사, 자연환경 해설사, 농어촌을 중심으로 한 테마 여행의 기획 및 운영인력 등이 새로운 녹색일자리와 직업으로 각광받고 있다.

생태·녹색 문화환경의 복원과 유지와 관련해서도 다양한 직업과 자격이 새로이 조명받고 있다. 정부의 녹색성장에 대한 전략적인 추진과 함께 생태, 웰빙, 친환경, 자연, 건강 등에 대한 관심이 높아지면서 자연환경 기술사, 자연생태복원 기사뿐만 아니라 유기농 관리사, 약용식물 관리사, 토양환경 기술사, 생물분류 기사, 식물보호 기사 등이 각광받고 있다.

우리나라의 생태·녹색관광 일자리와 직업 전망은 긍정적이다. 최근 전국 각 지자체에서 경쟁적으로 생태·녹색관광상품을 선보이면서 이와 관련된 녹색일자리의 창출 가능성이 높아지고 있다. 지금까지는 생태·녹색관

[그림 5] 생태·녹색관광의 단계별 일자리 창출 전망

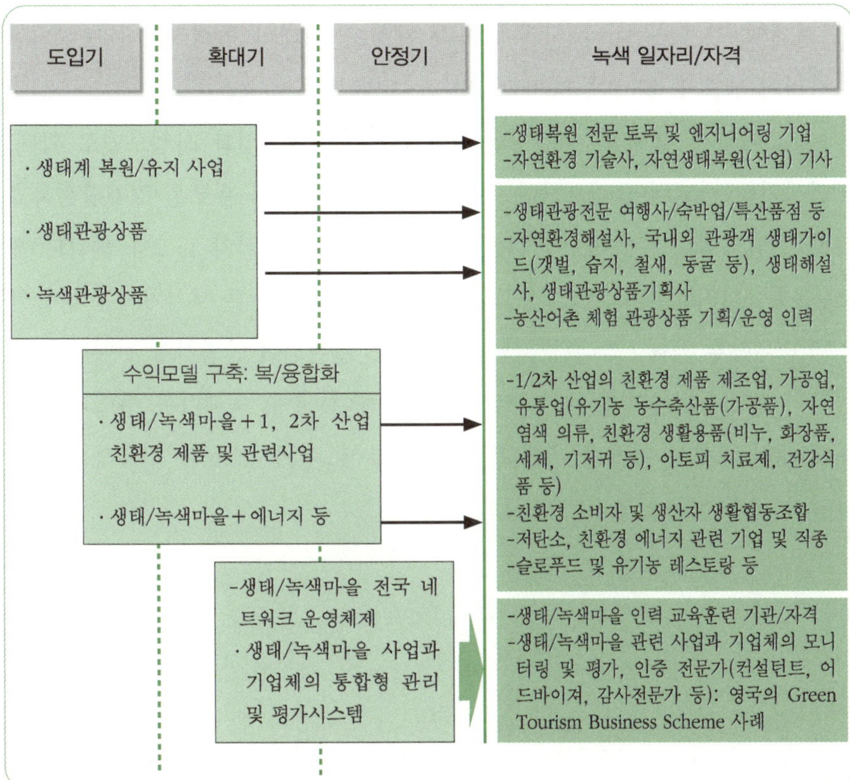

자료: 송창용·양승필(2009), 「생태·녹색관광산업 활성화를 통한 지역 일자리 창출」, 『e-HRD Review』, 12-13호, 한국직업능력개발원.

광에 관련된 관광상품의 개발과 추진이 일부 지방자치단체 및 생태, 자연 관련 단체를 중심으로 이루어져 대규모 녹색일자리의 창출을 기대하기 어려운 실정이었다.

생태·녹색관광의 활성화는 지역사회를 중심으로 새로운 녹색일자리를 창출할 수 있는 주요 신성장동력원으로 작용할 것이다. 현재 생태·녹색관광의 도입단계에서 창출할 수 있는 기존 형태의 녹색일자리 외에 다양한 형태의 관광상품이 출시됨에 따라 새로운 형태의 녹색직업이 형성되고 일자리의 규모도 빠르게 증가할 것으로 판단된다.

따라서 생태·녹색관광을 새로운 복·융합산업화 사업모델로 확대, 발전시키려는 노력이 필요하다. 지자체 및 지역사회의 새로운 경제활성화를 위한 수익모델로서 생태·녹색관광과 함께 친환경 중심의 1, 2차 산업의 제조, 유통, 서비스업이 서로 복합되고 융합되면 보다 많은 부가가치를 창출할 수 있다. 향후 생태·녹색관광산업의 확대가 실현되어 안정기로 진행될 경우 전국의 생태 및 녹색마을의 네트워크를 통하여 생태, 녹색마을 사업과 기업체에 대한 홍보와 마케팅 추진, 통합형 관리 및 평가시스템을 구축하는 전국 단위의 관리기구나 조직이 필요하다.

05절
생태·녹색관광 활성화를 위한 정책제언

생태·녹색마을의 수익모델을 구축하자

생태·녹색관광 산업의 활성화와 지역경제의 발전을 위해 경제적 부가가치의 산출은 매우 중요하다. 지역사회와 공동체를 중심으로 지역주민이 자발적이고 적극적인 추진주체가 되어 지역사회가 보유하고 있는 자연자원, 기술, 전문인력, 전통문화, 친환경 음식 등 모든 자원을 활용하여 생태·녹색관광 자원과 결부된 복·융합화형 고부가가치산업으로 육성해야 한다. 지역사회 주도의 경제공동체 구축을 위해서는 지역 내 핵심 전문인력 풀(pool)을 갖고 있는 대학, 연구소, 시민단체 등을 네트워크화 하는 노력이 필요하다.

지역 공동체 기반의 경제적 부가가치를 창출하기 위해서는 지역 사회적 기업형태와 연계된 지역사회의 수익모델 개발에 힘써야 한다. 또한 지역사회 중심의 추진체계 구축과 함께 지역 내 경제적 부가가치를 창출하기 위해서 1차, 2차 산업 제품 제조와 유통이 확대되고 지역을 방문하는 관광객에게 홍보 및 마케팅할 수 있는 시스템을 구축해야 한다. 이를 통해 소득과 경제적 부의 외부 유출 현상을 최소화하고 지역 내에서 순환시킬 수 있다는 점에서 경제적 지속가능성을 확보할 수 있다.

영국의 토트네스(totnes) 마을의 경우 마을 내 상점가를 다양한 품목

[그림 6] 지역공동체 기반의 생태·녹색관광

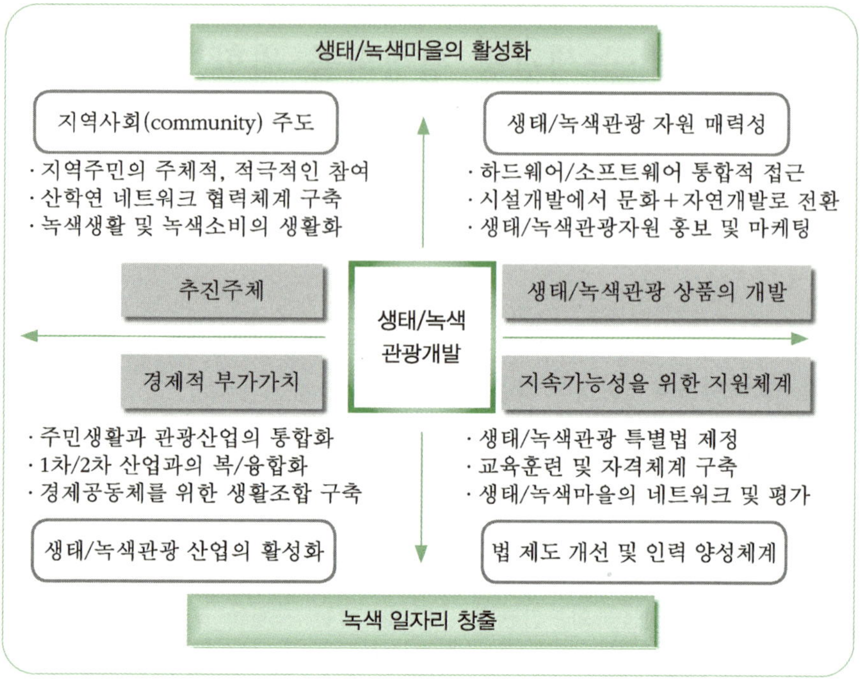

자료: 송창용·양승필(2009), 「생태·녹색관광산업 활성화를 통한 지역 일자리 창출」, 『e-HRD Review』, 12-13호, 한국직업능력개발원.

과 유형의 유기농상점으로 구성하는 방식으로 마을 전체를 생태 및 웰빙(well-being) 중심의 고부가가치 창출형 경제구조로 구축하여 생태·녹색관광 산업을 통해 지역 경제를 성공적으로 발전시키고 있다. 특히, 지역화폐(토트네스 파운드)를 발행, 유통하여 지역 내에서 발생한 경제적 부가가치가 지역 내에서만 소비되고 다시 활용될 수 있는 경제적 선순환의 고리를 만들어 낸 것도 하나의 특징이다.

지속가능성이 강조된 생태·녹색관광을 위해서는 지역 생활공동체의 활성화, 지역주민의 수익증가, 마을의 문화 및 자연환경의 보전, 관광객과 마을주민의 자발적이고 책임감 있는 공동참여를 통한 체험활동 및 지역축제, 지역 고유의 친환경 특산품, 수공예품 개발 등과 같이 지역사회에 기반을 둔 경제활동을 확대·발전시켜야 한다. 다음의 사업내용으로, 한 지역기업을 지역공동체 기반으로 만들어 발전시켜 나갈 수도 있을 것이다.

- 유기농 농수축산품 제조, 가공, 유통회사
- 자연염색 및 유기농 원료를 사용한 지역형 의류회사
- 친환경 생활용품 및 건강식품 제조유통회사
- 친환경 소비자 및 생산자 중심의 생활협동조합
- 저탄소 및 친환경 에너지 관련 기업
- 친환경, 유기농, 슬로푸드 중심의 식자재 제조회사 및 레스토랑
- 친환경, 유기농 자연농원 및 체험학습장

지속가능성 측면: 생태·녹색관광 전문인력 양성 및 자격체계를 구축하자

생태·녹색관광이 활성화되기 위해서는 관련 산업의 발전을 선도할 인력양성이 필요하다. 생태·녹색관광의 대상은 자연환경을 포함하여 전통문화, 풍습, 역사, 민속, 특산물 등 인문사회 환경을 망라한다. 다양한 관광소재를 결합하여 새로운 형태의 친환경 관광상품을 개발할 수 있는 전문인력의 양성이 필요하다. 생태관광은 체험과 휴식, 재충전을 특징으로 하기 때문에 보는 것 위주의 전통적 관광과는 근본적인 차이가 있으며, 관광상품의 내용, 진행, 준비 등의 모든 면에서 새로운 지식과 숙련형성이 요청된다.

대학, 고용보험기금을 이용한 양성과정 등에서 생태관광 실무인력 양성을 확대하고 다양한 생태관광 상품의 개발과 홍보, 마케팅 등의 전문적

업무를 수행할 수 있는 전문인력을 양성해 나가야 한다. 현재 대학은 기존의 획일화되고 정형화된 관광인력을 양성하는 데 그치고 있으며, 생태관광의 다양성에 부합하는 인력양성의 차별화는 부진한 실정이다. 고용보험기금의 능력개발사업은 제조업 기능공 위주로 되어 있으며, 최근 서비스 산업에 대한 지원 확대를 시도하고 있으나 훈련 분야와 규모는 크게 부족한 것이 현실이다.

생물권 보전지역 및 생태 · 녹색관광자원에 출입, 활용, 해설할 수 있는 인증제도 및 공인된 평가기준을 마련해야 한다. 지역주민, 지역 NGO, 행정, 전문가, 관련업체 등으로 이루어진 협력체를 구성하며 협력체를 중심으로 평가기준을 마련해야 한다. 더불어 기존 지역단위에서 활동하고 있는 문화관광 해설사, 자연환경 해설사, 생태 해설가 등 법적으로 규정되어 있지 않은 자격이나 인증체계를 법과 제도권 안으로 흡수하여 이들을 체계적으로 관리하고 교육훈련 하는 인재양성 체계가 필요하다.

『생태 · 녹색관광특별법(가칭)』을 제정하자

생태관광이 성공적으로 육성되기 위해서는 조건들이 충족될 수 있도록 『생태 · 녹색관광특별법(가칭)』을 제정하고 추진조직과 예산 등의 근거를 마련해 대응할 필요가 있다. 현재의 생태 · 녹색관광에 관련된 다양하고 산발적인 법규를 통합적으로 체계화하여 종합적이고 안정적인 생태관광 육성정책을 추진할 수 있는 제도적 기틀을 마련하고, 적극적인 정책추진을 통해 생태관광이 지역의 경제를 살리고 활성화하는 새로운 성장동력으로 부상할 수 있도록 추진해야 할 것이다.

일본에서는 2007년 『생태관광추진법』을 제정하여 자연환경 보전을

≪표 4≫ 생태·녹색관광 특별법의 제정 방향

<table>
<tr><th>영역</th><th colspan="2">내 용</th></tr>
<tr><td rowspan="2">현재 관련 법규 정비</td><td>농업농촌기본법/ 농림어업인특별법</td><td>–녹색농촌체험마을사업
• 농업농촌기본법 제38조 농촌지역산업의 진흥 및 개발
• 특별법 제35조 도시와 농산어촌의 교류 확대
• 마을당 2억 원 규모의 소액지원으로 사업의 효율성 저하</td></tr>
<tr><td>자연환경보전법/ 관광진흥법</td><td>• 자연환경보전법 제41~42조 생태관광의 육성, 생태마을
• 관광진흥법 제48조 4항 자연생태의 관광자원 사업
• 정부, 지자체의 추진의지 및 지원 부족으로 어려움</td></tr>
<tr><td>정부의 역 할</td><td colspan="2">• 생태녹색관광자원 개발을 위한 법규체계 정비
• 정부의 인센티브 개발을 통한 지자체의 건전한 경쟁 지원
• 생태녹색관광자원의 모니터링 및 평가체계의 구축
• 저탄소 녹색마을 시범사업
• 녹색마을 제도/시스템 구축
• 한국형 생태관광 모델 개발</td></tr>
<tr><td>생 태· 녹색관광 특별법 내 용</td><td colspan="2">• 생태녹색관광자원 개발에 대한 법·제도적 지원 내용(개발, 모니터링, 평가 등)
• 녹색마을의 조성 및 확대를 위한 법·제도적 지원 내용(저탄소녹색마을, 우리동네 녹색마을 만들기, 녹색마을 지원센터 설립 및 운영, 녹색마을을 위한 제도 및 시스템 구축 등)
• 생태녹색관광 활성화를 위한 법·제도적 지원 내용(친환경 관광상품의 인증제도, 한국형 생태관광의 모델 개발, 생태관광 인프라 구축, 생태관광 상품 개발 및 마케팅 지원 등)
• 정부 및 지자체의 추진조직, 행·재정 지원 법규</td></tr>
</table>

자료: 송창용·양승필(2009), 「생태·녹색관광산업 활성화를 통한 지역 일자리 창출」, 『e-HRD Review』, 12-13호, 한국직업능력개발원.

고려하면서 지역의 창의성을 되살리는 생태관광을 지원하고 있다. 일본에서도 지역 자연환경의 보전을 배려하고 자연과 직접 만나서 체험하는 욕구의 증가로, 시간을 갖고 자연과 만나는 생태관광의 사례가 증가하였다. 또한, 기존의 관광상품이나 관광활동 과잉으로 자연환경이 오히려 악화되는 현상을 개선해야 한다는 필요성이 제기되었다. 『생태관광추진법』의 제정은 자연환경의 보전, 관광진흥, 지역발전, 환경교육의 추진을 달성하는 데 목적을 두고 있다. 추진체계로 ① 정부에 의한 기본방침의 수립, ② 지역관계자 주도의 추진협의회의 설치, ③ 지역의 생태관광추진방안의 수립, ④ 지역의 자연관광자원의 보전을 설정하고 있다.

우리나라에서도 『생태 · 녹색관광특별법(가칭)』을 제정하고 추진조직과 예산 등의 제도적인 정비를 마련하는 것이 시급하다. 이를 통해 안정적인 생태관광 육성정책을 추진할 수 있는 제도적 기틀을 마련하고, 적극적인 정책추진을 통해 생태 · 녹색관광 산업이 지역의 경제를 살리고 활성화하는 지역 발전의 성장동력으로 부상하기를 기대한다.

CHAPTER

5

제조업에서의 녹색직업

김수원

제조업 부문에서 국내·외 녹색기술의 발전 및 산업동향을 살펴보면, 목적·기능·활용 중심의 전통적 녹색기술의 범주에서 융합기술적 특성을 가진 기술로서 녹색기술의 영역을 확장하고 있다. 이러한 녹색기술의 개발과 확산은 새로운 산업을 촉발할 뿐 아니라 기존 산업을 재편할 것으로 예상된다. 기존 기술과의 융·복합을 통한 에너지 절감과 친환경 흐름은 새로운 제품의 개발뿐만 아니라 재래 생산공정의 변환도 필요로 할 것이다.

제조업 부문과 녹색기술의 융합 패러다임의 활용은 우리나라 제조업의 강점을 살리면서 산업구조를 한 단계 업그레이드하고 신규 일자리를 창출할 수 있는 중요한 전략이다. 녹색제조업 직종에 대한 향후 전망으로 녹색 신상품과 생산공정 개발을 위한 연구개발직을 비롯하여 녹색생산시스템 운용을 위한 숙련된 기술자가 부족하나 일자리는 크게 늘 것으로 판단된다. 특히 관련 기술자는 보다 환경친화적이도록 업그레이드된 블루칼라로서 환경친화적 분야에서 가족을 부양하고 경력을 쌓을 수 있으며 전문직 고용이 이루어지는 직업군 종사자들이다.

경쟁이 치열해지고 있는 제조업 부문의 글로벌 녹색시장을 선점하기 위해서는 녹색제조업에 종사할 관련 전문인력의 확보가 다른 무엇보다 중요하다. 녹색기술의 개발과 확산으로 새로운 유망직업이 등장하는 한편 기존 직업에서도 직무능력의 변화가 예상된다. 그러므로 새로운 녹색제조업에 종사할 신규 전문인력의 양성도 중요할 뿐만 아니라 기존의 유사산업 종사자에 대한 적응능력 향상이나 직무전환교육도 매우 중요할 것이다.

01 절
녹색경제로의 전환과 제조업

세계 경제의 잠재성장률이 저하되는 가운데 녹색기술은 지속성장의 수단으로 기대된다. 한국 경제에서 녹색기술은 새로운 성장동력으로까지 기대되고 있다. 에너지 절약, 자원 재활용 및 청정에너지 개발 등 자원절감형 경제 구축사업, 녹색 교통망 구축, 맑은 물 공급 등 편리하고 쾌적한 생활환경 및 삶의 질을 높이기 위한 사업, 탄소 저감, 수자원 확보 등 지구 장래와 차세대 안전을 위한 선제적 · 예방적 사업, 산업 · 정보 인프라 구축, 기술개발 등 미래 대비와 에너지 효율을 높이기 위해 필수적인 사업 등의 시행으로 수많은 일자리가 창출될 것으로 기대된다.

녹색기술의 개발과 확산은 새로운 산업을 촉발할 뿐 아니라 기존 산업을 재편하며, 이에 따라 새로운 유망직업의 등장과 필요 직무능력의 변화 등이 제기된다. 새로운 에너지의 창출을 도모하거나, 기존 에너지 활용을 획기적으로 개선하는 것이 녹색성장의 원천이다. 특히, 에너지 활용의 개선은 기존 제조업의 선진화를 도모할 것으로 예상된다. 따라서, 녹색기술 개발과 확산의 조기달성을 통해 친환경-저탄소 제조업으로의 글로벌 경쟁력을 확보하고 신성장동력으로 발전시켜 나가야 한다.

전기전자 · 기계 · 생활용품 등의 제조업 부문과 녹색기술이 접목하거나 제조업 부문과 신성장 신소재·재료 분야 등 신성장동력이 결합하여 새로운 융합산업이 창출될 것이다. 제조업 부문과 녹색기술의 융합은 제품 제조과정이나 제품이나 부품에 녹색기능을 추가하거나 서비스 형태로 제공하는 것으로 다양한 녹색기술을 접목해 기업의 경쟁력을 강화하고 제품 생산에 따른 환경오염을 줄이는 한편 새로운 녹색기술의 추가 제공에 따른 신규 일자리 창출을 기대할 수 있다.

정부가 마련한 녹색산업 27개 중점육성기술과 신성장동력들은 제조업과 연관된 부분이 많이 있으므로 관련 제조업의 성장이 두드러지고 경쟁력이 강화될 것으로 판단된다. 또한 제조업 부문과 녹색기술의 융합 패러다임의 활용은 우리나라 제조업의 강점을 살리면서 산업구조를 한 단계 업그레이드하고 신규 일자리를 창출할 수 있을 것이다. 이러한 변화 속에서 새로운 유망직업이 등장하는 한편 기존 직업에서도 직무능력의 변화가 예상된다.

본 장에서는 제조업 부문에서 어떠한 직업들이 유망직업으로 등장할 것인지 전망하고자 한다. 특히, 저탄소 친환경기술의 개발과 확산이 핵심적인 요소인 가운데, 에너지원, 에너지효율 증대, 친환경 등의 영역에서의 대표적인 유망직업에 주목하기로 한다. 이러한 유망직업의 등장배경으로 제조업을 둘러싼 국내·외 산업환경의 변화, 주요 제조업과 직무내용의 변화, 그리고 제조업 내 직업세계의 변화를 살펴보고, 이들의 직무내용, 직업 취득을 위한 요구능력을 제시하기로 한다. 또한 이들 직업의 등장에 따른 전문인력 확보방안과 향후 대응전략도 모색하고자 한다.

02 절
제조업 부문의 국내·외 산업환경 변화

우리나라는 1차 에너지 구조상 온실가스의 주범인 화석연료(석유, 석탄, 천연가스) 소비 비중(2007년)이 84.6%로 매우 높고 에너지 다소비산업 비중이 높아 기후변화 대응을 위한 CO_2 감축비용이 선진국에 비해 높은 수준이다. 우리나라의 CO_2 배출량(1990~2005년)은 90.1%로 OECD 국가 중 1위(세계 평균 29.1%, OECD 16.4%)이다(산업연구원, 2008). 현재 온실가스 배출량은 세계 16위, CO_2 배출량은 세계 10위이지만 온실가스 배출은 지속적으로 증가하고 있다.

GDP당 1차 에너지 소비(toe/1000 불변 1,000달러, 2005년)는 한국 0.34, 일본 0.11, 영국 0.14, 미국 0.21, OECD 평균 0.20으로 이는 우리나라 경제가 선진국들에 비해 에너지를 현저히 많이 사용하는 구조임을 의미한다(산업연구원, 2008). 에너지의 해외 의존도(2007년)는 96.5%로서 대부분 해외에 의존하고 있으며, 에너지 소비는 제조업과 수송부문에서 최종에너지 소비(2007년)의 54.0%, 20.5%의 높은 비중을 차지하고 있다(표 1 참조). 향후 환경규제에 대응하기 위해서는 제조업과 수송부문의 에너지 소비 감축 노력이 절실히 필요하다.

제조업 중에는 석유화학 산업이 제조업 전체 에너지 소비 중 50%나

≪표 1≫ 에너지소비 구조변화

(단위: %)

구 분	1986	1990	1995	2000	2007	증가율 ('86~'07)
제 조 업	38.7	43.6	47.2	51.8	54.0	8.0
수송부문	15.2	18.9	22.3	20.7	20.5	7.7
가정 · 상업부문	36.8	29.3	24.1	21.6	20.0	3.2
기타부문	9.3	8.2	6.3	6.0	5.6	3.7
최종에너지	100.0 (50,524)	100.0 (75,107)	100.0 (121,962)	100.0 (149,853)	100.0 (180,499)	6.3

주: 1) ( )안은 최종에너지소비량(천 TOE).
2) 증가율은 기간 연평균 증가율임.
자료: 산업연구원(2008).

차지하고, 다음으로 1차 금속산업 20.2%, 조립금속 및 기계류산업 7.4%, 비금속광물업 5.7% 등의 순으로 나타났다. 철강산업, 석유화학, 비금속광물 등 에너지 다소비산업의 경제적 비중은 우리나라가 선진국보다 훨씬 높은 편이다(그림 1 참조).

2005년 교토의정서의 공식 발효 이후 탄소배출에 대한 글로벌 규제 확대는 새로운 산업규제와 무역장벽을 가져오고 있다. 선진각국은 에너지 · 환경 부문의 기술개발과 관련 산업발전을 도모하며, 후발 산업국의 추격을 견제하고 있다. 2012년 이후 포스트 교토협정에서 한국은 탄소감축의무국으로 편입이 예상되는 가운데, 할당받은 탄소배출량을 초과하는 기업의 경우 비용 증가가 불가피하다. 나아가 탄소표시제의 확대 등에 의해 소비자의 녹색소비가 진행되는 가운데, 기업에게 저탄소 친환경구조로의 전환은 선택의 문제가 아닌 생존의 문제로 직면하게 된다.[1)]

---

1) 정부는 국가 온실가스 중기(2020년) 감축목표를 설정하기 위해, 2005년 온실가스 배출량 ① 8% 증가, ② 동결, ③ 4% 감소의 세 가지 감축목표 시나리오를 마련하고 세부적인 국민 여론수렴 절차에 들어가고 있다(녹색성장위

[그림 1] 에너지 다소비산업의 경제적 비중 주요국별 비교

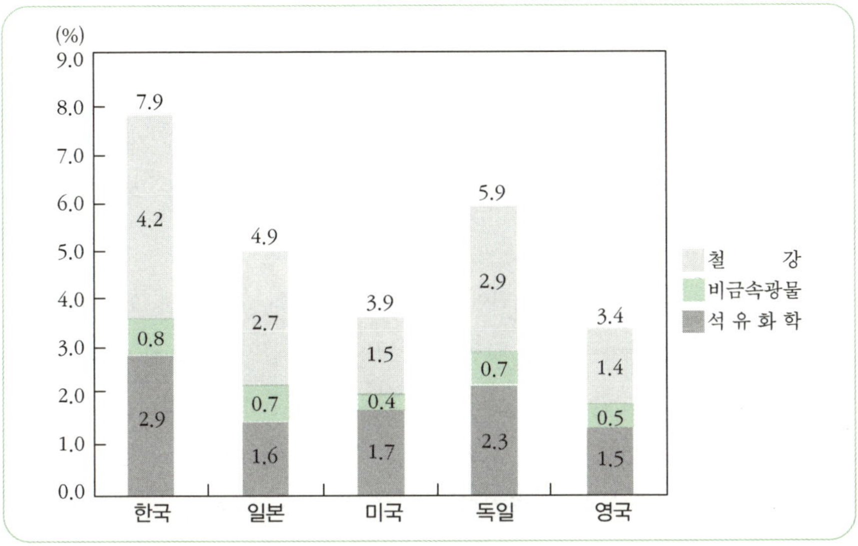

자료: 산업연구원(2008).

2013년 이후 탄소규제에 대한 의무이행 대상국으로 포함될 가능성이 높은 가운데, 에너지 다소비 업종의 비용 부담 증가가 예상되어, 철강, 알루미늄, 석유화학 등은 국가기간산업으로서 친환경 저에너지 공정개발이 친환경 수요에 대응한 신제품 개발과 함께 도모되어야 할 것이다. 이러한 경쟁력 고양과 함께 장기적으로는 산업구조 개편이 불가피할 전망이다.

에너지 다소비 업종의 국내 위축이 불가피할지라도 기존의 기술기반 경쟁력에 기반을 두어 이들 산업의 해외이전이 모색되어야 한다. 글로벌 시장에서의 기술 주도권 확보가 요청되며, 글로벌 분업구조와의 연계도 고려되어야 할 것이다. 국제 분업구조 개편과 함께 자원대국과의 협력도 모색되어야 한다.

원회(2009b), 「국가 온실가스 중기(2020년) 감축목표 설정 추진계획」).

글로벌 분업구조 및 글로벌 연대를 추진하는 과정에서 후진국의 기본적인 행정 시스템과 도로·항만 등 시설 인프라가 열악한 경우가 있기에 이에 대한 안팎의 기반시설을 직접 구축하고 전문인력을 키워야 할 수 있다. 현지에 잘 적응해 성공적으로 사업을 추진하고 있는 전문성을 가진 현지 투자기업 등과 네트워크를 구축해 실패 위험을 최소화해야 하는 것이 중요할 것이다.

특히 인적자원개발 측면에서 정부와 기업이 합동으로 현지에 연구개발·교육훈련 기반시설 등을 갖춘 소규모 시범사업지(demo plot)를 만들어 국내 투자자들이 참여할 수 있도록 하는 전략적 접근이 필요하다. 이와 함께 공적개발원조(ODA) 자금 등을 시범사업지 부근 인프라에 투자하고 국내 과학기술계의 우수 인력 등을 적절히 조합해 활용할 수 있는 기반을 조속히 구축·가동할 수 있을 것이다.

한편 2008년 미국발 금융위기에 의한 세계 경제의 위축 속에 각국은 재생에너지 개발, 에너지 효율 증대, 환경 개선 등을 동시에 추구하는 녹색투자를 통해 경기부양을 도모하고 있다. 우리나라도 녹색투자를 통한 새로운 성장기회를 모색 중이다. 또한 정부는 녹색산업 27개 중점육성기술에 집중적 투자를 계획하고 있는데, 이들 대부분은 제조업과 직접 연관되어 있다. 정부는 신재생에너지 등 새로운 영역의 개발뿐 아니라 전기전자·자동차 등 전통 제조업 부문에 녹색기술을 접목하여 새로운 융합산업을 창출하도록 유도하며, 미래지향적으로 글로벌 경쟁력을 강화하고 신규 일자리 창출을 도모하고 있다.

03 절

녹색기술 확산과 주요 제조업의 변화

본 절에서는 녹색기술과 직접적 연관성이 높은 에너지 관련 산업(신재생에너지 등), 운송장비 산업(자동차, 선박 등), 기반산업(철강, 석유화학, 시멘트 등) 등에 주목하여 이들 산업의 산업구조의 변화, 직무내용의 변화, 그리고 향후 전망에 대해 살펴보고자 한다.

녹색기술 관련 제조업

에너지 관련 산업 - 신재생에너지 등

에너지 기술 및 에너지 산업은 저탄소 녹색성장의 가장 핵심이 되는 요소이다. 신재생에너지 개발, 기존 에너지 생산 및 이용의 효율성 개선 등이 추진되는 과정에서 연구개발, 설비개발 및 운영, 유지 보수 등의 모든 관련 직종에서 새로운 유망직업이 대거 파생될 것으로 전망된다.

특히 신재생에너지 관련 분야는 과학기술적 측면에서 고도한 기술력을 기반으로 급속한 성장이 예상된다. 현재는 국제 시장이 활성화되어 있지 않지만 향후 몇 년 안에 그 규모는 비약적으로 늘어날 것이며, 향후 우리나라의 대외진출이 적극 추진될 전망이다.

≪표 2≫ 연도별 신재생에너지 전문기업 신규등록 현황 (단위: 개)

구 분	2005년	2006년	2007년	2008년	2009년 (2월 중순)
신규등록 기업수	59	639	1,013	1,147	269

자료: 에너지관리공단(2009).

국내 신재생 전문기업 등록업체 수도 지난 2005년에는 59개에 불과했으나 2007년부터는 해마다 1,000개 이상 등록하는 등 급격한 상승 커브를 그리고 있다. 특히 2009년 들어서는 지난 2월 중순까지 신규 등록된 기업이 269개에 달해 2009년 한 해 신규 등록기업 수 2,000개 돌파가 예상되고 있다.

운송장비 관련 산업 - 자동차 등

근래의 온실가스 규제강화 속에서 자동차산업은 환경규제를 충족시키기 위해서 다양하고 경제성이 있는 친환경 그린카 개발에 집중하고 있다. 연비 개선을 위한 엔진 고성능화, 소재 경량화, 부품 집적화를 도모하는 가운데 하이브리드자동차, 연료전지자동차 개발이 더욱 촉진되고 있다. 자동차산업은 첨단기술개발 능력을 보유한 기업을 중심으로 전 세계 자동차업체가 기술협력의 합종연횡을 반복하며 새로운 국제분업구조를 가지는 글로벌 과점체제로 지속적으로 전환하리라 예상된다.

첨단기술개발만으로는 기존 자동차산업 내 인력구조를 근본적으로 전환시킬 필요는 없으나, 새로운 국제 분업구조의 확대는 글로벌 생산효율성에 대한 요구를 더욱 증가시키며 기존 생산라인의 글로벌 이동을 초래할 것이다. 자동차산업에 대한 의존도가 상당히 높은 한국의 입장에서는 하이브리드자동차와 연료전지자동차의 핵심기술을 확보하며, 이를 기반으로 국제 분업구조에서 유리한 위치를 점하는 것이 무엇보다 중요할 것이다.

한편 자동차산업에서도 그린카 개발과 함께, 현재 생산공정상에서의 에너지 소비를 줄이는 것도 중요한 사항이다. 생산공정상의 효율성 개선은 자동차산업에서뿐만 아니라 조선산업 등 모든 산업에서도 중요한 과제이다. 조선산업에서는 자동차산업에서와 함께 엔진 효율 증대, 친환경소재 사용 증대, 생산조립공정에서의 에너지 효율 증대가 중요한 과제로 제기되고 있다.

기반 산업 - 철강, 석유화학, 시멘트

철강, 석유화학, 시멘트 등은 여타 산업의 기반을 제공하는 한편 대표적인 에너지 다소비산업이다. 그러나 탄소배출에 대한 규제 강화와 에너지-원료 가격의 인상 압력 속에 에너지 효율 개선 등이 가파르게 진행되고 있다.

철강산업의 글로벌 경쟁은 생산공정상 에너지 소비를 줄이고 탄소배출을 축소하도록 요구한다. 한편 제품생산 자체도 고에너지 효율과 친환경 요구에 부응할 것이 요청된다. 이를 위해 자원-에너지 순환형 생산체제 구축되는 한편, 수요업체와의 요구에 부응하기 위한 선제적 신제품 개발이 추진되고 있다. 예를 들면, 친환경자동차 확산 및 자동차 재활용을 위해 신재생에너지 급성장에 따른 신수요에 대비하는 한편, 자동차 제품 및 부품 설계단계에서부터 공동 참여하여 리사이클링이 용이한 소재를 설계하고 생산한다.

석유화학산업에서도 생산공정상의 개선과 함께 친환경적 제품 생산이 요구된다. 공정개선을 통해 오염물질 배출을 억제하고 에너지 및 원료 효율성을 높이는 한편, 고분자재료인 엔지니어링 플라스틱이 가벼운 무게에도 높은 강도와 내구성을 허용함으로써 금속재료를 대신할 수 있도록 요구된다.

시멘트는 현재 세계적으로 가장 흔하고 중요하게 사용되는 건설·건축 자재 중 하나이나, 에너지 다소비로 인해 큰 어려움을 겪고 있으며, 환경오염 유발도 심하다. 시멘트 제조공정의 효율성을 높이기 위한 기술적인 발전이 지속적으로 요청되는 한편, 친환경적이고 에너지 효율적인 건설·건축 자재로서의 요구에도 부응해야 할 것이다.

직무내용의 변화

저탄소 친환경 요구의 증대에 대응하여 나타날 수 있는 직무 변화 및 신규 직무는 기반기술 확보를 위한 연구 및 개발과 생산기술로의 전환을 위한 시스템 개발과 운용, 그리고 기술 개발 및 운용 등에서 개별 부문의 통합 관리 및 연계를 위한 기획 및 기술 연계로 구분하여 검토될 수 있다. 이러한 3개 직무의 내용에 대해 구체적으로 살펴보면 다음과 같다.2)

연구 및 개발

기술개발의 전통적 분류로서 신제품 개발 및 제품혁신(invention, product innovation)과 공정혁신(process innovation)의 분류를 녹색기술 개발에도 적용할 수 있다. 녹색기술에서 신제품 개발 및 제품혁신은 새로운 영역을 창출하는 것으로 이해될 수 있으며, 현재 제기되는 녹색기술개발의 주된 관심영역이다. 정부의 녹색핵심기술개발도 주로 이에 속한다.

한편, 녹색기술에서의 공정혁신은 기존 생산방식에서의 에너지 효율제고, 친환경성 증대를 도모하는 것에 적용될 수 있다. 기술주기이론에서 제

2) 한국직업능력개발원에서 황규희 외(2009)가 수행중인 「저탄소 녹색성장분야 인력양성방안 연구」에서 발췌하여 작성하였다.

품혁신에 이어 공정혁신이 도래하는 것으로 설명하는 것은 신제품개발 이후 그 제품의 생산효율성 개선이 뒤따른다는 것이다. 그러나 녹색기술에서의 공정혁신은 녹색기술 신제품에 대한 생산효율성뿐 아니라 기존 제품의 생산효율성 제고에 적용될 수 있기 때문에 공정혁신이 제품혁신보다 선행할 수도 있다.

예를 들어, 녹색자동차로 기대되는 하이브리드자동차나 연료전지차, 궁극적으로는 수소연료차의 본격적인 등장은 상당한 시간이 소요될 전망이나, 이러한 녹색신상품의 등장에 선행하여 기존 차량의 생산과정에서 에너지 소비 및 탄소배출을 억제하는 공정혁신이 확산될 필요가 있다는 것이다.

녹색기술개발에서 신상품의 개발과 이로 인한 신산업의 성장을 도모하는 것이 중장기적 녹색성장 전략인 한편, 녹색기술 적용을 통해 기존 산업의 에너지 소비를 줄이고 탄소배출을 억제하도록 하는 것은 2013년부터의 포스트 교토의정서에 대한 적극적인 대응의 의미를 가지게 한다. 녹색 신제품개발 요구에 따른 연구인력 양성과 활용도 중요한 문제이나, 기존 생산과정의 개선을 위한 연구인력의 양성과 활용도 중요하다.

기획 및 기술 연계

한국은 현재 많은 연구개발과정에서 부분적인 기술개발 등에서 상당한 수준에 있더라도 이러한 기술영역을 전체적으로 중재(intermediary technology)하거나 종합적인 기술기획(project planning & management)을 수행하는 부분에서 어려움을 가지고 있다고 여겨진다. 이러한 문제는 녹색기술개발에서도 유사하게 나타나고 있다. 대표적으로 녹색자동차 기술개발에서 부문 기술에서는 상당한 수준임에도 전체적인 기술 수준이 세계적 수준과 격차를 가지는 것은 중재기술이 미흡하기 때문이다. 이러한 사항은 연구에서뿐 아니라 공정 및 시스템 개발, 나아가 생산과정 등에서도 기획 및 조정의 중요성으로 강조되어야 한다.

저탄소 친환경 녹색기술의 개발과 이의 확산을 통한 산업경쟁력 확보 및 성장동력으로의 성공적인 전환을 위해서는 기술에 대한 이해뿐만 아니라 한정된 자원을 효율적으로 운용하기 위한 제반 환경적 변화요소들을 분석하고 종합 판단하는 역할이 반드시 요청된다. 기술적 요소에 대한 이해와 함께 거시적 경제환경에서부터 산업환경과 법률적 환경을 포함하는 사회환경의 변화와 사업가능성 등에 대한 분석을 수행하며, 사업 방향성을 제시하고 연구역량과 연구자원을 조정배분을 포함한 실행전략을 기획하여야 한다.

시스템 개발과 운용

공정혁신에 의한 녹색생산방식으로의 전환은 생산시스템의 개발과 긴밀하게 연계되어야 한다. 이러한 시스템 개발의 일부는 연구영역일 수 있으나, 녹색공정기술은 원가 경쟁력의 핵심이 되는 가운데 생산기술과의 연계가 보다 높다. 한편, 지속적으로 제품혁신이 추진되는 가운데 기존 제품생산의 생산공정에 대한 투자가 비용효율성의 측면에서 적절하지 못할 수 있다. 새로운 제품의 생산과정에서 재활용이 보장된다면 문제가 없을 것이나, 만일 새로운 제품은 더 이상 기존 생산방식과 부합하기 어렵다면 기존 제품의 생산공정 전환은 상당한 어려움을 가지며, 제한된 시스템 개선이 요구될 것이다.

이러한 제반 상황에서 생산시스템의 개선을 위해서는 생산에 대한 충분한 이해와 함께 관련 기술의 동향 및 전망과도 연계되어야 할 것이다. 특히 중소기업에서 녹색생산공정으로의 전환은 투자문제뿐만 아니라 녹색생산시스템의 개발과 운용에 있어서의 전문인력 확보문제도 마주할 것이다. 기존 관련 인력의 녹색시스템 개발과 운용을 위한 전환훈련 등이 시급한 문제로 제기된다.

04 절

녹색제조업과 직업세계의 변화

본 절에서는 녹색기술 개발과 확산으로 인해 제조업 부문에서 유망할 것으로 예상되는 다양한 직업을 살펴보고자 한다. 이들 직업들은 에너지원 영역, 에너지 고효율화 영역, 친환경 영역 등으로 구분하여 직업에 대한 예시적 검토를 하였다.

에너지원 영역

바이오에너지 연구원

바이오에너지 연구원은 식물과 미생물의 광합성에 의하여 생성되는 식물체, 균체와 이를 먹고 살아가는 동물체를 포함하는 생물유기체인 바이오매스 자원을 에너지화하는 발효기술 등을 연구한다. 바이오에너지는 열, 연료, 전기를 제공할 수 있으며, 농임산 부산물, 매립지 가스, 수생식물, 도시 및 산업 폐기물(유기성)도 포함되고, 생산가능자원이므로 잠재력은 거의 무한이라고 할 수 있다.

생물유기체를 이용하여 바이오에너지를 만드는 과정은 본질적으로 양조과정과 유사한 측면이 있다. 화학공학, 생물학, 생명공학, 생태학, 유전

≪표 3≫ 녹색제조업 부문에서의 유망 예상직업군(예시)

영 역	유망 예상직업	관련 전공	학력 수준
에너지원	바이오에너지 연구원	화학공학, 생물학, 생명공학, 생태학, 유전공학, 환경공학 등	석사 이상
	태양광 설비시스템 개발자	화학공학, 화공학, 물리학, 재료공학, 전기공학, 전자공학, 기계공학, 제어계측학 등	석사 이상
	경수로 운영 기술자	원자력공학, 화학공학, 제어계측학, 전기공학, 기계공학 등	학사 이상
	연료전지시스템 설치원	기계공학, 전기공학, 전자공학 등	전문대졸 이상
에 너 지 고효율화	전력 IT 연구원	전기공학, 전자공학, 정보통신공학, 제어계측학, 수학 등	석사 이상
	석탄액화기술 연구원	화학공학, 물리학, 수학 등	석사 이상
	생산시스템 혁신설계자	산업공학, 경영학, 시스템공학, 생산공학 등	학사 이상
친 환 경	환경소재 연구개발자	화학공학, 생물공학, 화공학, 재료공학, 물리학, 환경공학 등	석사 이상
	친환경차량 설계개발자	기계공학, 전기공학, 전자공학, 제어계측학, 재료공학, 화학공학 등	학사 이상
	CO_2 처리 기술자	환경공학, 화학공학 등	학사 이상
	폐기물 처리장치 조작원	기계공학, 전자공학, 제어계측학, 환경공학, 환경화학 등	전문계고졸 이상

공학, 환경공학 등을 전공한 석사 이상의 학위가 요구되며 생물유기체의 포집, 분쇄, 분리, 발효, 정제 등과 관련한 지식이 필요하다.

태양광 설비시스템 개발자

태양광 설비시스템 개발자는 태양전지(solar cell)로 구성된 모듈과 축전지 및 전력변화장치에 대한 연구를 비롯하여 관련 태양열 생산설비를 개발한다. 태양광 설비는 태양의 빛이 얻어지는 장소이면 태양전지에 의해 어디라도 발전이 가능하며, 지역 격차나 계절변동이 적어 도입하기 쉽다. 또한, 용도가 광범위하고 간단하기 때문에 급속히 발전할 잠재력을 보유하고 있다. 따라서, 태양광 설비시스템 개발자의 수요가 증가하는 가운데 전문기술직으로 기대된다.

태양전지 설계 및 배열, 그리고 관련된 전기설비 등을 개발하기 때문에 주로 화학공학, 화공학, 물리학, 재료공학, 전기공학, 전자공학, 기계공학, 제어계측학 등을 전공한 석사 이상의 학위가 요구된다. 또한, 태양광설비시스템은 태양광이 충분할 때 생산한 전기를 바로 전력 계통으로 송전하거나 축전기에 모아두었다가 필요할 때 사용하는 설비장치로서 전체적인 발전설비의 구성 및 흐름에 대한 이해력도 필요하다.

경수로 운영 기술자

화석에너지의 현실적인 대안으로 핵에너지 개발이 강화되는 가운데, 현재 전 세계 핵 발전의 80% 이상이 경수로이다. 이러한 경수로 운영은 고도의 안정성을 요구하며, 상당한 수준의 전문성을 필요로 한다. 경수로 운영 기술자는 원자로압력용기 내에 감속재와 냉각재를 겸하고 있는 보통의 물(중수와 구별하여 경수라 함)을 충만하고, 저농축우라늄 연료를 장전하고 있는 원자로를 운전하고 조작한다.

원자력 발전업무는 원자로 전체의 이해와 실무업무 파악이 중요하며 현장 경험도 중요하다. 이러한 경수로의 운영업무를 수행하기 위해서는 원자력공학, 화학공학, 제어계측학, 전기공학, 기계공학 등을 전공한 학사 이상의 학력이 요구된다.

연료전지시스템 설치원

업무 및 산업용, 가정용, 자동차용, 마이크로 연료전지 및 이동형 등에 활용 가능한 연료전지의 조립 구성품을 전기, 배관, 용접 등의 작업을 통해 정해진 장소에 설치하는 업무를 수행한다. 차세대 청정에너지로 각광받는 연료전지의 핵심 구성품의 국산화로 국내 연료전지 실용화 사업도 가시권에 있으므로 많은 연료전지가 보급되고 설치될 것으로 전망된다.

기계공학, 전기공학, 전자공학 등을 전공한 전문대졸 이상의 학력이 요구되며 배관, 용접 등의 능력이 필요하다.

에너지 고효율화 영역

전력 IT 연구원

전력 IT 연구원은 전력전기용 전기시스템을 환경친화적이면서 에너지 효율을 극대화하는 차원에서 정보기술(IT) 시스템과 연계하고 그 기능을 개선하기 위해 설계 및 분석하는 업무를 수행한다. 친환경 에너지 정책과 전력산업 민영화에 따른 에너지 효율을 극대화한다는 차원에서 연구·개발업무를 담당할 인력에 대한 수요는 증가할 가능성이 있다.

전력 IT 시스템은 계통공학 및 전력경제 이론을 바탕으로 한 제어알고리즘과 첨단 정보통신기술이 접목된 대규모 IT 시스템을 기반으로 운영되므로 전력 IT 연구원은 전기공학, 전자공학, 정보통신공학, 제어계측학, 수학 등을 전공한 석사학위 이상의 고급인력이 필요하다.

석탄액화기술 연구원

석탄액화기술 연구원은 석탄을 고온·고압상태에서 수소를 첨가 분해시켜 액상(液狀)의 저급 탄화수소인 석유를 만드는 기술을 연구 및 개발하는 업무를 수행한다. 석탄액화기술은 직접액화와 간접액화로 구분되는데, 직접액화는 고온·고압 상태에서 용매를 사용하여 석유를 얻는 방법이고 간접액화는 물과 산소에 반응시켜 가스한 후 촉매를 써 석유를 만든다(디지털 타임스, 2006. 7. 24). 간접액화 방식이 직접액화 방식보다는 환경오염 측면에서 유리하기 때문에 세계적으로 간접액화 방식을 주로 적용하고 있다. 우리나라의 경우 석유화학의 진전과 더불어 석탄은 전면적으로 석유에 밀려나 이에 대한 기술이 매우 취약하여 기초적인 연구단계를 벗어나지 못하고 있다. 그러나 향후 대체에너지 개발 붐과 더불어 석탄액화기술 연구는 크게 활발해질 것으로 예상된다.

일반적으로 석탄액화기술 연구원은 화학공학과 연관이 가장 많은 가운데 물리학, 수학 등과 관련한 석사 이상의 학위가 요구된다. 또한, 화학공학은 수학과 물리를 기초로 화학에 관련된 모든 공학을 포함하므로 화학은 서브일 뿐 실제로는 수학, 열역학, 유체역학 등의 지식과 기술이 요구된다.

생산시스템 혁신개발자

생산시스템 혁신개발자는 환경 규제, 민원 발생 등 더욱 복잡해지는 기업환경에 대응하여 생산현장의 친환경을 조성하고 생산공정 상에서 낭비적이고 비효율적 에너지 사용을 줄이기 위해 기업의 생산시설 및 장비 배치를 친환경적이면서 경제적 차원에서 설계하여 생산현장에 적용하는 업무를 수행한다. 생산현장에서 공해를 유발할 수 있는 환경시스템을 개선하고 에너지 절감을 통한 생산과정의 효율성을 높이려는 사업주들이 늘어나고 있다는 점에서 전망이 밝은 편이다.

생산공정시스템 상에서 원자재 및 부품 공급, 생산시설 및 장비, 완성품 검사 등 전체적인 생산구조 파악과 환경 및 효율성 개선을 위한 능력이 요구되며 산업공학, 경영학, 시스템공학, 생산공학 등을 전공한 학사 이상의 학력이 요구된다. 또한, 생산시스템에 대한 설계, 분석, 성과 예측 및 평가 등의 업무도 수행하므로 수학, 자연과학 등의 지식 외에 기술상의 분석, 종합하는 원리와 수법 등을 병용하는 능력도 요구된다.

친환경 영역

환경소재 연구개발자

환경소재 연구개발자는 공기나 인체에 유해한 매연이나 세균을 억제하거나 항균 및 살균, 해충 번식의 방지, 공기정화와 유해가스 탈취 등의 역할 및 기능을 할 수 있는 친환경 소재를 연구하고 개발한다. 환경소재는 인간의 환경에 대한 관심과 환경 규제, 그리고 웰빙(well-being)시대를 맞이하여 요구가 확대될 전망이다. 그러나 시장성, 고부가가치성 측면에서 전망은 밝지만, 개발 투자가 장기 또는 거액이 소요된다.

환경소재 개발은 소재의 다양성으로 인해 여러 분야의 전공이 필요하지만, 특히 화학공학, 생물공학, 화공학, 재료공학, 물리학, 환경공학 등을 전공한 석사 이상의 학위가 요구된다.

친환경차량 설계개발자

친환경차량 설계개발자는 전기나 수소 에너지 등을 이용하는 버스나 승용차, 트럭 등의 차량에 대한 원활한 운전 및 안전을 목적으로 차량구조 및 운용방법을 분석하고 새롭게 설계하는 업무를 수행한다. 현재 국내·외적으로 운송차량을 고효율화, 안전화, 그리고 소형화하는 기술을 확보하려는 경쟁이 치열하다는 점에서 관련 기술 도입 및 시제품의 개발이 더욱 활성화될 것으로 판단된다. 근래 각국에서의 온실가스 배출 감축목표의 구체화는 이러한 미래 자동차의 개발과 미래 자동차산업의 조기 실현을 촉구할 것이다.

친환경차량은 현재 일본 업체가 선두에 있으나 상용화를 위한 기술 발전이 상당히 남아 있는 가운데 전지개발 등 일부 기술 부분에서는 국내의 기술 수준도 상당한 수준에 이르고 있다. 우리나라로서는 전지 부문을 중심으로 선진기술에 대한 약진이 두드러지며, 이를 이용한 친환경차량 개발이 활발히 이루어지고 있다.

친환경차량 개발은 엔진 및 제어장치, 소재, 전지 등 연료계통 등 매우 다양한 영역을 포괄하는 가운데 관련 인력도 매우 다양하다. 전통적인 기계공학 이외에 전기공학, 전자공학, 제어계측학, 재료공학, 화학공학 등의 학사 이상의 학력이 요구된다.

CO_2 처리 기술자

CO_2 처리 기술자는 생물학 및 물리학적인 소재를 이용하여 공기 중으로 발산되는 CO_2 등의 유해물질을 인체에 무해하고 자연 분해가 이뤄지도록 분석하고 처리하는 업무를 수행한다. 산업화와 교통수단의 발달로 대기 중에 CO_2는 계속 증가하여 지구의 온난화 현상 등의 지구환경을 위협하고 있고 이를 규제하려는 관련 법규 등이 제정되고 있는 시점에서 환경 관련 공무원, 공공 및 민간 연구기관, 각종 산업체에서 인력 수요가 많을 것으

로 예상된다.

일반적으로 CO_2 처리 기술자는 환경공학과 연관이 많은 가운데 환경공학, 화학공학 등과 관련한 학사 이상의 학력이 요구된다. 또한, 환경화학, 대기오염방지 공학, 환경영향평가 등 환경공학분야 전반에 걸친 지식과 기술이 필요하다.

폐기물 처리장치 조작원

폐기물 처리장치 조작원은 산업이나 가정의 폐기물 중에서 재활용 물품과 소각 물품을 구분하고 처리하는 장치를 조작하고 운전장치와 자동제어설비의 작동상태를 확인하여 정비, 수리하는 업무를 수행한다. 고도 성장에 따른 산업의 다양화는 국내·외적 환경규제 정책을 더욱 가속화시키고 있는 가운데 여러 분야에서 발생되는 폐기물 중에는 재활용 가치가 있는 물품이 많이 있으며, 폐기물 처리과정에서 발생할 수 있는 공해나 수질오염을 최대한 줄일 필요성이 증대하고 있다.

일반적으로 폐기물 재활용장치 조작원은 환경공학, 환경화학 등의 환경과 관련한 기초지식뿐만 아니라 제조공정, 설치, 조작, 유지에 관한 지식이 요구된다. 따라서, 전문계 고등학교나 전문대 졸업자 중에서 기계공학, 전자공학, 제어계측학과 관련한 전공이 요구된다.

05절 자동차산업의 사례

본 절에서는 국내의 대표적 제조업 분야의 하나인 자동차산업에 대한 사례를 제시하고자 한다. 이를 통해 자동차산업을 중심으로 하는 산업환경의 변화, 자동차산업과 직무내용의 변화, 그리고 관련 산업 내 직업세계의 변화를 보다 자세히 살펴보고자 한다.[3)]

녹색기술에 의한 자동차산업의 변화

근래 자동차산업의 국제경쟁이 격화되는 가운데, 선진국을 중심으로 친환경-저에너지에 대한 요구가 증대되고 있다. 2012년 교토의정서 서약기간 만료 이후 온실가스 규제가 강화될 것이 분명해지고 있는 가운데, 세계 각국은 온실가스 배출 감축목표를 설정하여 발표 중이다. EU는 2020년까지 1990년 대비 20% 감축, 미국은 2020년까지 2005년 대비 17% 감축, 일본은 2020년까지 2005년 대비 15% 감축을 목표로 하고 있다. 한편, 개도국에서도 대만 2025년에 2000년 수준 동결, 멕시코 2012년 5천만 톤 감축 등이 제

3) 한국직업능력개발원에서 황규희 외(2009)가 수행중인 「저탄소 녹색성장분야 인력양성방안 연구」에서 발췌하여 작성하였다.

시되고 있다. 한국도 국가 온실가스 중기(2020년) 감축목표를 설정하기 위해 3가지 감축목표 시나리오[4]를 마련하고 세부적인 국민 여론수렴 절차에 들어가고 있다(녹색성장위원회, 2009b).

각국은 이러한 환경규제에 대응하기 위해 하이브리드자동차, 연료전지자동차 개발에 박차를 가하고 있다. 현재 자동차의 세계시장 규모는 연간 1.5조 달러이며, 2008년 미국발 금융위기로 2010년까지는 다소 침체될 것으로 전망되나 이후 2018년까지는 매년 2~3%, 2018년 이후 1~2%의 지속적인 성장이 있을 것으로 전망되고 있다. 한편, 미래 자동차산업에 대한 시장전망으로서, 2004년 Global Insight 전망은 낙관적이고 2006년 Mckinsey 전망

[그림 2] 세계 자동차시장의 전망

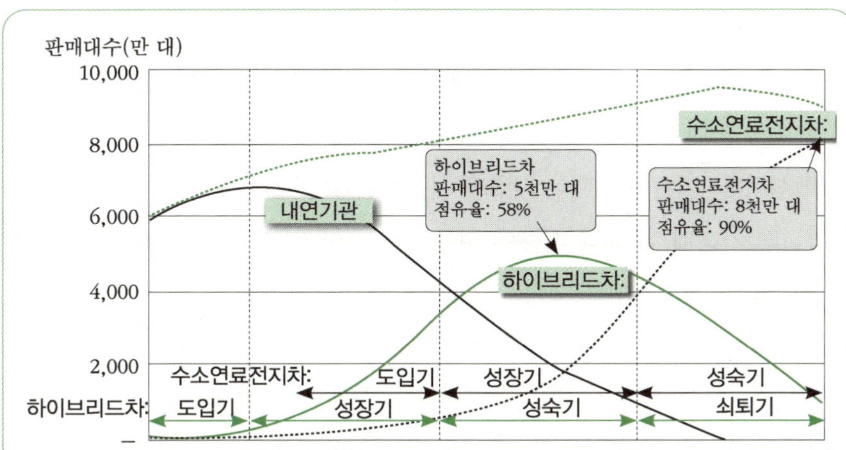

자료: Global Insight(2004), *Automotive World Car Industry Forecast Report*.

---

4) 2020년 온실가스 배출전망치(BAU) 대비 ① 21%, ② 27%, ③ 30%를 감축하는 시나리오를 작성했는데, 이를 2005년 온실가스 배출량(594백만 톤CO_2) 대비 절대기준으로 환산하면, 각각 ① 8% 증가, ② 동결, ③ 4% 감소시키는 것에 해당한다. BAU(Business As Usual)는 기존 온실가스 감축정책을 계속 유지할 경우 미래 온실가스 배출량 추이이다.

은 보수적이다. 대체로 2020년 이후에는 하이브리드차량이 본격적으로 등장할 것으로 여겨지는 가운데, 연료전지 차량의 본격적인 등장에 대해서는 Global Insight에서는 2030년경 본격화될 것으로 여기나 Mckinsey에서는 좀더 지체될 것으로 전망하고 있다. 그런데, 근래 각국에서의 온실가스 배출 감축목표의 구체화는 이러한 미래 자동차의 개발과 미래 자동차산업의 조기 실현을 촉구할 것이다.

자동차산업에서의 녹색기술들

하이브리드자동차

하이브리드자동차는 기존 자동차 시스템에 전기 동력 시스템이 추가된 것으로 간주할 수 있다. 하이브리드자동차는 소형의 고효율 축전지·모터기술과 새로운 형태로 발전된 엔진·발전기 기술이 결합되어 차량 주행연비의 향상과 배기가스 감소를 구현하는 하이브리드자동차 시스템 제어 기술이 핵심이다. 기존의 차량과 비교하여 엔진 외에 모터 및 축전지 등이 추가 장착되는 가운데, 고전압 사용에 따른 전기제어 및 안전장치 등과의 종합적인 시스템화가 요청되고 있다.

하이브리드자동차산업은 향후 연료전지자동차산업과의 가교 역할을 할 것으로 보이고, 기술적인 측면에서도 연료전지자동차에 필요한 기술의 상당 부분을 미리 해결할 것으로 예상된다. 연료전지자동차가 조기 상용화될 경우에는 일부 특수 차량을 제외한 대부분의 차량이 연료전지 시스템을 탑재할 것으로 보이기 때문이다.

전반적으로 일본이 독보적으로 앞서고 있다고 여겨졌으나, 전지 부문에서의 한국 기업의 약진이 두드러진다. 삼성SDI가 보쉬와 함께 독일

BMW에 대해 2차전지 공급업체로서의 협력관계를, LG화학이 미국 GM에 대해 2차전지 공급업체로서의 협력관계를 각각 맺었다. 리튬이온전지 시장은 유럽·미국 자동차업체와 손잡은 한국, 그리고 자국 내 기업끼리 뭉친 일본의 양강 대결로 압축되고 있다.

연료전지자동차

연료전지자동차는 연료전지를 동력원으로 하는 자동차와 그 주변기술로서, 차량의 수소시스템 안전설계를 포함한 고안전 차체 설계기술을 요구한다. 연료전지자동차는 개발비용이 막대한 가운데, 상용기술로의 전환까지는 상당한 시간이 걸릴 것으로 예상되고 있다. 현재 일본 업체가 선두에 있으나, 상용화를 위한 기술발전이 상당히 남아 있는 가운데 전지개발 등 일부 기술 부분에서는 한국의 기술 수준도 상당한 수준에 이르고 있다.

연료전지자동차의 핵심기술 개발을 위해서는 각 핵심기술별로 연구센터를 구축하고 이를 통하여 선진기술 개발 및 관련 분야 전문인력의 지속적 양성을 도모할 수 있어야 할 것이나, 이러한 기술개발과정에서 핵심기술의 공동개발과 공유가 허용되는 시스템이 되어야 한다. 연료전지자동차를 개발하기 위해서는 자동차산업체, 연구소, 학계 간 공동 기술개발과 표준화 및 적절한 시험평가 방법이 필요하다.

자동차산업의 기술융합에 대한 대응

자동차산업의 기술융합은 자동차와 화학 간 융합에 의한 하이브리드 자동차 및 연료전지자동차 개발, 자동차와 정보통신 간 융합에 의한 지능형 자동차 개발로 나타난다. 이러한 기술융합은 이업종(異業種) 간 교류협력에 의해 촉구되고 있다. 대표적으로 삼성SDI와 독일 BMW 간 2차전지 공급 협력, LG화학과 미국 GM 간 2차전지 공급 협력, 현대자동차와 삼성전자 간 자동차용 반도체 협력 등이 그것이다.

한편, 이러한 대기업-대기업 간 협력의 활성화뿐만 아니라 중·소규모 부품업체와의 협력 및 부품업체 상호 간 협력도 중요하다. 핵심부품 공동개발을 위한 협력이 요청된다. 정부는 국내 부품업계의 그린카 부품 개발 경

[그림 3] 자동차 부품업체 그린 네트워크

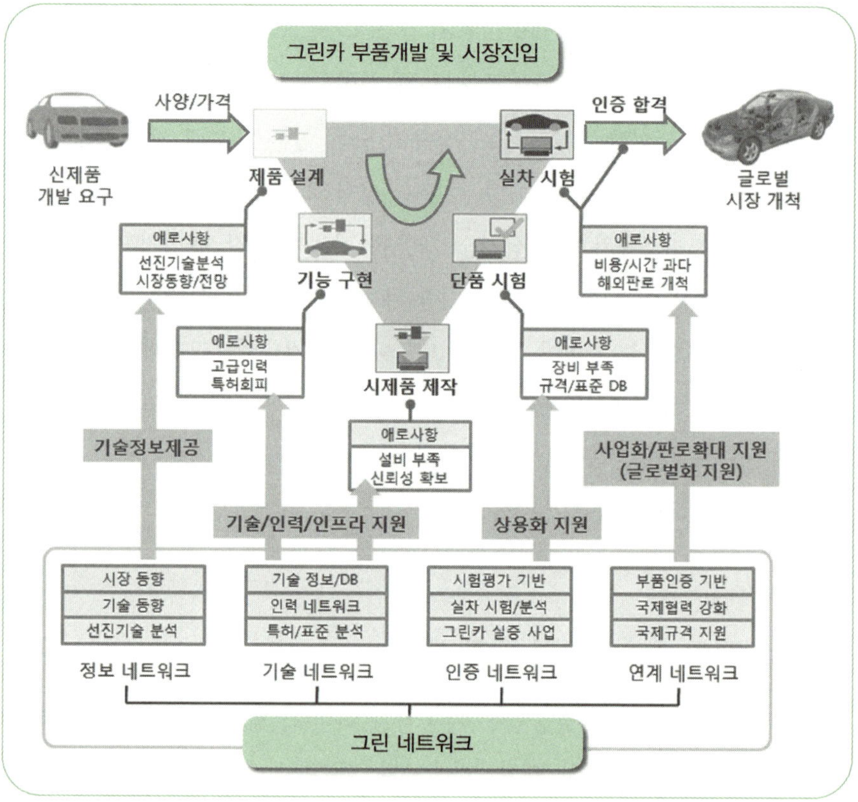

자료: 지식경제부(2008).

쟁력을 제고하기 위해 그린 네트워크를 구축하고, 이를 통해 부품업체가 미래 핵심기술 예측, 기술 개발, 실증 및 검증, 부품성능 인증 등을 종합 지원받을 수 있도록 추진할 계획이다. 또한 고급인력 지원 및 고가장비 구입 부담을 완화시키며, 국제 수준의 그린카 부품성능 인증을 통하여 부품업체 신뢰성 제고 및 글로벌화를 추진하고 있다.

자동차산업에서의 녹색기술 확산과 직업세계 변화

근래의 온실가스 규제 강화로 하이브리드자동차, 연료전지자동차 개발이 더욱 촉진될 것으로 여겨지는 가운데, 자동차산업은 첨단기술개발 능력을 보유한 기업을 중심으로 전 세계 자동차업체가 기술협력의 합종연횡을 반복하며 새로운 국제분업구조를 가지는 글로벌 과점체제로 지속적으로 전환할 것으로 예상된다.

첨단기술 개발만으로는 기존 자동차산업 내 인력구조를 근본적으로 전환시킬 필요는 없으나, 새로운 국제 분업구조의 확대는 글로벌 생산효율성에 대한 요구를 더욱 늘이며 기존 생산라인의 글로벌 이동을 초래할 것이다. 자동차산업에 대한 의존도가 상당히 높은 한국의 입장에서는, 하이브리드자동차와 연료전지자동차의 핵심기술을 확보하며 이를 기반으로 국제분업구조에서 유리한 위치를 점하는 것이 무엇보다 중요할 것이다.

한국으로서는 부분적인 기술에서는 상당한 수준을 가지기도 하나, 이들을 전체적으로 중재하는 기술(intermediary technology)과 기획하는 기술(project planning & management)이 부족한 상황이다. 이러한 사항은 연구개발 중견급 이상 직급에서 타 기술과의 조정 및 종합하는 업무가 확대되어야 함을 의미한다(새로운 일자리). 하이브리드자동차와 연료전지자동차의 핵심기술을 한국이 확보한다면, 연구개발 및 고급기술 부문은 계속 팽창할 것이다(늘어나는 일자리). 이때 특정 세부기술 영역뿐만 아니라, 기술간 융합에 대응하는 융합기술 인력의 수요가 더욱 커질 것이다. 기존 생산직, 관리직 등에서는 기본적으로 유사한 업무내용이 유지될 것이나, 그 각각 규모의 증감 혹은 유지 등은 국제 분업구조의 재편에 따를 것이다(유보적인 일자리).

만일 한국이 하이브리드자동차와 연료전지자동차의 핵심기술을 확보하지 못한다면, 한국의 자동차산업은 첨단기술기반 국제 분업구조의 재편에서 수동적으로 대응하게 될 것이고, 이미 임금 등에서 경쟁력을 가지지 못하는 상황에서 자동차산업 관련 일자리는 상당히 위축될 것이다.

06절 녹색제조업 전문인력 확보방안

앞으로 경쟁이 치열해질 것으로 예상되는 제조업 상의 글로벌 녹색 시장을 선점하기 위해서는 녹색제조업에 종사할 관련 전문인력의 확보가 다른 무엇보다 중요하다. 이에 대한 대응방안 및 향후 전략을 단기적 측면과 중·장기적 측면으로 구분하여 살펴보면 다음과 같다.

먼저, 단기적 현안과제로는 무엇보다 녹색제조업 관련 전문인력 수요에 대응하여 신속한 공급이 요청된다. 여기에는 국내의 유사 제조업 직무 종사자를 단기간의 직무전환교육을 통해 배치전환하거나 해외로부터 우수 인력을 유치하는 방법이 있다.

더불어 녹색 제조기술의 확산과 녹색제조업으로의 변화에 대비하여 기존의 유사산업 종사 근로자들의 적응능력 향상이나 가치관의 변화를 유도할 필요성이 있다. 이를 위해 전문인력 외 재직근로자들의 전문학회 활동의 참여, 대내·외의 학술회의, 워크숍, 세미나, 강연회 등의 참여 등 계속학습 기회의 제공도 요청된다.

그러나 이러한 방법은 녹색제조업에서 급격히 증가할 전문인력 수요에 대응하기에는 한계가 있으므로 국내 교육훈련기관의 유사한 전공과정 개편 및 지원을 통해 전문인력을 양성하는 것이 바람직하다.

특히 초기 산업단계에서는 녹색 제조기술을 새로이 개발하거나 실제적인 산업화를 위한 연구개발이나 설계 및 응용 업무에 종사할 고급 전문인력이 무엇보다 필요하므로 전문대학원 등 녹색기술 특성화 전문기관을 적극 육성하는 것이 바람직하다.

다음으로, 중·장기적 대응 전략으로는 녹색제조업 관련 전문인력의 수급과 활용이 원활히 이루어질 수 있도록 제도 기반을 갖추는 것이 중요하다.

최우선 과제는 기술 분야별·수준별 수요조사를 실시하고 중장기 전문인력 수급관계를 예측하며, 이를 기반으로 신규인력 양성프로그램을 개발하고 지원하는 것이 바람직하다.

더불어 녹색산업시대에서는 기술 간, 산업 간의 단순 통합의 의미가 아닌 기술 간, 산업 간의 융합으로 두 가지 이상의 업그레이드되거나 새로운 것이 재창조될 것이다. 따라서 신규인력 양성프로그램은 녹색제조업에서 요구되는 한 가지 분야가 아닌 여러 분야를 넓고 깊게 알고 있는 인재상을 양성하도록 편성하는 것이 바람직하다.

그리고 녹색기술 확산에 따르는 산업구조 조정에 대응하여 정부는 기존 근로자들의 새로운 녹색제조업에의 고용가능성을 진단하고, 구조조정되는 근로자들의 재취업을 위한 관련 직무능력의 개발과 취업알선에 대한 지원을 강화해야 한다.

CHAPTER

6

녹색성장을 통한 농업에서의 유망직업

이남철

농업에서의 녹색성장은 농업생태계 환경을 고려하여 경제적 수익성이 보장되는 성장으로 정의할 수 있다. 이 글의 목적은 농업을 통한 유망 직업을 전망해 보는 것이다. 이를 위해서 녹색성장과 농업관계를 규명하고, 전통적인 농업에서의 새로운 패러다임 변화에 따른 농업 현상을 살펴보았다. 이어 변화에 따른 국제기구 및 우리 정부의 추진 정책과 전략을 분석하였다.

농업에 관련된 녹색직업의 현황과 유망한 녹색직업을 전망하기 위하여 유망직업의 등장 배경, 유망직업에 종사하는 사람의 역할 및 자격 등에 대하여 살펴보았다. 녹색성장 시대에 유망한 직업은 정밀농업 전문가, 식물공장 설계사, 농업환경 컨설턴트(농업환경지역개발 컨설팅, 농업환경경영 컨설팅, 농업환경 마케팅·컨설팅 등), 농촌관광 해설사, 토양수질영향 평가사, 친환경농업 관리사 등이다.

농업 부문에서 녹색직업을 창출하기 위한 정책과제도 제시하였다. 주요한 정책과제로는 전통적인 농업에서 새로운 패러다임으로의 변화에 따른 농업 인재개발, 기후변화에 적합한 친환경 농산물의 생산성 제고와 부가가치 증진, 농촌 생태 및 테마마을 운영을 통한 농촌 지역경제 활성화, 귀농·귀촌자를 위한 직업교육훈련 실시 및 일자리 정보 제공과 취업 알선 등이다.

01 절
녹색성장에서의 농업

농업은 모든 생물의 모체이며, 생명의 태동 장소이다. 친환경농업을 위해서는 땅을 살려야 한다. 불행하게도 우리나라는 농토가 좁고 인구는 많아 식량이 부족하여 생산되는 식량은 필요한 양의 33% 밖에 되지 않는다. 만약 비가 너무 많이 온다거나 가을에 날씨가 갑자기 추워지는 등 각종 재해 때문에 흉년이 들거나 외국에서 식량을 팔지 않는다면 우리는 심각한 식량위기를 맞게 될 것이다. 이러한 현상을 바로 '식량무기화'라고 말한다.

전문가들은 2010년 이후, 전 세계적으로 2억 톤 이상의 식량이 부족하게 되는 식량위기가 올 것이라고 예측하고 있다. 지금 이 시간에도 식량이 부족한 아프리카나 북한의 어린이들은 굶주림과 질병으로 매년 수만 명이 죽어가고 있는 실정이다. 이러한 현상을 보더라도 농업은 그 나라를 지켜가는 데 없어서는 안 될 중요한 산업이라 하겠다.

선진국들은 기후변화에 대응하여 저탄소 녹색성장을 국가발전의 성장동력으로 강력하게 추진하고 있다. 특히, 농업과 관련한 정책을 다양하게 추진하고 있다. 미국 오바마 대통령은 저탄소 농업체제 구축과 관련 농경지 토양의 흡수원 기능을 새로운 농가소득으로 활용하기 위해 시카고 기후거래소를 통해 배출권 거래제를 도입하여 시행하고 있다. 영국은 농업 부문 기후변화 대책으로 바이오에너지 전략, 적극적 유기농 육성, 농촌기후 변화포럼을 통한 적극적인 정책개발을 추진하고 있다. 독일은 농업 부문 온실가스 특별관리를 위해 농업투자지원 프로그램을 통한 적극적인 재정지원을 실시하고 있다. 또한, 일본은 단계적이고 체계적인 농업 부문의 기후변화 대책 추진을 위해 농경지 토양의 탄소흡수 기능 활성화를 위한 정책프로그램 개발을 추진하고 있다(한국농촌경제연구원, 2008).

본 장에서는 녹색성장에서 중요한 한 축인 농업과 그와 관련된 유망직업에 대하여 심층적으로 기술하고자 한다. 1 절에서는 녹색성장과 농업에 대한 관계성을 설명하기 위해서 농업 부문에서의 녹색성장 개념 정의와 녹색성장을 달성하기 위한 농업에 변화가 필요한 이유를 설명하였다. 2 절에서는 농업에서의 새로운 패러다임의 변화를, 3 절은 농업에서의 유망직업에 대하여 살펴보았다. 4 절은 농업 부문에서 녹색직업 창출을 위한 정책과제이다.

농업 부문에서의 녹색성장이란?

농업 부문의 녹색성장은 지속가능농업(sustainable agriculture)보다 포괄적인 개념이다. 통상적인 농업성장은 기존의 농업정책 틀 속에서 '고투입-고산출'을 위해 토지·노동·자본·경영 등이 결합하여 이루어진 성장을 의미한다. 농업 부문의 녹색성장은 지역·수계별 환경용량을 고려하여 재배기술과 농법전환, 환경친화적 또는 저탄소를 지향하는 농업정책 추진 등을 통한 성장을 의미한다. 녹색성장으로의 목표 달성은 친환경농업과 저탄소농업 확대 등 지속가능한 농업체제로의 전환과 환경친화적 농업·농촌 기반정비 등을 통해 이루어질 수 있다.

[그림 1] 농업 부문 녹색성장의 개념

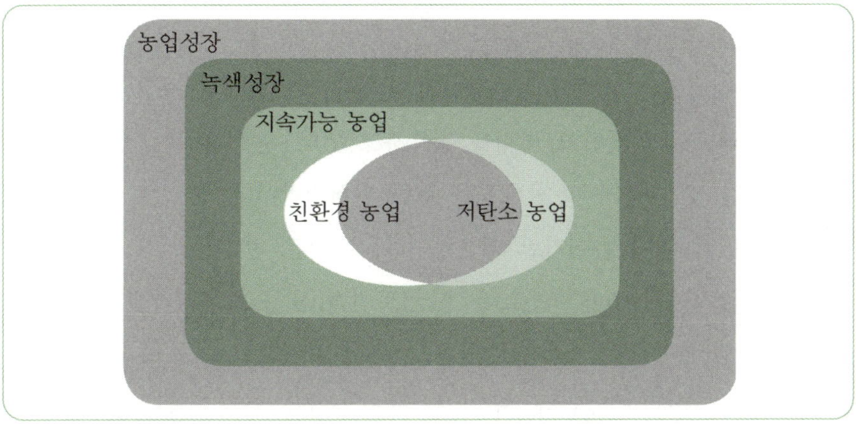

자료: 한국농촌경제연구원(2008).

농업 부문의 녹색성장은 지속가능농업보다 포괄적인 개념으로 농업 생태계의 환경용량을 고려하여 환경적으로 건전하고, 경제적으로 수익성이 보장되는 성장으로 정의된다(그림 1 참조).

[그림 1]에서 보는 바와 같이 농업 부문에서의 녹색성장은 경제성장과 환경성이 통합된 개념으로 사람, 환경, 이윤의 관점에서 접근이 가능하다(한국농촌경제연구원, 2008). 즉, 녹색성장은 생태적·경제적·건전성 확보를 통해 국민 삶의 질을 높이는 질적 성장의 개념인 것이다.

녹색성장을 촉진하기 위한 농업의 필요성

녹색성장은 생산과정에서 녹색자본(녹색기술, 녹색지식)을 투입해 환경오염을 줄이고 자연자본(에너지, 환경자원)을 확충해 생산력을 지속적으로 높여가는 국가발전 전략이라고 할 수 있다(김창길, 2009). 농업에서의 녹색성장은 환경용량을 고려한 재배기술과 농법 전환, 환경친화적 저탄소 농업을 통한 성장을 의미한다.

선진국들은 세계적인 환경자원 위기에 직면하면서 녹색산업을 새로운 성장동력으로 인식하고 국력을 집중하고 있다. 농업은 온실가스 절감과 에너지 고갈 및 곡물가 상승 대응을 위한 원천기반이다. 농업은 기본적으로 국토이용 면적 대비 온실가스 배출량이 매우 적은 친환경적 생명산업이다. 우리나라 농지면적(178만 헥타르)은 전 국토면적(997만 헥타르)의 18%를 차지하지만, 농업 분야 온실가스 배출량은 2.5%만 차지하고 탄소 흡수원으로 주요한 기능을 수행하고 있다. 우리 정부는 농업을 환경오염과 온실가스를 최소화하면서 신성장동력과 일자리를 창출하는 경제성장동력으로 규정하고 있다.

02 절 농업에서의 새로운 패러다임 변화

우리 농업의 현실

농업의 글로벌화

현대 농업은 국경을 초월한 세계화 및 글로벌화 속에서 유목농업의 형태로 자리 잡고 있다. 농업의 국제화는 피할 수 없는 것이 현대 농업의 선택이다. 농업의 세계화는 우리 시장의 개방을 의미하지만 역으로 우리에게도 외부에서 문이 열리는 것을 의미한다. 우리 국민들의 먹을거리 70% 이상을 해외공급에 의존하고 있는 식생활 현실을 생각하면 우리 농업도 이제는 눈을 세상 밖으로 돌릴 때가 되었다. 우리도 열린 세계로 나아가 열려 있는 세계시장을 상대로 하는 글로벌 농업경영을 해야 할 시기가 온 것이다.

그러나 개방화가 가속되는 상황에서 농업부문의 구조조정이 부진할 경우, 강력한 보호틀 속에 안주했던 한국 농업은 더 이상 지속적으로 성장하기가 불가능하다. 그러나 기존의 '영세농(零細農)', '고령농(高齡農)'에서 '농기업(農企業)', '농산업(農産業)'으로 전환이 이루어질 경우 경쟁력 확보가 가능하다(삼성경제연구소, 2008b).

심각한 기후변화

세계적으로 나타나는 이상기후는 화석연료 사용으로 배출되는 온실가스에 의한 지구온난화 현상과 관계가 깊다. 지난 100년 동안 지구의 평균온도는 0.3~0.6℃ 정도 올랐고, 이 추세는 점차 빨라져서 2100년엔 2.0~6.0℃까지 오를 것으로 예측된다. 지구온난화로 남극과 북극의 빙하가 녹고 있으며 해수면이 상승하고, 대기 중에 더욱 많은 수증기가 유입되어 홍수, 폭우, 폭설, 가뭄 등과 같은 악(惡)기상이 자주 대규모로 찾아오고 있다. 또한, 온도상승에 따른 동식물 생태계의 급격한 변화도 진행되고 있다. 이로 인하여 인간생활은 물론이고 가축, 농작물에 큰 영향이 있을 것이라고 전문가들은 예측하고 있다.

기상이변이 농업을 위협하는 경우는 크게 나누어 세 가지 경우로 들 수 있다. 첫째는 농작물의 재배시기를 놓치게 하는 기상이변이고, 둘째는 생육중인 농작물에 장해를 주는 기상이변이며, 셋째는 농작물에 병 및 해충 발생을 유도하는 날씨이다. 농업에 의한 식량생산은 곧잘 '최소율의 법칙'이 적용된다. 즉 농업생산과 관련이 있는 요소들 중 가장 빈약한 요소에 의해 최종 농업생산량이 결정된다는 것이다.

따라서 환경친화적이고 생태계를 보존하며 조화를 이루는 지속가능한 유기 또는 유기적 생태농업이어야 하며, 동물복지도 중시하는 농업이어야 한다. 환경파괴와 지구온난화로 인해 화학농업의 지구적 유기화는 더 이상 선택의 대상이 아니라 우리가 반드시 극복해야할 중요과제 중의 하나이다.

농업 분야에서 인적자원 감소와 고령화

농업은 산업화 초기에 국가발전에 필요한 자본·인력공급처로서 중요한 역할을 수행하였다. 그러나 산업구조의 고도화 추세에 따라 농업의 국

[그림 2] 농림업의 GDP 구성비

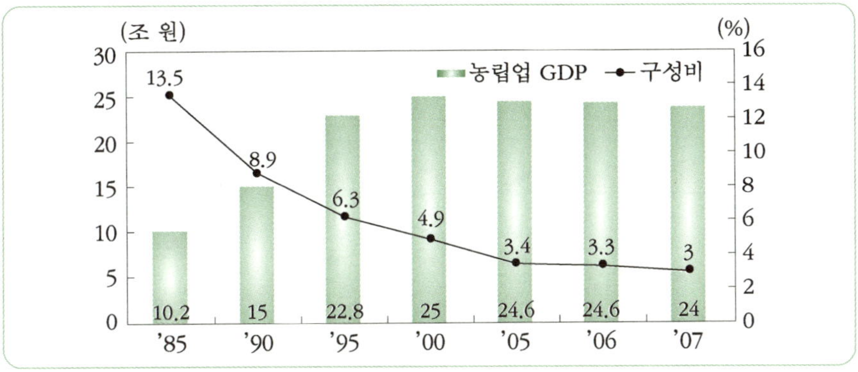

자료: 통계청(2008c).

가 경제적 비중과 위상은 점차 저하되고 있다. 제조·서비스 등 타 산업의 발전에 따라 농업 생산이 정체되고, 비중도 급격히 감소되고 있다. 1985년 농림업 분야의 GDP 총액은 10조 원이었으나 2007년 24조 원으로 농림업의 GDP 비중은 1985년 13.5%에서 2007년 3.0%로 급속하게 감소하였다(그림 2 참조).

또한 인적자원 분야 및 물적 부문에서도 많은 부정적인 요인이 발생되었다. 인적자원 분야의 경우 농가인구 비중은 1985년 21%에서 2007년 6.8%로 감소하였다. 주요국 농업인구 비중(2004년 기준)은 미국 2.0%, 일본 3.0%, 뉴질랜드 8.3%, 네덜란드 3.0%, 이탈리아 4.4%이다. 우리나라에서 농업이 국가 경제에서 차지하는 비중은 감소 추세이지만, 아직은 다른 OECD 회원국에 비해 농업의 비중이 크다. 농촌 지역에 고령인구 비중은 동 기간 동안 8.7%에서 32.1%로 급속히 증가하였다(그림 3 참조). 전업농가는 감소하고 겸업농가가 증가하고 있으며 2008년에는 38.0%가 겸업농가이다(통계청, 2008c).

[그림 3] 농업관련 인적자원 구성비

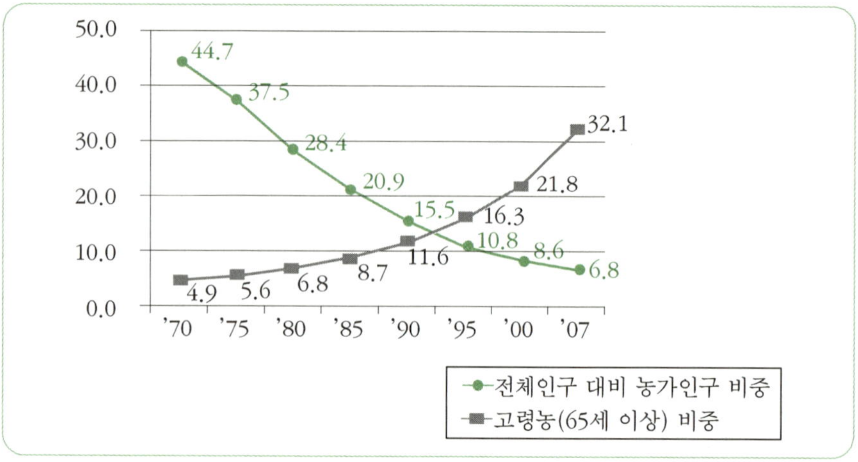

자료: 통계청(2008c).

농경지 면적의 영세성

국제 수준에 비해 농가 경지면적, 소 사육 두수 등에서도 영세한 수준이다. 농가의 60%가 1헥타르 미만의 농지를 소유하고 있고, 7%만이 3헥타르 이상의 농지를 보유하고 있다. 경지면적 비교(2005년 기준)에서 한국은 13(헥타르/인)으로 미국 30, 일본 36보다 훨씬 적게 나타났다.

우리나라의 농경지 면적은 도시화에 따라 건물건축, 공공시설 등 타용도 전환면적이 증가하여 꾸준히 줄어들고 있는 것으로 나타났다. 2007년 말 경지면적은 전년보다 1만 9천 헥타르 줄어든 178만 2천 헥타르로, 이 가운데 논 면적은 107만 헥타르로 전년에 비하여 1만 4천 헥타르 감소하였으며, 밭 면적은 71만 2천 헥타르로 5천 헥타르가 감소하였다(통계청, 2008a).

농업 생산성 역시 선진국에 비해 전반적으로 낮은 수준이다. 품목별 기술 수준은 세계 최고 수준에 비해 40~50% 수준에 지나지 않는다. 농산물

무역수지 적자는 지속적으로 확대되고 있다. 농산물 무역적자는 1990년 29억 달러, 2000년 68달러, 2005년 109달러, 2007년 154억 달러로 증가하였다.

국민들의 소비패턴 변화

소비패턴에 큰 변화가 일어나고 있다. 과거 쌀 중심의 식생활패턴은 육류 등으로 다양화되었고, 친환경이나 유기농 등 질 좋고 안전한 농식품에 대한 수요가 증대되고 있다. 식품(저농약 제외) 소비패턴 변화에서 1980년에는 곡류 195(1인당 연간 소비량(kg)), 우유와 육류가 각각 11이었으나, 2007년에는 곡류 133, 우유 63, 육류 35로 나타났다.

자유무역협정(FTA) 확대, 도하개발아젠다(DDA) 협상의 진전 등 글로벌 무한경쟁시대에서 영세·고령농 중심의 우리 농업은 생존과 발전을 위한 근본적 변화가 필요하다. 또한, 식생활 변화, 품질·안전성에 대한 욕구 증대, 저탄소 녹색성장 요구 등도 기존 정책 패러다임으로 대응하기에는 한계가 있다. 그러나 전통적인 농업에서 벗어나 변화된 환경에 적절히 대응한다면 농업도 고용·부가가치 창출에 기여하는 성장산업으로 거듭날 수 있다. 이를 위해서 농업의 새로운 비전과 과감한 정책 패러다임의 전환이 필요하다.

또한 우루과이라운드(UR) 협정의 이행으로 한국 농산물 시장의 개방이 진행되면서 한국 농업은 국제 경쟁에 노출되고 있다. 그러나 소규모 농가의 수가 많고 고령 농민의 비중이 높아 경쟁력 제고에 애로점이 있다. 도시 가구와 농촌 가구간의 소득격차가 경제협력개발기구(OECD) 국가에 비해 크므로 대체소득 가능성을 높이려는 노력이 필요하다. 식품 안전의 향상, 유통 시스템의 개선, 농촌 개발은 향후 한국 농업이 해결해 나가야 할 중대한 과제이다.

농업에서 녹색성장을 달성하기 위한 국제기구의 노력

국제연합환경계획(UNEP)은 2008년 10월 22일 영국 런던에서 '녹색경제 이니셔티브' 공식 출범행사를 개최하였다. UNEP의 설립 목적은 환경적인 투자가 경제 성장, 일자리 창출, 빈곤 해소 등에 기여함을 세계 지도자들과 경제, 금융, 무역, 환경 및 기타 분야의 정책결정자들이 인식하고 이러한 인식을 현재의 경제적 위기 등에 대응하기 위한 정책에 반영할 수 있도록 지원하는 것이다. 또한 생태계, 깨끗하고 효율적인 기술, 재생가능 에너지, 생물다양성에 기초한 상품과 서비스(유기농 식품 등), 화학물질 및 폐기물 관리와 저감 기술, '녹색 도시(생태 친화적 빌딩, 건설 및 교통 시스템)' 등 새로운 세대의 자산에 대한 투자를 통한 소득과 일자리 창출 및 빈곤 감소의 강력하고 설득력 있는 증거에 의하여 뒷받침될 '녹색산업혁명(green industrial revolution)'을 위한 세계적 계획을 전파하는 것이다.

세계 경제가 청정 기술과 산림, 토양 등 자연적 기반에 대한 투자에 초점을 맞추는 것이 참된 성장과 기후변화에 대한 대응 및 21세기의 고용 창출을 이끌어 낼 최선의 방안이라는 의견이 '녹색경제 이니셔티브'의 주요 내용이다. UNEP는 '세계적 녹색 뉴딜(global green new deal)' 정책 추진을 주장하고 있는바, 경제적 수익, 환경적 지속가능성 및 일자리 창출의 관점에서 가장 큰 이행을 가져올 분야로 다음 5개 분야를 제시하고 있다.

첫째, 청정에너지 및 재활용을 포함한 청정 기술, 재생가능 에너지 및 지속가능한 바이오매스를 포함한 농촌에너지
둘째, 유기농을 포함한 지속가능한 농업
셋째, 생태계 기반(ecosystem infrastructure)

넷째, 산림 파괴 및 훼손으로 인한 온실가스 배출 감축

다섯째, 계획, 교통 및 녹색 빌딩을 포함한 지속가능한 도시 건설이다.

위의 분야 중 농업과 관련된 사항은 세 가지로 중요성이 강조되고 있다. 지속가능한 농업에 대해 UNEP와 '국제연합(UN) 무역과 환경에 관한 회의(UN Conference on Trade and the Environment)'가 동아프리카에서 실시한 조사결과에 따르면, 연구 대상의 90% 이상에서 유기농 또는 이에 근접한 농업이 토양 비옥도, 수질 관리, 탄소 격리(segregation) 및 생물다양성 등의 측면에서 유리한 것으로 나타났다. 또한, 유기농의 전환으로 한계농지에서 작물 재배기간이 연장되고, 곡물 생산량이 128%나 증가한 것으로 나타났으며, 비료와 농약의 구입비 절감 및 인증제도 등을 통한 수입 증가로 환경친화적인 방식에 의한 빈곤문제 대응이 가능하다는 것이다.

중국의 경우 유기농을 위한 토지가 2005년 30만 헥타르에서 2006년 350만 헥타르로 10배 이상 증가하였다. 유기농 또는 이에 근접한 농업방식과 기술이 최소한의 외부 자본의 투입만을 필요로 하거나 전혀 필요로 하지 않고 지역에서 자연적으로 얻을 수 있는 자재를 사용하여 고품질의 제품을 생산한다. 따라서 빈곤하고 한계적인 상황에 처해 있는 아프리카의 많은 소규모 농민들에게 적합하다고 결론지었다.

아울러 각국 정부들은 다년생 작물에 대한 연구를 강화해야 한다는 의견도 제시하고 있다. 다년생 작물들은 1년생 작물보다 토양 비옥도 및 안정성을 높이고, 일부 연구결과에서는 탄소 포집 및 저장 능력이 50% 정도 높은 것으로 평가되고 있다.

농업에서 녹색성장을 달성하기 위한 우리 정부의 노력

정부는 2009년 7월 14일에 관련부처, 국책·민간연구원, 학계 및 이해관계자들과 많은 논의와 의견수렴을 거쳐 '녹색성장 5개년 계획(2009~2013)'을 발표하였다. 녹색성장 마스터플랜은 녹색성장 국가전략의 비전으로 2020년까지 세계 7대, 2050년까지 세계 5대 녹색강국 진입을 목표로 설정하고, 기후변화 적응 및 에너지 자립, 신성장동력 창출, 삶의 질 개선과 국가위상 강화 등 3대 추진전략을 담고 있다.

'국가 녹색성장 5개년 계획'에서 농업부문은 온실가스 감축 및 흡수 분야, 기후변화 적응 역량강화, 녹색산업 육성, 신성장동력 첨단융합산업 육성 등의 분야에서 다음과 같은 주요한 과제로 다루어지고 있다.

첫째, 온실가스 감축 부문에서 농축수산식품 부문은 아산화질소와 메탄가스의 온실가스 감축 대책을 들 수 있다. 영농 부문에서 아산화질소 배출 감축을 위해 질소비료 사용 감축과 친환경 유기질 비료 공급확대 등 친환경농업 생산기반 조성이 포함되어 있다. 축산 부문은 메탄가스 감축을 위해 반추가축 장내발효 개선과 가축분뇨의 자원화·에너지화 등을 담고 있다. 식품 부문은 식품의 생산·유통·소비과정에서 발생하는 탄소배출 절감기술, 식품 보존기한 연장 및 환경 친화형 포장기술 개발 등이 포함되어 있다.

둘째, 온실가스 흡수 분야에서 탄소순환 사회 정착을 위해 음식물의 순환단계별 원천 감량과 식습관 개선을 위한 범국민 실천운동 전개, 음식 폐기물 감량촉진 등을 담고 있다. 또한, 휴경지와 유휴지를 활용한 다년생 목본작물 재배를 통한 탄소저장 확충과 최소경운 및 식물체 잔사관리, 가축분뇨 바이오가스시스템 보급 등을 제시하고 있다.

셋째, 기후변화 적응 역량강화방안으로 국가 식량안보체계 확립을 위해 기후변화에 따른 식량생산 영향평가 및 예측, 실시간 농업생태계 변동 감시 · 예측에 근거하여 토양 · 양분 종합관리와 자원순환형 농업생산체계 구축, 온난화에 따른 돌발 병해충 발생원인 분석과 피해방지 대책, 내열성 · 내재해성 신품종 개발과 재배기술 보급 확대 등을 제시하고 있다.

넷째, 신성장동력 첨단융합산업 육성과 관련 농업 부문 대책으로 친환경농식품산업 육성을 위한 생물농약과 유기질 비료 등 친환경 농자재 · 신소재 산업육성, 고부가 종자 산업화 기술개발, 생명공학기술(BT) · 나노기술(NT)을 이용한 신기능성 작물 및 신소재 산업화 촉진 등을 담고 있다.

다섯째, 녹색산업 육성과 관련 식품 분야 녹색산업화를 위해 녹색기술을 통한 고부가 식품 전략품목과 미래 유망 식품 · 식품소재 개발, BT · NT · 정보기술(IT) 등 신기술 융합 식품기술 및 안전성 관련 기술개발 등이 제시되었다. 또한 한식세계화, 전통 · 발효식품의 산업화 · 현대화와 국산 천일염의 고급화를 통한 세계 명품화 전략, 식품산업 발전 핵심 인프라로 세계김치연구소 설립과 첨단식품 클러스터 조성 등을 제시하였다.

농업 부문의 새로운 패러다임 전망

우리 농업은 글로벌화로의 요구, 심각한 기후 변화, 농업에 종사할 수 있는 인적자원의 감소와 고령화, 농경지 등의 영세성 및 국민들의 소비패턴 변화로 많은 어려움에 직면하고 있다. ≪표 1≫은 2006년부터 2017년까지 12년간 농업 부문의 주요 경제지표를 살펴본 것으로 현재 상황이 지속될 경우, 12년 후 한국 농업은 산업으로서의 위상이 크게 위축될 것으로 예상된다.

경상 GDP에서 농업생산(부가가치 기준)의 비중이 2006년 2.6%에서

≪표 1≫ 향후 12년간 농업 부문의 주요 지표(전망)

구 분	단 위	2006년	2012년	2017년	연평균 증가율(%)
GDP에서 차지하는 농업 비중*	%	2.6	1.7	1.2	–
농업 취업자 수	천 명	1,721	1,386	1,019	-4.7
경지면적	천 헥타르	1,809	1,700	1,606	-1.1
농가인구	천 명	3,386	2,644	1,995	-4.7
농촌 65세 이상 고령화 비율*	%	31.9	44.9	63.0	–

주: 1. GDP와 농업생산액(부가가치)은 경상가격 기준.
  2. *는 삼성경제연구소 전망치, 나머지는 한국농촌경제연구원 전망치.
자료: 한국농촌경제연구원(2007), 『농업전망 2007』, 삼성경제연구소(2008b), 재인용.

2017년 1.2%로 축소되고, 경지면적도 2006년 181만 헥타르에서 2017년 161만 헥타르로 감소(연평균 1.1% 감소)가 예상된다. 농가인구의 감소로 농업의 공동화 현상이 발생하고 생산인구의 고령화도 가속될 가능성이 매우 높다. 2017년 농가인구는 199만 명으로 2006년(339만 명)의 60% 수준으로 급감하고, 농업 부문의 취업자 수도 향후 12년간 70만 명 감소가 전망된다. 또한 65세 이상 농촌 고령화 비율은 2006년 31.9%에서 2017년 63.0%로 급등할 전망이다.

이와 같이 우리나라의 농업 부문은 어두운 전망이 예상되지만 한국농업이 사양화의 길로 갈 것인지, 아니면 새로운 패러다임의 변화를 통해 재도약하는 산업으로 방향을 전환할 것인지 선택할 필요가 있다. ≪표 2≫에서 볼 수 있듯이 전통적인 농업의 경우 의식, 직업관, 가치관에서 부정적인 요인이 많이 존재하고 있으며, 주력 산업에서는 농업에 한정한 생산 중시를 하고 있다. 반면에 새로운 녹색농업에서는 긍정적인 요인과 시장 지향적인 비즈니스 마인드 및 타산업과 융합하여 부가가치 효과를 증진시키고 있다.

≪표 2≫ 농업의 새로운 패러다임 전환

구 분	전통적 농업	새로운 농업
의 식	소외감, 박탈감	참여, 자신감
직업관	숙명적 개념	비즈니스 개념
가치관	정부 의존적, 소극적	시장 지향적, 도전적
주력산업	농업에 한정, 생산 중시	농업+타산업 융합, 부가가치

자료: 삼성경제연구소(2008b).

≪표 3≫은 농업 부문을 소규모 지속 가능형 농장, 유기농업, 환경서비스로 분류하여 발전 현황에 대해 설명한 것이다. 특히 유기농업의 경우 잠재력, 발전 현황 및 발전 가능성에서 매우 긍정적인 영향이 나타남을 볼 수 있다. 녹색성장을 촉진하기 위해서는 유기농업의 발전적인 정책에 대한 전략과 추진방안이 요구되는 실정이다.

≪표 3≫ 농업 부문 녹색일자리의 발전 현황과 추세

구 분		녹색잠재력	녹색일자리 발전 현황	녹색일자리 장기발전 가능성
농업	소규모 지속 가능형 농장	우수	부정적	우수
	유기농업	우수	유한적	양호~우수 사이
	환경서비스	양호	유한적	알 수 없음

자료: UNEP, ILO, IOE & ITUC(2008).

03 절 농업에서의 유망직업

농업에서의 녹색직업

현재 농업은 전 세계 13억 명이 종사하고 있는 대표적인 산업 중 하나이다. 그러나 과거 수십 년 동안 전체 산업 중 농업이 차지하는 비중은 점차 감소되어 왔으며, 농산품 가격은 또한 급속하게 하락해 왔다. 이는 결국 토지 활용도를 감소시키는 원인이 되었다. 이러한 농업 환경의 급격한 변화는 농업 종사자의 소득을 감소시킴으로써, 세계에서 가장 열악한 업종 중 하나가 되었다.

한편 농업은 기후변화의 영향을 쉽게 받을 뿐만이 아니라 매우 많은 부분에서 기후변화에 영향을 미쳤다. 지금까지의 통계 수치로 파악하기에는 어려움이 있지만 몇몇 연구보고서에 의하면, 농작물을 재배하는 농민 중 상당수가 지속가능한 경작방법 및 유기농 생산방법을 채택하고 있었다. 이러한 기후변화에 적응하기 위한 성공적인 방법 선택은 농업 부문에서 매우 많은 녹색일자리 기회를 창출할 것이다.

지속가능한 경작방법은 소규모 농장 형태의 노동밀집형을 말한다. 충분한 기술과 인프라가 있다면, 윤작, 비료 사용, 천연살충제 및 기타 지속발전 가능한 방식을 실행할 수 있다. 이러한 경작방법은 농업생산량의 증대와 함께 규모의 경제를 실현할 수 있다. 이와 같은 경작방법의 전환은 수십년의 시간이 소요될 수 있지만 전환되기만 한다면 매우 많은 녹색일자리 기회를 창출할 뿐만이 아니라 그 파급효과도 클 것이다.

2006년 유기농산업의 시장규모는 1,000억 달러에 이르고 있으며, 그 영향 또한 가시화되고 있다. 더 많은 노동집약형 농업이 유기농 생산방식으로 변모하고 있으며, 이는 향후 더 많은 녹색일자리를 창출할 것이다 (UNEP, ILO, IOE & ITUC, 2008).

영국과 아일랜드의 11,444개의 유기농 농장을 조사한 후 전통 공업화 농장과 비교한 결과 유기농 농장이 1/3 이상의 근로자를 더 고용하는 것으로 나타났다. 이 두 국가에서 유기농업 토지는 전체 농업토지의 각각 4.3%와 1.0%를 차지하고 있다. 만일 이 두 국가의 20.0% 농업토지가 유기토지로 바뀐다면 영국과 아일랜드는 각각 73,200개와 9,200개의 녹색일자리가 새롭게 증가할 것으로 나타났다(UNEP, ILO, IOE & ITUC, 2008).

농민의 고용을 회복되어, 자연환경을 보호하는 것은 대량의 취업기회를 창출할 수 있다. 남아프리카에서는 정부의 '수자원일자리계획'으로 이미 25,000명의 실업자에게 일자리를 제공하였다. 전답을 수리하고, 토지를 측량하고, 관개시설을 건축하고, 수리 공사와 기타 관련된 모든 공사를 노동집약형으로 개축하였다. 둑 · 제방 · 하천 제방공사도 마찬가지이다. 이와 같은 조치는 모두 취업을 촉진시켰다.

경제적 수익 측면에서 UNEP는 세계 환경시장이 현재 1조 3천7백억 달러 규모에서 2020년 2조 7천4백억 달러 수준으로 증가할 것으로 전망하고 있다. 또한, 전체 시장의 50%를 에너지 효율 분야가 차지하고 나머지를 지속가능 운송, 물 공급, 위생 및 폐기물처리 분야가 차지할 것으로 전망하고 있다. 이와 같이 농업을 통한 녹색성장은 경제적인 측면에서 기여도가 높을 것으로 예상된다.

농업은 국토이용면적 대비 온실가스 배출량이 적은 친환경적 산업이며 농촌은 환경 부하를 줄이고 삶의 질을 높일 수 있는 생활공간이다. 농업을 통한 녹색성장을 성공적으로 이루기 위해서는 생태계 환경을 고려해 농약, 화학비료를 사용하지 않는 친환경농업을 육성해야 한다. 또한, 농업과 농촌이 가지는 환경보존적인 가치를 인식하고 적극적으로 홍보해야 하며, 농촌 체험마을, 농촌 테마공원 등 농촌 체험, 생태관광 인프라를 구축하고, 다양한 녹색문화콘텐츠를 개발하여야 한다. 또한 기후변화 및 환경 변화에 적극적으로 대응하기 위해서는 정밀농업 전문가, 식물공장 설계사, 농업환경 컨설턴트, 농촌관광 해설사, 토양수질영향 평가사, 친농업 관리사와 같은 유망직업을 발굴하고 육성하여야 한다.

농업에서의 유망 녹색직업

정밀농업 전문가

화학비료나 제초제와 같은 강력한 농약을 전혀 사용하지 않는 유기농업은 현실적으로 급격한 확대가 어려워 선진국들도 유기농업의 비중 목표를 10% 정도로 잡고 있다. 이같은 현실을 고려하여 선진국에서는 정밀농업을 대안으로 추진하고 있다. 정밀농업은 농산물의 증가와 동시에 환경에 대한 충격을 완화하려는 목적으로 추진되고 있는 친환경농업이다. 위성항법장치, 지리정보시스템, 원격탐사 등 다양한 첨단기술과 과학적 수단을 활용하여 토양의 특성, 생육 상황, 작물 수확량 등을 분석해서 위치별로 비료, 농약, 종자 등의 자재 투입량을 환경에 맞게 관리한다. 또한, 위치별 지역특성에 맞는 변량형 처방(variable rate application)을 통해 경제성과 환경친화성을 동시에 달성할 수 있다.

정밀농업(precision agriculture)은 1997년 미국 미네소타대학교에서 열린 국제농업회의에서 그 개념이 통일되었다. 처음 이 개념이 소개된 시기는 1920년대 미국이었지만 정밀농업 보급에 기폭제 역할을 한 것은 1990년대 중반 위성항법장치(Global Positioning Systems; GPS)의 상업화가 가능해지면서부터이다. 선두주자인 미국에서는 옥수수, 콩, 밀 등의 작목을 중심으로 현장적용이 보편화되어 있다. 이에 따라, 정밀농업을 실시하고 있는 농가의 비중이 40%에 이르는 것으로 추정되고 있다.

특히, 최근에는 부가가치가 더 높은 오렌지, 사과 등 과일산업에도 적용하려는 연구가 진행되고 있다. 또한 독일, 프랑스, 영국, 덴마크 등 유럽 국가들도 1990년대 중반부터 연구에 착수, 점차 농업현장에 확산되고 있으며 우리와 농업환경이 비슷한 일본, 중국 역시 수도권을 중심으로 기술 개발에 박차를 가하고 있다.

이러한 세계적인 추세에 맞춰 우리나라에서도 농촌진흥청을 중심으로 기초기술을 개발하고 있다. 최근에는 경기도 평택 등 일부 자치단체에서 현장 실험에 나서고 있지만 아직 선진국에 비해서는 많이 뒤처진 상황이다.

정밀농업에 대한 전 세계적 노력은 더욱 확산될 것으로 예측되며, 정밀농업은 하나의 기술을 일컫는 단어가 아니라 농업의 새로운 변화를 의미하는 총체적 개념으로서의 역할을 수행할 것으로 전망된다. 이에 따라, 정밀농업전문가는 지리정보시스템(Geographic Information Systems; GIS), 위성항법장치, 원격탐사(Remote Sensing; RS) 등을 포함하는 지리공간기술을 이용하여 해충탐색, 특정 장소 살충제 투여, 벼 수량 측정, 위치별 관수 등과 같은 농업 생산 및 활동관리 업무를 수행한다. 또한 물리적인 지형도를 토양, 비료, 해충 또는 날씨 등에 관한 데이터와 비교하여 지도나 원격탐사 이미지 등을 컴퓨터로 분석하는 일을 한다.

정밀농업 전문가가 되기 위해서는 기본적인 작물기능을 이해하고 해충, 질병과 농·생물의 미세조직을 정의하고 통제할 수 있는 능력이 있어야 한다. 또한 지리정보시스템, 원격탐사 기술과 위성항법장치 등에 대한 기술을 습득하고 응용할 수 있는 컴퓨터 능력을 보유하여야 하며, 바이오생명산업과 농식품과 관련된 지식도 가지고 있어야 한다.

정밀농업전문가는 농업협동조합, 농업비즈니스 컨설턴트, 농화학제조회사 등 친환경농업과 관련된 분야에서 종사할 수 있기 때문에 앞으로 매우 전망이 좋은 직업이라고 할 수 있다. 현재 정밀농업 전문가 미국에서 기업 규모, 경험, 적절한 자격과 면허에 따라 다소 다르지만 최고 70,000달러(91,000천 원)의 연봉을 받고 있다. 정밀농업 전문가가 되기 위해서는 정밀농업과 지속가능개발 분야의 응용과학 관련 학위 및 자격증 취득이 필요하다.

식물공장 설계사

최근 심각한 기후변화로 인해 안정적인 식량확보 차원에서 식물공장 도입의 필요성이 대두되고 있다. 식물공장은 인공환경(빛, 공기, 열, 양분 등)을 조성하여 식물을 공산품처럼 생산하는 시스템이다. 즉, 빛, 온도, 냉·난방, 습도, 환기 등을 기계설비로 조절하고 파종·이식·접목·수확·선별 포장에 이르는 모든 생산라인을 자동화하는 것이다. 식물공장은 비닐하우스, 유리온실 생산시스템을 대체할 21세기형 작물생산시스템으로 발광다이오드(Light Emitting Diode; LED), 환경제어시스템, 로봇자동화공정 등 첨단기술이 융화된 농업 분야이다.

미국의 식물공장은 처음 우주공간에서의 식량공급을 목적으로 개발되었으며, 최근에는 도심의 대규모 수직 식물공장 개념으로 진화되었다. 최근에는 고층건물 방식을 채택한 수직형 식물공장 개발에 착수하였는데 컬럼비아대학교 건축학과, 일리노이대학교 연구팀, 미턴 건축사무소에서 공동으로 추진하고 있다. 이 프로젝트가 성공적으로 추진되면 풍력 및 태양력 등의 신재생에너지 사용, 고층 식물공장의 설치로 인해 재배면적 증가가 예상된다. 또한 개발 작물의 수확량은 동일 면적의 야외 농경지보다 10배 정도의 수확량을 가지며, 30층짜리 건물의 경우는 약 5만 명에게 평생 공급할 음식을 만들 수 있을 것으로 추정하고 있다.

한편, 일본에서는 공장에서 식물을 재배해 출하하는 일명 '식물공장'이 새로운 비즈니스로 등장하고 있다. 식물공장에서 출하되는 제품은 농약을 전혀 쓰지 않고 이물질 이입을 철저히 막아 식품안전에 까다로운 소비자들로부터 좋은 반응을 얻고 있다. 특히, 제조업체 등 생산 이력이 확실하다는 게 장점으로 평가받고 있다. 이에 따라 일본 정부는 수요 변동으로 가격이 급등락하는 야채 가격을 안정적으로 유지하기 위해 식물공장 건설을 적극 지원하고 있다. 2009년 현재 일본에서 식물공장은 50개를 넘어섰고 향후 3년간 식물공장 수를 150개로 늘릴 계획을 갖고 있다. 시장 규모는 100억 엔(약 1,280억 원)을 돌파했으며 2020년에는 417억 엔(약 5,337.6억 원)으로 성장할 전망이다(삼성경제연구소, 2008a).

이와 같이 선진국들이 식물공장에 적극 투자하는 것은 농업생산의 블루오션으로 미래의 농업생산력을 크게 확대해 나가려는 신호탄으로 인식된다. 우리나라의 경우 식물공장이 상업화 단계에 도달하지 못했으나, 1990년 이후 지속적인 연구개발을 추진하고 있다. 1990년 초 유리온실 보급으로 양액재배기술이 발전되었고, 1996년 농촌진흥청 농업공학연구소에서 재배시험에 착수하였다. 또한 2005년 식물공장시스템을 확립하여 시험장을 운영 중에 있고, 생산화와 적용품목을 확대 진행하고 있다. 2009년 7월에는 '신성장동력 스마트 프로젝트 사업'에 정보기술-발광다이오드(IT-LED) 기반 식물공장을 위한 핵심부품 개발 과제를 선정하여 중점적으로 추진하고 있다. 뿐만 아니라 지방자치단체의 경우 전라북도, 광주광역시, 남양주시, 부천시가 식물공장 사업을 선도적으로 추진하고 있다.

관련 인력으로 '식물공장 설계사'가 있는데 식물공장 설계사는 식물공장 건설과 관련하여 단지를 계획하고 설계, 시공 등 관련 업무를 하는 사람을 말한다. 주요 업무로는 몇 명이 한 팀이 되어 문헌과 답사를 통해 해당 지역의 인문환경(인구, 상하수도, 도로, 보건·의료, 교육, 유적, 공장 등)과 자연환경(지리적 위치, 지형 및 지세, 기후 등)을 조사·분석하고 관련자와 협의하여 앞으로 식물공장의 지역 발전 및 확장 정도를 계획하는 일을 한다. 확정된 몇 개의 계획안은 발주처인 자치단체나 건설회사에 제출되어 각계 전문가와 협의하여 결정 안으로 확정한다. 이 과정에서 기술적 자문을 담당하고 계획안에 대한 이해를 돕는다. 식물공장 설립과 운영에 관련된 업무는 자연환경과 인문환경에 대한 폭넓은 지식과 종합적인 분석을 통해서 이루어지므로 거시적인 안목과 분석적인 사고를 지닌 사람이 필요하다.

식물공장 설계사가 되려면 건설 및 건축, 법, 지리, 디자인, 제약 등에 대한 기본 지식을 갖추어야 하며, 사물을 범주화하는 능력과 공간 지각력이 필요하다. 때문에 식물공장 전문가는 한 가지 기술로 업무를 추진하기에는 한계가 있다. 식물공장 건설 및 관리에는 건축, 조명설비, 공조설비, 급배수설비, 양약재배시스템, 기계장치 등이 복합적으로 협업이 이루어져야 하기 때문이다.

식물공장 설계사가 되기 위해서는 우선적으로 전문대학과 대학교의 농촌 계획 및 기계공학, 전기공학, 전자공학, 건축공학 등 관련 응용과학 분야에서 교육이 필요하다. 하지만, 실무경험이 무엇보다 중요하기 때문에 건설 회사나 엔지니어링 업체에서 경력을 쌓는 것도 필요하다. 식물공장은 향후 국내 기후변화에 대한 적극적인 방안의 하나이며, 장래 글로벌 공장설비 수출이 가능한 신성장동력이다. 식물공장은 농업기술과 정보기술(IT), 나노기술(NT) 등 차세대 산업기술을 융합한 형태로 다양한 이점을 지닌 차세대 농업혁명의 기반이다. 식물공장 분야 시장이 확대되면 신규 공장설비 건설 시장이 확대되고, 식물공장에서 생산된 제품시장이 확대될 것이다. 이에 따라 식물공장과 관련된 새로운 직업이 창출되고 많은 전문가의 고용은 증가할 것으로 보인다.

농업환경 컨설턴트

농업환경 컨설턴트는 정부나 기업의 농업관리상 문제점을 조사·진단하고 이에 대한 해결책을 제시해 주는 전문인력을 일컫는다. 농업환경 컨설턴트의 활동 분야는 다양하다. 수질·대기·토양오염 방지, 친환경 상품 인증, 실내 공기 정화, 신규 화학물질 등록관리, 환경위해성 평가 등 모두 환경농업 컨설턴트가 다루는 분야이다(표 4 참조).

우리나라에서 농업환경 컨설턴트는 아직 생소한 직업이지만 이와 유사한 환경컨설팅업에 대한 법이 2006년에 생기고 등록제가 시작되었다. 그 때문에 국내에서는 일반 컨설팅회사나 법률회사가 부수적으로 농업환경 컨설팅 업무를 수행하고 있다.

우리나라는 환경 컨설턴트가 전문 직종으로 자리 잡은 아서더리틀(ADL)이나 이알엠(ERM)과 같은 세계적인 환경 컨설팅회사들이 있는 미국이나 유럽에 비하면 한참 뒤처져 있다. 현재 한국환경컨설팅협회에 등록된 회원사는 78개로 전체 매출은 370억 원 정도이다. 환경 관련 기관·업계에 따르면 2005년 7,100억 달러 규모이던 세계 환경산업시장은 2010년 1조 1,000

≪표 4≫ 농업환경 컨설턴트 업무 영역

업무 영역	구체적인 업무 내용
농업환경 경영컨설팅	• 친환경 농업기반(지구, 단지) 조성 • 친환경 유기가공식품 개발 · 육성 • 친환경 농특산물 차별화 • 고소득 부자마을 만들기 전략 제시
농업환경 지역개발컨설팅	• 친환경 지역발전계획 • 마을 개발(녹색농촌체험마을, 산촌생태마을, 농촌마을 종합개발 등) • 친환경 핵심역량 개발 · 육성 • 유기농 생태마을 만들기
농업환경 마케팅컨설팅	• 친환경 농업기반(지구, 단지) 조성 • 친환경 유기가공식품 개발 · 육성 • 친환경 농특산물 차별화 • 친환경 특화상품 만들기
농업환경 커뮤니케이션컨설팅	• 친환경마을, 친환경농식품 브랜드 마케팅 • 친환경농산물 홍보마케팅 • 친환경 소비자 관계 구축 • 충성 고정고객 만들기

억 달러로 성장할 것으로 전망하고 있다. 특히 환경컨설팅 분야가 크게 성장할 것으로 분석하고 있다. 이 때문에 우리나라에서도 환경 컨설턴트는 수년째 '미래 유망직업' 10위권 안에 들고 있다.

우리나라도 삶의 질이 향상되면서 친환경에 대한 관심이 높아지고 있다. 이는 기후변화 · 탄소배출권 · 에너지 절감 등 최근 국제사회의 이슈가 모두 환경과 연관되어 있기 때문이다. 향후 우리나라에서도 농업환경 컨설팅에 대한 수요가 분명히 증가할 것으로 예측되어 많은 전문가들이 유망한 직업으로 예상하고 있다. 아직은 농업환경 컨설턴트가 되기 위한 특별한 자격제도는 없지만 컨설턴트의 필수요건은 국제경쟁력을 갖춘 전문성 확보이다. 친환경은 수질·토양·자연환경 등 분야가 매우 다양하기 때문에 어느 한 분야에 대한 전문적 지식을 습득하는 것이 매우 중요하다. 빠르게 변화하는 환경 관련 법규나 국제규제에 대한 지식도 필수적이다.

정부는 국내 환경컨설팅시장을 2006년 9,314억 원에서 2012년에는 1.5조 원 목표로 추정하고 있으며, 세계 환경컨설팅시장을 2005년 200조 원에서 2012년 434조 원으로 전망하고 있다(환경부, 2009). 재생에너지(작물, 부산물, 축산폐기물 등) 이용확대의 한 축으로 농업이 상당한 역할을 감당하고 있으며 앞으로도 그 역할이 증대될 것으로 예상된다. 재생에너지의 공급과 관련된 경제활동 대부분이 농촌지역에서 이루어지고 있기 때문이다.

농촌관광 해설사

농촌관광 해설사란 농촌의 문화재, 관광지 등을 찾는 국내외 관광객들을 대상으로 우리나라 농촌의 문화유산, 관광자원, 풍습, 생태환경 등에 관한 설명과 해설을 통하여 관광객들로 하여금 우리 농촌 문화유산 및 관광자원에 대해 바른 이해와 인식을 도와주는 역할을 하는 것을 말한다. 농촌관광 해설사의 활동이 문화재와 문화유산뿐만 아니라 관광지, 생태녹색관광, 농어촌 관광 등 다양한 분야의 관광자원을 포함하고 있다. 또한, 기존의 문화유산 해설 개념을 포함한 모든 농촌 관광자원이 확대되고 있어, 기존의 문화유산 해설 개념을 포함한 모든 관광자원을 해설하는 개념으로서 '농촌관광 해설사'이다.

농촌관광 해설사의 기본요건은 농촌의 문화유산, 관광자원, 풍습, 생태환경 안내와 해설을 할 수 있는 기본적인 소양과 정확한 언어 구사능력을 갖추고, 농촌관광 해설사로서의 투철한 의지와 사명감을 갖추어야 한다.

21세기 지구촌의 농촌환경이 급속도로 변해가고 있다. 삶의 질 향상으로 물질적·정신적 풍요에 비례하여 문화적 욕구가 증가하고 있다. 특히 주5일 근무제에 따른 여가활용에 대한 가치관이 급변해 농촌문화를 접하려는 욕구가 급격히 증대되고 있다. 향후 농촌 체험관광에 대한 수요는 점진적으로 증가될 것으로 예상된다. 한국농촌경제연구원은 2007년 4천5백만 명, 2008년 4천9백만 명, 2009년 5천3백만 명, 2010년 5천7백만 명으로 농촌관광객을 전망하고 있다. 이와 같이 도시 사람들의 농촌 체험관광 및 생태마을 방문이 지속적으로 증가하고 있기 때문에 농촌관광 해설사의 수요는 증가할 것으로 예상된다.

토양수질영향 평가사

현재 땅 속에 저장되어 있는 탄소를 보호하고 배출을 감축하며, 대기로부터의 탄소 제거를 위한 농업 분야 잠재력을 극대화하기 위해 생물계의 탄소를 관리하는 것이 중요하다. 농업은 국토이용 면적에 비하여 온실가스 배출량이 적은 친환경 산업이며, 농촌은 환경부하를 줄이고 삶의 질을 높일 수 있는 생활공간이다. 농업이 지속가능한 관리방법을 널리 채택된다면 대략 2030년까지 탄소 중립을 달성할 수 있으며, 이는 이산화탄소 6Gt 또는 최대 2Gt의 탄소 감축과 대등한 수준이다. 따라서 체계적이고 단계적인 농경지 토양의 탄소흡수 기능 활성화를 위한 프로그램이 필요하다.

토양수질영향 평가사는 농업에서 토양과 수질에 미치게 될 영향을 측정하고 자문하는 역할을 한다. 또한, 지하수·토양 자원의 개발·이용 및 보전·관리, 지하수·토양오염 예방 및 정화·복원, 친 생태적 지하수·토양 환경 창조, 토양 침식의 예방과 복원, 지하수·토양 환경보전을 위한 정책개발, 지하수·토양환경 관련 산업의 활성화 및 복원에 수반되는 기술의 자문 등의 역할을 수행한다.

아직까지 토양수질영향 평가사 제도는 국내에 없지만 외국처럼 친환경농업 관련 전문 부서를 두고 지속가능한 농산물을 개발하는 것이 당연하게 여겨지는 시대가 오면 충분히 각광받을 수 있는 직업이다. 토양수질영향 평가사 자격을 취득하기 위해서는 화학, 생물학이나 환경과학을 전공하는 것이 유리하다.

친환경농업 관리사

최근 환경오염과 함께 친환경농업의 중요성 및 수요는 증대되고 있으며, 과거 저부가가치의 농작물에서 고부가가치가 가능한 농작물로 전환할 필요성이 대두되고 이러한 고부가가치 작물생산의 한 방안으로 최근 친환경농업에 대한 관심 및 수요가 증가하는 추세에 있다. 친환경농업이란 화학비료, 유기합성농약(농약, 생장조절제, 제초제 등), 가축사료첨가제 등 일체의 합성화학물질을 사용하지 않고 유기물과 자연광석 미생물 등 자연적인 자재만을 사용하는 농법을 말한다. 이러한 친환경농업은 단순히 자연보호 및 농가소득 증대라는 소극적 중대성을 떠나 세계무역기구(WTO)에 대응하여 자국농업을 보호하는 수단이 되며, 아울러 국민의 보건복지 증진이라는 의미에서도 매우 중요하다. 이러한 친환경농업의 중요성과 향후 유망직업으로 인해 전문 친환경농업 인력을 육성·공급할 수 있는 자격 신설이 필요하게 되었다.

친환경농업 관리사의 직무로는 친환경농업 분야의 입지선정, 작목선정, 경영여건 분석, 환경 분석 등을 기획하고, 윤작체계 및 자재의 선정, 토양비옥도 및 병해충 방지, 사료 확보 등 생산, 축사 설계, 축사분뇨 처리업무와 친환경농산물 원료의 가공, 포장, 유통 직무를 수행한다. 친환경농업

관리사의 직업과 전망으로는 주로 친환경농업 관련 단체, 친환경농업 가공회사, 친환경농산물 유통회사, 시 · 도 · 군 지자체의 친환경농업 담당공무원, 친환경농업 및 친환경식품 연구기관의 연구원, 국제유기식품 품질인증기관의 인증책임자 및 조사원 및 소비자단체, 환경보호단체 등 NGO의 직원 등이다.

04 절

농업 부문에서 녹색직업 창출을 위한 정책과제

전통적인 농업에서 새로운 패러다임으로의 변화에 따른 인재개발

국·내외적인 급격한 환경 변화와 전통적인 농업에서 새로운 패러다임의 농업으로 전환에 있어서 경쟁력 있는 농업 인재를 양성하고 활용하여야 한다. 새로운 변화에 능동적인 변화와 적응, 전문성 확보를 실천에 옮길 주체인 '사람'의 문제를 해결하는 것이 농업인력 육성 및 활용 정책의 핵심 정책과제이다. 경쟁력 있는 농업인을 양성해야 새로운 시장을 개척하고 해외 선진농업과 경쟁이 가능하다. 따라서 전통적인 농업에서 새로운 패러다임 전환에 따른 농업에 있어서 경쟁력 있는 전문 농업경영 인재 육성, 글로벌 청년 농업인력 양성·활용 및 소비자 욕구에 부응한 맞춤식 전문교육이 이루어져야 한다.

기후변화에 적합한 친환경 농산물의 생산성과 부가가치 증진

과거 우리 농업정책은 식량증산 위주의 영농정책이었다. 정부나 농민들은 자연 생태계를 비롯한 환경의 파괴현상을 등한시하였다. 그러나 이제는 저탄소 녹색성장을 생각하면서 발전된 첨단기술을 이용한 친환경농업으로 전환하여야 한다. 또한 시장 개방화에 맞추어 국제적인 경쟁력을 갖춘 농산물을 생산하여야 한다. 이를 위해서는 전통적인 생산의 3요소인 노동, 토지, 자본의 확대에 치중하던 전통적인 농업에서 창의력, 아이디어, 기술에 기초한 지식기반 농업 창출에 주력하여야 한다. 뉴질랜드는 농축산물 생산량의 80% 이상을 수출하고 있다. 농가수가 8만 가구에 불과하고, 가구당 경작면적이 23.9헥타르인 네덜란드는 농산물 수출액은 582억 달러로 미국, 프랑스에 이어 세계 3위를 차지하고 있다.

농업의 생산성과 부가가치를 높이기 위해서는 농업에서 바이오 식물 재배를 적극적으로 추진할 필요가 있다. 바이오산업은 농업에서의 생명공학기술을 이용하여 신품종 육성, 기능성 식품, 신물질 및 소재 등을 생산하는 산업이다. 제조업만이 부가가치를 창출하는 것이 아니다. 유기농업도 가능하다. 농작물에너지 산업도 미래에는 중요한 역할을 할 것이다. 미래에는 생명공학, 정보기술 등 첨단기술의 농업 적용성이 확대됨에 다라 새로운 바이오산업 사회가 출현할 가능성은 높다. 농업에서 바이오산업의 생산규모는 2005년 2조 5,600억 원에서 2016년 8조 원, 동 기간 동안 농업 바이오 벤처 수는 232개소에서 500개소로 증가할 것으로 전망하고 있다(농림부, 2006).

농촌 생태 및 테마마을 운영을 통한 농촌지역 경제 활성화

농촌지역은 인구 감소와 고령화의 영향으로 갈수록 어려운 상황에 처해 있다. 정부는 2009년 체험마을, 테마공원, 교육농장, 산림휴양시설 등 총 314개소의 농산어촌 생태관광 인프라를 구축하기 위한 계획을 가지고 있다. 젊은 인재를 다시 농촌으로 불러들이고 농촌도 도시에 못지 않은 소득을 올릴 수 있는 곳으로 바꾸기 위해서 농촌관광 테마마을 사업을 적극적이고 실천적으로 확대 · 추진할 필요가 있다.

최근 귀향 · 귀농인구가 증가하고, 농산어촌 관광에 대한 관심이 증대되고 있다. 지난 IMF 경제위기 시절 조기퇴직 등으로 인한 귀농인구가 1997년 1,841명, 1998년 6,409명, 1999년 4,118명에서 2007년 2,384명으로 큰 변화가 있었다. 또한, 환율 강세로 해외관광 수요가 감소하는 반면, 상대적으로 저렴한 농산어촌 체험관광에 대한 수요는 증가가 예상된다. 한국농촌경제연구원은 2007년 4천5백만 명, 2008년 4천9백만 명, 2009년 5천3백만 명, 2010년 5천7백만 명으로 농촌관광객을 전망하고 있다.

녹색성장은 무(無)에서 유(有)를 창조하는 것이 아니라, 기존의 산업적 토대를 환경과 산업이라는 가치의 틀로 전환하는 것이다. 농촌체험 및 테마관광사업은 농촌관광자원에 지역주민의 창의력을 더하여 경쟁력 있는 관광자원 개발과 농촌마을 지도자들의 장기간에 걸친 각고의 노력 및 지역주민들의 적극적인 협력이 필요하다. 농촌체험관광 인프라가 구축되면 관광객들의 숙박 수입은 물론 친환경 농산물과 특산물을 더 좋은 가격에 판매하여 수입을 증대시킬 수 있는 좋은 제도가 될 것이다. 농촌 전통테마마을은 마을 고유의 전통문화와 지식을 발굴하여 도시민이 체험하고 학습하게 하는 장을 마련하고 도 · 농 간 상생적 교류를 촉진하여 농업인 소득증대와 지역 활성화에 기여함으로써 농촌문화와 맥을 이어가는 마을이 될 것이다.

귀농 · 귀촌자를 위한 직업교육훈련 실시 및 일자리 정보 제공과 취업 알선

요즈음 점진적으로 귀농인구가 늘어나고 있다. 귀농에 관심이 있는 농업전문가 양성 프로그램을 활성화할 필요가 있다. 귀농을 희망하는 사람들이 교육을 받고자 한다면 언제, 어디서나 교육을 받을 수 있는 여건을 제공함으로써 배운 지식을 현장에 바로 접목할 수 있도록 유도할 필요가 있다. 이를 위해서 농업에 대한 기초지식부터 경영에 이르기까지 현장 중심형 교육훈련을 시켜야 한다. 또한 농촌 정착자들에게 농업창업자금 융자 및 선도농가 멘토링 지원, 농산어촌 종합포털사이트를 통해 농지, 농산어촌주택 등 귀농·귀촌에 필요한 정보를 적기에 제공하여야 한다. 또한 귀농·귀촌희망자와 현지 농장 간 취업알선 설명회 등을 개최하여 취업기회를 확충하여야 한다.

CHAPTER

7

녹색인재, 어떻게 키울 것인가?

진미석

녹색성장은 지속가능한 발전에서 분화된 개념으로, 환경-경제성장의 연계성과 역사성을 바탕으로 하면서 녹색기술을 통한 성장동력 창출을 강조하는 성장모델이다. 녹색성장사회는 지속가능한 발전에 대한 관점과 인식을 공유하고 창의성 및 녹색지식과 기술을 겸비한 인재를 통해서 구현될 수 있다. 본 장에서는 녹색성장사회를 견인하는 인재양성시스템을 제안하고 평생교육과 사회 전 구성원의 녹색역량 강화, 창의적 인재 육성, 그리고 녹색기술인력 양성이라는 세 가지 측면에서 녹색인재와 관련된 과제들을 살펴보았다.

녹색성장사회를 위한 사회 구성원들의 녹색역량 함양을 위해서 평생학습이 강화되어야 하며, 인문학적 지식과 전일적인 교육방법을 통한 관점학습 및 대중과 소통하는 과학교육이 필요하며 다양한 평생교육기관을 활용하여야 한다. 또한 녹색직업을 통하여 새로운 기회와 도전을 맞게 되는 그린칼라 계층을 위한 녹색직업능력개발 지원을 강화하여야 한다.

이제 자연과 사회를 새로운 관점에서 보고 새로운 해결책을 찾아내는 창의적 인재의 양성과 활용은 핵심적인 과제이다. 현행 우리 교육제도는 주어진 문제에 대한 답을 정확하고 신속하게 찾아내는 훈련에만 치중하고, 사람을 골라내는 선발의 기능에 경도되어 있는바, 미래 사회를 대비하는 창의적 인재육성을 위해 교육과정, 학생성취도 평가, 교사교육 전반에 걸친 개혁이 필요하다. 교육제도의 개혁을 추진하기 위한 고용제도의 선진화와 사회보장체제의 강화라는 사회전반의 개혁을 병행하여야 된다.

녹색기술인력의 양성은 융합화가 요체인 녹색기술의 특성을 반영하는 융합적인 인력양성의 문제로 귀결되며, 융합기술인력의 양성을 위해서는 개별적인 교육과정의 지원과 자기주도적 학습 및 다양한 전공간의 물리적인 회합과 공동연구의 기회를 제공하여야 한다. 녹색지식서비스 부문의 인력양성과 글로벌 녹색기술인력 활용을 통하여 녹색기술산업의 발전을 촉진하여야 할 것이다.

01절 녹색인재, 녹색성장의 파이프라인

"그린(green)은 단순히 집안을 밝히는 문제가 아니라 우리의 미래를 밝히는 일입니다."

"그린(green)은 단순히 전력생산의 새로운 형태를 말하는 것이 아닙니다. 그것은 틀림없이 국력을 창출하는 새로운 형태가 될 것입니다."

—토머스 프리드먼, '코드 그린'에서—

국민의 정부, 참여 정부가 각각 김대중 정부, 노무현 정부가 지향하는 바를 압축적으로 나타내는 코드였다고 한다면, 현 이명박 정부는 가히 녹색정부라고 할 만큼, '녹색성장'을 강조하고 있다. 2008년 8.15 광복절 대통령 경축사에서 명시적으로 제안된 이후 매우 빠른 속도로 광범위하게 녹색성장 모델을 제시하고 이와 관련된 계획안을 만들어 내고 있다. 녹색성장(green growth)의 부각은 비단 우리나라만의 상황이 아니라 21세기 아태지역의 발전모델로 녹색성장을 채택한 UNESCAP(유엔 아태경제사회이사회)의 선언문이나 ILO나 OECD의 녹색직업과 기술에 대한 높은 관심, 미국의 『녹색직업법(green jobs act)』의 제정에서 볼 수 있듯이, '녹색'은 21세기 초에 이르러 글로벌 코드가 되고 있다.

1970년대부터 이미 환경과 함께 가는 지속가능한 발전을 외쳐온 지식인과 세계기구의 노력이 있어 왔다는 점을 고려하면, 환경과 상생하는 녹색성장의 아이디어는 새로운 것이 아니며 오히려 새삼스럽게 이제 와서 호들갑을 떠는 것으로 냉소적으로 보는 의견들도 없지 않다(이희수, 2009). 그러나 한국뿐만 OECD 각국에서 국가정책적으로 추구하고자 하는 이러한 작금의 노력은 환경과 경제간의 통합적인 고려가 더 이상 소수 진보주의자들의 레토릭(rhetoric)으로 돌릴 수 없을 정도로 환경문제가 절박한 단계에 돌입하였음을 반증해 준다. 점점 더워지는 지구와 녹아내리는 빙하, 온난화의 결과를 엄청난 비극으로 목격하게 한 허리케인 카트리나나 쓰나미, 석유나 천연가스의 고갈과 그를 둘러싸고 일어나는 정치경제적 갈등의 심화는 녹색성장 모델이 인류가 지속적으로 생존하기 위한 필연적인 선택일 수 밖에 없음을 알려 주고 있다. 그러므로 오히려 녹색성장 모델은 만시지탄의 감이 있으며 이제라도 제대로 구현될 수 있도록 적극적으로 지지하고 지원할 필요가 있다.

녹색성장이 무엇을 의미하며, 녹색성장이라는 정책모델의 구체적인 범주와 내용에 대하여서는 아직 논란이 많고 정리가 덜 되어 있는 상황이다. 새로운 성장동력으로서 저탄소-친환경적인 기술을 바탕으로 하는 또 하나의 경제성장 모델로 해석하기도 하고, 덜 소비하고 느리고 불편하지만 환경을 먼저 생각하는 사회발전과 삶의 새로운 패러다임으로 해석하기도 한다. 녹색성장을 협의로 해석하거나 광의로 해석하거나 녹색성장을 추구하기 위해서는 이를 이끌어 갈 수 있는 인재양성의 문제는 핵심적인 아젠다로 부각될 수밖에 없다. 모든 성장의 바탕 요소로 '사람'이 중요하다는 원론적인 의미에서 뿐만 아니라 녹색성장의 핵심 동력이 '녹색성장'에 부합하는 고급인재의 창출과 활용에 달려있기 때문이기도 하고, 녹색성장사회를 이루기 위해서 사회구성원, '사람'들의 삶과 사회와 환경에 대한 의식과 태도, 생활양태의 변화가 필요하기 때문이기도 하다. 그러나 그 무엇보다도 중요한 이유는 녹색성장의 미래지향성에서 찾을 수 있다. 녹색성장은 우리의 미래, 우리의 후속세대를 걱정하고 미래에 대한 능동적인 대응에 관한 것이며 우리가 원하는 미래의 모습은 우리가 키워내고 있는 '사람' 을 통해서 준비할 수 있기 때문이다.

이 장에서는 녹색성장의 패러다임하에 '인재'와 '인재양성'을 논의해보고자 한다. 녹색성장의 패러다임에서 어떤 인재가 그야말로 인재가 되는 것인가? 그리고 그와 같은 인재는 어떻게 길러질 수 있는 것인가? 현재 우리의 인재양성 시스템에 문제는 없는가? 녹색성장을 주도적으로 견인할 수 있는 있는 인재양성을 위해서 구체적으로 시행하여야 할 정책과제는 무엇인가?

녹색성장에 대한 논의가 이제 본격적으로 시작되었으므로, 본 고의 인재양성에 대한 논의도 단언보다는 탐색의 의미에 무게중심을 둔다는 점, 짧은 지면에 녹색기술인력 양성에서부터 포괄적인 인재양성시스템에 이르기까지를 폭넓게 살펴보고자 시도한다는 점에서 다소간의 피상성을 피할 수 없다는 한계를 인정하며 논의를 전개하고자 한다.

02절

녹색성장과 녹색인재

새로운 사회발전 패러다임으로서의 녹색성장

녹색성장(green growth)의 의미는 복합적이다. 국내에서는 2008년 8.15 광복절 경축사에서 이명박 대통령에 의해 처음으로 언급된 이후, 녹색성장위원회를 설립하고 『저탄소녹색성장기본법(정부안)』을 확정하였으며, 녹색성장 5개년계획을 제시하고 있다. 녹색성장위원회는 녹색성장을 "경제성장을 하되 경제성장의 패턴을 환경친화적으로 전환하여 환경적으로 지속가능한 경제성장을 의미한다"라고 규정한다(http://www.greengrowth.go.kr). 곧, 녹색성장은 환경을 고려하고 환경을 해치지 않는 경제적 성장을 추구하는 한편, 환경보호를 통하여 새로운 성장동력을 창출할 수 있어 환경과 경제성장의 시너지 효과를 얻게 하자는 것이다. 녹색성장위원회는 녹색성장의 패러다임은 지속가능발전(sustainable development)의 개념을 계승하면서도 경제발전·사회적 형평·환경보호 통합이라는 지속가능한 발전의 추상성·광범위성을 정책실현 가능성 측면에서 보완하고 있다고 설명하고 있다. 그리고 녹색성장을 추구하기 위한 10대 정책방향으로 ① 효율적 온실가스 감축, ② 탈석유 에너지 자립 강화, ③ 기후변화 적용역량 강화, ④ 녹색기술개발 및 성장동력화, ⑤ 산업의 녹색화 및 녹색산업 육성, ⑥ 산업구조의 고도화, ⑦

녹색경제 기반조성, ⑧ 녹색국토 녹색교통의 조성, ⑨ 생활의 녹색혁명, ⑩ 세계적인 녹색성장 모범국가 구현을 제안하고 있다. 이처럼 현 정부의 녹색성장은 녹색기술에 기반한 성장동력 창출과 기후변화 적응과 에너지 자립과 같은 기술과 산업부문의 변화를 주축으로 하면서 삶의 질과 기반조성의 개념을 일부 포함하고 있다.

한편, 아시아 태평양 국가의 새로운 발전모델로 녹색성장을 공식적으로 채택한 UNESCAP에서는 녹색성장 개념의 경우 환경과 경제성장이 상보적인 관계를 포함하면서, 모든 사람의 삶의 질을 고려한다라는 사회통합적, 그리고 생태학적 의미를 더하고 있다고 하였다. 녹색성장이란 탄소를 저감하고 다양한 계층의 삶의 질을 포괄하는 발전이자 환경적으로 지속가능한 경제성장(ecologically sustainable economic progress to foster low carbon, socially inclusive development)이며 모두를 위한 지속가능한 발전(sustainable development for all)임을 강조하고 있다(http://www.greengrowth.org). 저탄소의 개념에서 환경과의 공생, 세대 간의 공생을 볼 수 있고, 사회적으로 통합적인 발전의 개념에서 현 세대 내 계층 간의 공생과 공유의 의미를 찾아볼 수 있다.

포괄적이고 종합적인 녹색성장의 개념의 모태는 지속가능한 발전(sustainable development)이라고 할 수 있다. 지속가능한 발전이란 1983년 세계경제환경위원회(World Commission on Environment and Development, 일명 Brundtland Commission)에서 처음으로 사용되었으며, 이는 현 세대의 요구를 충족시키기 위해서 미래 세대의 가능성을 희생시키지 않고 현재의 욕구를 충족시켜 가는 발전을 의미한다(development that meets the needs of the present without compromising the ability of future generations to meet their own needs)고 규정하고 있다. 곧, 과거를 먹고 사는 잉여사회나 후손들이 누려야 할 부와 발전을 미리 써버리는 외상사회가 아니라 현 세대와 우리 후속 세대 간의 삶을 동시에 고려하는 발전이라는 것이다. 그리고 지속가능한 발전은 환경, 경제, 사회를 동시에 고려하고 그들간의 연계 속에서 사회발전을 바라보는 관점으로 발전에 관한 통합적이고 균형잡힌 관점을 강조하고 있다. 통합적·균형적인 발전의 개념은 환경과 경제의 조화롭고 통합적인 관계를 상정하고 있는 녹색성장의 개념과 정확하게 일치한다고 볼 수 있다.

지속가능한 발전의 개념이 지나치게 광범위하고 모호해서 사회정책의 방향을 제시하는 개념으로서 많은 문제가 있다는 비판에도 불구하고, 지속가능한 발전의 개념은 지난 20여 년간 지속적으로 발전해 오면서 개념구도, 의사결정의 과정, 문제해결 수단의 세 가지 차원으로 정리될 수 있다(Strange & Bayley, 2008). 즉, 보다 통합적이고 균형적인 세계관으로의 변화를 의미하는 개념적 구도(conceptual framework)이며, 시간과 공간을 넘나드는 통합의 원리(principle of integration)를 모든 의사결정에 적용하는 과정에 관한 것이며, 자원 소멸, 건강, 사회적 배제, 빈곤, 실업과 같은 구체적인 문제를 찾아내고 해결하는 문제해결적, 목적지향적인 개념(an end goal)이기도 하다.

위에서 녹색성장과 지속가능한 발전의 개념을 간략하게 살펴보았다. 두 개념 모두 아직 논의가 진행되고 있는 상황이지만, 대체적으로 녹색성장은 지속가능한 발전에서 분화되어 나타난 것으로 기본적인 철학을 공유하면서 성장동력 창출이라는 기술적·경제적 성장에 대하여 상대적으로 무게중심이 있음을 알 수 있다. 특히 우리나라의 녹색성장위원회에서 제시하고 있는 녹색성장의 개념에는 이런 기술적·경제성장적인 관점이 더욱 강조되고 있다. 녹색성장위원회가 지적하고 있듯이, 녹색성장의 발전 패러다임은 지속가능한 발전 개념의 추상성과 모호성을 어느 정도 극복하고 정책실현적인

[그림 1] 녹색성장의 개념

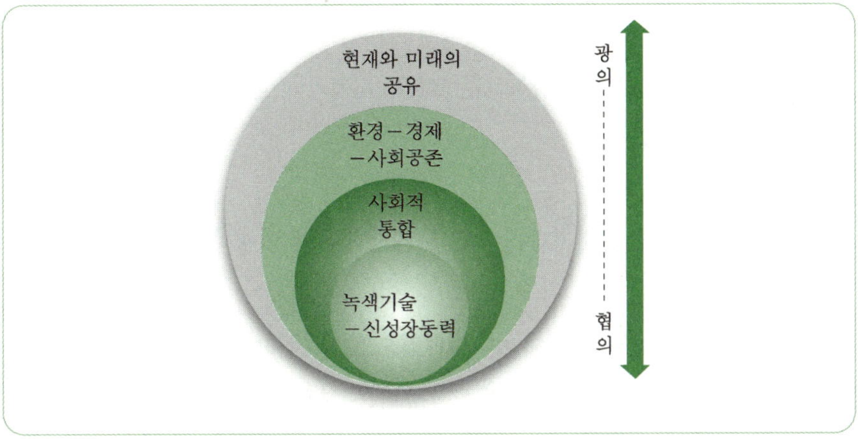

측면을 강조하는 장점이 있음은 분명하다. 그러나 녹색성장은 지속가능한 발전이 내포하고 있는 통합적·균형적 관점을 철학적 기저로 받아들일 때에만 미래지향적인 사회발전 패러다임으로 자리잡을 수 있을 것이다. 그렇지 않다면, 녹색성장은 IT, 혹은 BT 등 첨단기술 부문의 성장을 촉진함으로써 경제활력을 찾고자 하는 하나의 경제성장전략에 그치게 될 뿐이기 때문이다.

이에 따라 본 고에서도 녹색성장은 지속가능한 발전의 이념적 기반에 근거하되, 녹색기술을 통한 성장동력을 창출한다는 실천적 성장전략이 추가되고 강조된 것으로 규정한다.

녹색인재란?

"지속가능한 발전을 위해서는 교육, 시민의식, 훈련이 강화되어야 한다"

-Agenda 21, 제36조-

녹색성장이 탄소저감기술이나 재생에너지 기술, 대체에너지 기술과 같은 녹색기술에 기반한 경제성장만을 의미하는 것이 아니라 역사의 흐름 속에서 인류가 환경과 공생하며, 지속적으로 발전해 가고 성장해가는 대안적인 발전모델이라고 볼 때, 녹색성장사회를 위해서 무엇보다 사람, 인적자원이 변화되어야 한다. 지속가능한 발전을 위한 사회정책적인 과제를 종합하여 제시한 UN의 Agenda 21에서도 시민의식, 훈련을 포함한 모든 형태의 교육은 지속가능한 발전을 위한 핵심적인 수단임을 천명하고 있다. 교육은 그 자체가 목적이 아니라 지속가능성을 위한 지식, 가치, 행동, 삶의 유형을 변화시킬 수 있는 중요한 수단임을 재삼 강조하고 있다.

지속가능한 사회를 이끌어 가는 인재는 어떤 모습일까? 녹색성장사회를 견인할 수 있는 인적자원의 특성은 무엇일까?

인재는 흔히 소수의 뛰어난 천재나 수재라고 이해하지만, 녹색성장사회는 사회전반의 생태학적 변화를 요구하므로 소수의 과학기술 부문의 뛰어난 인재들뿐만 아니라 모든 계층과 모든 연령의 사회구성원들의 지속가능성 혹은 녹색성장에 대한 의식과 태도를 갖춘 녹색역량이 필요하다. 녹색성장사회를 위한 인재에 관한 관점은 어떤 다른 경우보다 인재에 대한 포괄적인 접근이 필요하다. 이런 측면에서 OECD가 규정하고 있는 인적자원(human resources)의 개념을 곱씹어볼 필요가 있다. OECD는 개인에게 통합 또는 체화되어 개인적·사회적·경제적 복지창출을 촉진하는 지식, 기술 능력 및 속성으로 정의내리고 있으며, 이 인적자원은 사람 개인뿐만 아니라 그 사람들로 구성된 조직 속에 체화되고 발전될 수 있다고 규정하고 있다. 곧, 인적자원이란 지식, 기술뿐만 아니라 자질과 태도, 품성의 다면적인 차원에서 바라볼 수 있고, 특정한 개인이나 개별 집단뿐만 아니라 조직이나 사회의 집합된 속성으로서도 접근해야 한다는 것이다.

녹색성장 모델이 사회성, 역사성, 통합성의 원리를 바탕으로 환경과 공생하는 경제성장임을 고려할 때, 우리는 적어도 세 가지 측면에 집중하여 인재와 인재양성의 모습을 다루어 볼 수 있다. 단순화로 인한 한계가 있고 또 자의적인 구획짓기라는 문제도 있으나 녹색인재의 다면성과 복잡성의 의미를 효과적으로 나타내기 위해 녹색인재 '나무 메타포(metaphor)'를 제시해

[그림 2] 녹색인재 나무 메타포(metaphor)

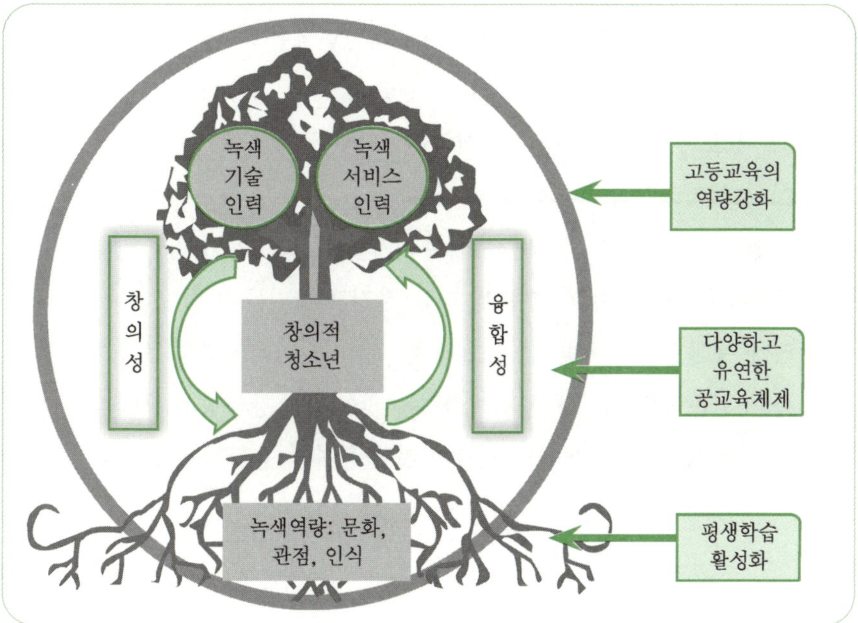

보고자 한다.

녹색인재의 개념은 뿌리-줄기-가지와 열매로 구성된 녹색인재나무이며 그리고 각각은 사회 전 구성원의 녹색역량-창의적 청소년-녹색과학기술인력과 녹색칼라직업인으로, 그리고 평생학습-학교교육-고등교육의 인재양성체제로 대응된다.

우선, 녹색인재의 뿌리 부분으로 사회 전체 구성원의 녹색역량에 관한 것이다. 곧, 사회구성원의 환경친화적인 태도와 의식, 행동, 그리고 사회와 환경, 미래에 대한 관심과 존경이라는 관점이 필요하다. 두 번째로, 나무기둥 부분인 청소년기의 녹색인재이다. 미래 사회를 견인할 수 있는 인재는 바로 현재의 청소년세대이다. 창의적이고 개방적인 마인드를 갖고 다양한 방면의 재능을 갖춘 젊은 인재들이 녹색성장, 지속적인 발전이 가능한 사회를 이끌어 갈 수 있기 때문이다. 세 번째는 녹색기술을 바탕으로 신성장동력을 창출할 수 있는 녹색기술(green technology)인력이다. 에너지 효율을 높일 수 있는 기술, 대체에너지를 개발하는 기술 등 녹색기술을 발전시키고 이를 바탕으로 새로운 경제성장을 이끌어 가기 위해서 직접적으로 필요한 인재가 바로 이 녹색기술인력이라고 할 수 있다.

또한 모든 나무가 그러하듯, 뿌리, 줄기, 그리고 가지와 열매들 간에는 상호작용을 이루면서 각 부분을 더욱 강건하게 만들게 되며, 나무와 나무를 둘러싼 생태계를 지속할 수 있도록 할 것이다. 녹색인재 나무를 지속발전하게 하는 원동력은 새로운 문제해결력을 찾아가는 창의성과 통합적 관점을 바탕으로 다양한 전문지식을 통합적으로 활용하는 융합적인 능력이다.

03 절
녹색인재, 어떻게 키울 것인가?

녹색인재를 위한 새로운 인재양성시스템

녹색인재는 고급과학기술인력 중심의 녹색과학기술인력에서부터 창의적 청소년, 녹색역량을 지닌 사회구성원에 이르기까지 전 연령, 전 계층을 포괄하는 사회구성원의 역량과 관련있을 뿐만 아니라 다양한 부문의 지식과 기술, 그리고 다양한 수준의 전문성과 기술을 요구하는 포괄적인 시스템으로 구성된다. 녹색인재를 양성하기 위해서는 인재양성시스템 전반의 개혁이 필요하다. 녹색인재양성시스템은 분절-경쟁-양적 성장으로부터 통합-공존-질적 성장으로의 발전 패러다임의 변혁을 바탕으로 학습체제, 내용, 방법 등 전 영역에 걸쳐 변화하여야 한다.

우선 우리 사회 학습시스템은 청소년기의 학교 중심의 학습에서 생애에 걸친 학습으로 학습곡선이 이동하여야 한다. 현재 우리 사회의 교육시스템은 대학입시를 정점으로 하여 대학입시까지 강도 높게 학습이 진행되다가 대학 이후부터 학습은 급격히 저하되는 모습을 갖고 있다. 녹색성장사회가 요구하는 창의적인 인재, 사회 전 구성의 녹색역량, 전문성과 기술을 갖춘 녹색기술 인력을 양성하기 위해서 청소년기에는 자기주도적이고 창의적인 능력을 키울 수 있도록 여유를 주고 고등교육단계에서 수준높은 교육을,

≪표 1≫ 녹색인재양성의 패러다임

구 분	Old 패러다임	녹색인재양성 패러다임
사회발전의 이념	경제성장 우선	환경-사회-경제성장의 통합적 접근
사회발전의 시제	현재 중심	현재와 미래의 균형적 시각
학습시스템	청소년기 중심의 학습	전생애에 걸친 평생학습시스템
학습내용	분절된 지식과 기술	통합·융합적 지식
학습의 방법	반복-정형화-암기 중심	창의적-문제해결형-융합형
학교/프로그램	획일화(소품종 다량)	다양화(다품종 소량)
학습서비스시스템	공급자 위주의 분절형	수요자 중심의 통합형
지역적 맥락	국지적-국내적 맥락	글로벌 맥락
환경교육	환경에 관한 지식과 기술	환경친화적 마인드와 인식

그리고 성인에게도 끊임없는 학습의 기회를 주는 평생학습의 곡선으로 이동하여야 한다.

학습의 내용은 과목별·전공별 분절적 지식 중심에서 경계를 뛰어넘는 융합적 지식 중심으로, 학습의 방법은 분절적-반복형에서 융합적-창의형으로, 학습의 선택은 공급자 주도에서 학습자 주도형으로, 교육기관의 기능은 선발에서 교육과 양성기능으로, 학습서비스는 공급자 위주의 분절된 시스템에서 수요자 중심의 통합적 시스템으로, 한국적 맥락에서 글로벌 맥락으로 패러다임의 변혁이 필요하다.

한편, 인재양성시스템의 개혁은 교육제도 영역의 문제만이 아니고 교육과 관련된 집단들만의 문제도 아니다. 우리나라의 교육시스템은 고구마 한 알을 들어내면 수많은 줄기가 달려오듯, 정치적·경제적 구조가 만들어낸 산물이기 때문이다. 따라서 교육시스템을 변화하기 위해서는 고용시장의 관행, 임금체계구조의 개선, 사회보장책의 강화 등 사회경제적인 구조 변화가 동반되어야 한다. 이런 측면에서 녹색성장사회는 한국사회의 근본적인 발전 패러다임의 변혁을 촉구한다고 하겠다. 이제 인재 나무의 각 구성요소에 대하여 구체적으로 살펴보도록 하자.

녹색역량과 평생학습

녹색역량: 관점과 지식, 그리고 행동

역량(competency)이란 어떤 일(역할)을 하기 위한 지식, 기술, 행동을 포괄하는 기본적인 자질과 근간이 되는 적합한 가치관이나 관점이라고 할 수 있다. 녹색성장사회를 위해 요구되는 사회 전 구성에게 필요한 녹색역량은 지속가능한 발전과 환경친화적인 관점과 인식, 환경과 상생하고자 하는 태도, 지식과 기술, 실천하는 행위의 차원으로 구성된다.

녹색역량을 구성하는 관점과 인식의 출발점은 사람과 환경, 미래에 대한 '존중'이라고 볼 수 있다. 유엔(UN)의 지속가능한 발전을 위한 교육(Education for Sustainable Development; ESD)위원회에서는 우리 모두로 하여금 우리의 미래를 담보할 수 있는 새로운 행동과 실천을 하도록 도전하는 것이며, 존중을 지속가능한 발전을 위한 교육의 핵심이라고 제안하고 있다(UN, 2002).

"지속가능한 발전을 위한 교육의 핵심은 타인에 대한 존중, 현재에 대한 존경과 미래세대에 대한 존중, 지구와 지구가 제공해 주는 모든 자원에 대한 존중이다."

사회의 구성원 모두가 환경과 경제성장, 사회 간의 관계에 대한 존중은 태도와 행동의 변화를 불러일으키게 된다. 녹색관점을 바탕으로 자연환경과 사회환경에 관한 과학적 지식을 이해하게 되며, 특히 지구온난화와 환경변화, 에너지자원의 현황과 전망, 생물학적 다양성의 문제, 인구예측, 기술변화 등에 대한 이해와 지식을 갖추게 된다. 이를 바탕으로 경험과 학습을 통하여 일상생활에서 실행할 수 있는 실천적 행동으로 연결되도록 한다.

인문학과 녹색역량

녹색교육이 구체적이고 세부적인 기술이나 지식을 가르치는 것이 아니라 관점과 의식의 변화와 관련된 것이므로 녹색교육프로그램의 교육내용이나 방식도 매우 정교하고 복합적인 형태로 구성되어야 한다. 새마을 운동과 같이 관주도의 획일화된 의식교육의 부정적인 경험을 안고 있는 한국 상황에서는 특히 관점과 인식에 관한 프로그램이 진정성을 바탕으로 의식을 전환을 가져올 수 있는 전일적인 관점(holistic)과 기법으로 운영되지 않는다면 냉소적인 반응을 불러오기 쉽다.

이런 관점에서 최근 평생학습에서의 인문학 강좌의 운영 경험은 녹색교육을 위해서 의미심장한 시사를 줄 수 있다. 희망의 인문학 강좌로 알려진 클레멘트 코스가 그 대표적인 참조사례이다. 클레멘트 코스는 얼 쇼리스 교수가 사회취약계층의 자립 프로그램으로서 인문학 강좌를 통한 자기성찰과 자아존중감을 강화하는 실험적 프로그램을 바탕으로 만들어 이들의 진정한 자립을 일구어내는 '기적'을 만들었다고 평가된다(Shorris, 2000). 국내에서도 성공회대학을 시작으로 다수의 프로그램들이 운영되고 있다. 클레멘트 코스는 역사, 철학, 시와 소설 등 인문학을 바탕으로 토론과 발표를 유도하는 강의방식으로 노숙자, 빈민자, 수감자 등 사회취약계층을 대상으로 하며 삶의 성찰을 돕고 자립할 수 있는 근원적인 힘을 길러 주는 진정한 직업기술교육이고 훈련이라고 할 수 있다. 클레멘트 코스는 취약계층을 주된 대상으로 하고 있으나, 환경과 인간의 공존과 삶의 질에 관한 대중의 인식과 관점 학습을 위해서도 클레멘트 코스의 인문학적 내용과 참여를 유도하는 교육방식은 매우 유용한 방식이 될 수 있다.

친절한 과학과 녹색역량

녹색마인드뿐만 아니라 일상생활에서의 환경친화적인 활동을 전개하기 위해서는 환경과 관련된 지식과 기술을 익히는 것이 필요하다. 그리고 환경관련 지식과 기술은 과학적 영역의 일부라고 할 수 있다. 과학이 사람들의 일상과 동떨어진 어려운 것이 아니라 과학적 원리가 우리 삶에 밀접한 관련을 맺고 영향을 준다는 것을 쉽게 알 수 있도록 과학의 대중화 노력, 친절한 과학이 되어야 한다. 이와 더불어, 환경친화적인 교육은 실제의 현장에서 체험하는 기회를 가짐으로써 필요한 지식과 기술을 체화할 수 있다. 이에 따라 현장체험학습을 중심 학습방법으로 활용해야 한다.

비형식교육(non-formal education)과 녹색교육

Agenda 21에서도 지속가능한 발전을 위하여 관료적이고 변화에 느린 학교교육보다 비형식 교육이 더 빠르고 효과적으로 대응할 수 있음을 강조하고 있다. 녹색인재의 근저가 되는 시민의 역량과 토대를 개발하기 위해서 전 연령세대를 대상으로 하여 평생교육기관을 적극적으로 활용하여야 한다. 즉, 전 연령세대에 사회의, 전 부문에 걸친 녹색교육이 필요하다. 일반시민, 학부모 등을 위한 시민교육이 필요하고 이를 위하여 평생교육시설들을 적극적으로 활용하여야 한다. 직업훈련기관을 제외하고도, 현재 국내에는 4,500여 개의 평생교육기관에서 1만여 개 프로그램들이 진행되고 있다. 이기관들은 주로 취미, 자기개발 등에 국한되어 있고, 서로 유사한 프로그램들을 중복적으로 제공하는 상황에 있으므로 평생교육과 녹색역량 프로그램을 접목한다면 녹색성장을 위해서나 평생교육을 위해서 시너지 효과를 창출할 수 있다.

또한 현대의 일상에서 사람들의 생각과 의식에 많은 영향을 미칠 수 있는 간접적인 교육시스템은 텔레비전, 라디오, 신문, 인터넷 등의 방송매체이다. 불특정 다수를 대상으로 하는 의식교육에서는 무의식적으로 침투할 수 있는 미디어를 통한 교육은 매우 효과적인 방안이 될 수 있다. 캠페인, 드라마, 다큐멘터리 등 다양한 방법을 활용하여 국민의 환경친화적인 의식과 태도를 함양할 수 있도록 하여야 한다.

일터에서의 녹색교육

대부분의 성인들은 깨어있는 시간의 3분의 2를 일터에서 보내게 된다. 그러므로 일터는 어떤 다른 장소보다 학습의 여지가 많은 곳이라고 할 수 있다. 녹색성장에 대한 기본적인 인식과 태도에서부터 환경친화적인 지식과 기술, 녹색성장기술 개발에 이르기까지 많은 인적자원개발 활동이 기업, 일터에서 이루어질 수 있다. CEO 등 회사의 리더십은 녹색성장의 필연성을 인식하고 일반적인 직무연수에서부터 기술개발에 이르기까지 다양한 형태의 녹색교육을 실시하여, 근로자들의 녹색의식과 태도를 함양하도록 지원해야 할 것이다. 근로자들의 녹색마인드는 회사의 에너지나 자원의 효율적인 활용으로 연계되어 효율성을 높이는 중요한 방안이 될 수 있으며 특히 탄소거래법이나 에너지 절감과 관련한 세제가 시행될 것을 전망해 볼 때, 근로자들의 녹색의식 제고는 일반적이고 공익적인 가치를 가질 뿐 아니라 회사의 이익을 위해서도 매우 현실적인 가치를 가지게 된다.

근로자를 위한 녹색교육과 관련하여, 그린칼라 직업을 위한 녹색직업능력 개발사업을 고려해 볼 필요가 있다. 녹색성장의 부상과 더불어 녹색직업이 새로운 일자리 창출의 기회로 제시되고, 녹색직업에 종사하는 그린칼라 근로자 계층이 새로이 나타날 것으로 전망하고 있다. 경제활동의 녹색화로 진전됨으로써 일자리가 없어지거나 일의 특성이 변화할 수 있으므로, 이에 대비한 녹색직업능력정책을 수립하여야 할 것이다. 그린칼라 계층의 경우 환경 부문의 블루칼라 계층이 중심이 된다는 점을 상기할 때, 녹색직업능력 개발의 강화는 사회형평성의 관점에서 더욱 중요성을 갖는다고 하겠다. 이런 점에서 미국의 Green Jobs Act(GJA) 2007을 눈여겨 볼 필요가 있다. GJA는 녹색직업의 수요에 부응할 수 있는 직업능력개발 프로그램 구성 및 운영방안을 제시하고 있으며 특히 취약계층(근로자, 실업자, 빈곤층, 퇴역군인) 대상 녹색직업기술을 위한 직업훈련을 강조하고 있다.

창의성, 학교교육, 녹색인재

왜 창의성인가?

미래지향적인 녹색성장 모델은 인재상과 인재양성 패러다임의 변혁을 촉구한다. 산업화의 성장모델에서의 인재는 주어진 문제를 얼마나 잘 효과적으로 해결하는가가 그 핵심역량이었다면, 녹색성장의 패러다임에서의 인재는 새로운 것을 창출하는, 기존의 패러다임을 의심하고 질문해 볼 수 있고 전체를 뒤집어 볼 수 있는 그러한 역량, 즉 창의성이 더욱 필요하다. 창의성은 탈산업화사회, 지식기반사회를 이끌어 가기 위해서도 요구되었으나, 녹색성장이라는 새로운 패러다임을 주도할 인력이 되기 위해서는 더욱 필요한 자질이라고 할 수 있다. 특히, 청소년기에 길러지는 창의성은 녹색기술 등 첨단과학기술인력으로 양성할 수 있는 기본 자질이므로 더욱 중요하다. 이와 더불어, 창의성이란 다양한 부문에서 발현이 가능하기 때문에 분석적 사고능력에 기반한 학업성취라는 준거에 의거해 재단하는 것에 비해 다양한 방면에서 창의성을 지닌 인재를 발굴하고 양성함으로써 인재를 낭비하지 않고 효과적으로 활용할 수 있기 때문에 녹색인재정책의 주요 이슈로 연결된다.

창의성이란 전 생애단계에 걸쳐 필요하고 또 일정 부분 길러질 수 있으나 특히 유아기부터 청소년기 시기의 육성단계에서 핵심적으로 길러진다. 창의적인 인재가 필요하다고 쉽게 합의하지만, 창의성이란 무엇인가, 창의적인 인재는 누구이며, 어떻게 길러지는가에 대해서는 매우 다양하게 논의되고 있고 합의할 수 있는 대답을 제시하지 못하고 있다. 일반적으로 사전적인 의미로 창의성은 '새로운 것을 만들어 내거나 발견해 내는 능력'이며, 기본적으로 남들과는 다르게 생각하는 능력으로, 같은 문제라도 남들과는 다른 방식으로 해결할 수 있는 사고 능력이다. 창의성에 있어서 새로움, 다름의 요소가 중요하나, 그와 못지 않게 유용성, 적절성이라는 문제해결과 관련된 문제해결능력이 중요하다. 새롭기만한 아이디어가 아니라 과제를 해결할 수 있는 해결능력이 병행되어야 유용하게 쓰일 수 있다.

창의적인 교육시스템

그렇다면, 창의적인 인재는 어떻게 길러질 수 있는 것인가? 혹자들은 창의성은 타고나는 것이라고 주장한다. 그러나 사람들의 모든 역량이 그러하듯, 어느 정도 기질적인 자질일 수도 있겠으나, 그것을 자극하는 환경과 교육에 노출된다면 개발될 수 있는 역량임에 분명하다.

창의성에 대한 개념규정이 아직도 열려 있듯이, 창의성을 기르는 방법에 대하여서도 많은 다양한 주장들이 나오고 있으나 창의성에 관련된 논의들이 공통적으로 합의하고 있는 것은 창의적 인재를 기르기 위해서는 무엇보다도 스스로 생각할 수 있는 자유로움과 여유를 바탕으로 한 자기주도적인 능력, 다양한 실험을 해 볼 수 있도록 실패를 용인하는 문화, 문제해결력을 강조하여야 한다는 점이다.

다양한 부문의 창의적 인재를 양성하기 위해 선도적으로 교육과정을 운영하고 있는 스탠퍼드대학교 Design School의 조지 캠블은 창의적 인재를 기르기 위해 실패와 틀리는 것의 중요함에 대하여 다음과 같이 지적하고 있다.

"진정으로 새로운 사회를 주도할 인력을 양성하기 위해서는 반대의 시각이 필요하다고 생각합니다. 하나의 과제에 대하여 홀로 매진하는 것은 옳다고 할 수 없죠. 항상 다른 이들과의 의견교류가 필요하니까요. 또한 틀리는 것, 실패하는 것에 대한 두려움을 없애야 해요. 위험을 감수하는 의지가 필요합니다"

–조지 캠블(스탠퍼드대학교 Design School 감독),

'AGON: 경쟁이 즐거운 나라'에서–

객관적 통계치, 주관적인 경험 등으로 미루어 볼 때 현재 한국의 공식적·잠재적 교육과정은 창의성을 길러 주는 것과 상당한 거리가 있음을 알 수 있다. 우선, 창의성을 길러 주는 토양인 자유로움과 여유에 대하여 살펴보자. PISA와 TIMMS와 같은 국제 성취도검사에서 한국 학생들(15세 기준)의 수준은 OECD 평균을 훌쩍 뛰어넘고 있으나 학습효율화지수의 비교는 우리와 함께 세계 최고 수준을 다투는 일본이나 핀란드에 비해 현격히 떨어짐을 보여 준다(진미석, 2009). 예컨대, 핀란드는 우리와 비슷한 학업성취도를 갖고 있지만, 공부하는 시간은 3분의 2에 불과하다. 일본 또한 우리보다 성적은 다소 떨어지나 학업시간은 우리보다 30% 이상 적다. 곧, 이들 나라 학생들은 공부 이외에 다양한 활동을 하거나 '여유'를 가질 수 있다는 것이다.

지나치게 많은 공부량과 외부적인 강요로 이루어지는 한국 학생들의 학습은 학업성취도에 관한 국제비교에서 '자기주도적'인 태도나 학습에 대한 흥미도나 자긍성이 현저하게 떨어지는 것으로 나타난다. PISA 2000의 세부 평가를 보면 우리 학생의 자신감, 흥미, 즐거움, 가치 인식 등을 나타내는 정의적 영역이 국제기준에 비추어볼 때 매우 낮은 수준이다. 읽기와 수학 학습에 대한 흥미도는 OECD 20개 국가 중 19위, 학습의 과정을 통제하고 점검하는 능력 면에서는 18위, 협동적 학습지표는 20위로 가장 낮은 수준이었다. 또한, 녹색기술 발전과 밀접하게 관련있는 과학에 대한 태도를 보더라도, 우리나라 학생의 과학과 관련한 자아 효능감, 자아 개념, 흥미 등이 낮은 것으로 나타난다(http://www.nhrd.net).

한국 학생들이 '무엇을 공부하고 어떻게 공부하는가'라는 측면에서 창의성의 관점에서 본다면, 한국 교육은 더욱 심각하다. 미국, 영국 등 OECD의 여러 선진국가와의 공부형태 비교에서 한국 학생들은 문제풀이에 매우 의존하고 있음을 볼 수 있다. 유사한 문제를 수없이 풀어 가면서 답을 찾아 가는 노력을 무수히 하면서 학생들은 '틀리지 않는' 기술과 변하지 않는 지식을 축적해 나간다. 새로운 것을 찾아가는 발산적인 사고가 아니라 변하지 않고 존재하는 정답을 찾아 나가는 수렴적인 사고능력이 길러지고 있다는 것이다. 실수하지 않는 능력과 기술을 키워 나감으로써 우리의 교육과정은 실패를 벌하고 실패에 낙인찍는 문화를 지속적으로 창출하며 유지한다는 점에서 창의성을 저해하는 환경임에 분명하다.

학생들의 창의성을 가로막는 교육의 원인은 학생평가와 선발시스템,

그리고 더 근본적으로는 인재를 선발하는 대학이나 노동시장의 관행에서 비롯된다. 창의적인 인력을 기르기 위해서는 근면함과 성실함을 바탕으로 한 기본적 분석능력이 주가 아니라 창의적인 능력을 평가하는 평가시스템으로 바꾸어야 한다. 유사한 문제를 풀어서 좋은 성적을 낼 수 있는 그러한 닫힌 평가시스템이 아니라 새롭게 문제를 해결하는 방식, 새롭게 문제를 바라보는 능력을 갖기 위해서는 열린 평가방식으로 전환하여야 한다. 사고력과 쓰기능력을 바탕으로 하는 주관식 에세이형식이나 포트폴리오 등 다양한 실험과 창의적 노력을 볼 수 있는 형태로 전면적으로 개선하여야 한다.

창의성이란 다양한 분야에서 그리고 복합적인 영역에서 개발될 수 있다. 그러므로 획일적인 교육과정을 중심으로 제공되고 있는 현행의 학교보다 학생의 수준, 학생의 적성, 창의성을 고려한 다양한 학교가 설립되어 운영될 수 있어야 한다. 녹색역량과 창의성을 함께 고려하고 있는 녹색창조학교(green school)가 그 예가 될 수 있을 것이다.

학교의 녹색화

초·중등학교체제에서의 녹색인재 양성과 관련하여, 수백 만 학생들을 수용하여 많은 시간을 보내고 있는 학교환경의 녹색화에 대하여 관심을 기울일 필요가 있다. 최근, 교육과학기술부에서 낙후된 학교교육의 환경개선을 친환경적으로 시행하겠다는 차원에서 녹색학교를 선정하고 있으나 환경개선의 차원에서 몇 개의 시범사업에 그치고 있다. 이런 측면에서 미국의 민간단체인 Green School Initiative가 운영하고 있는 'Green School' 인증제를 눈여겨 볼 필요가 있다(http://www.greenschool.net). Green School로 인증받기 위해서는, 친환경적인 소재를 활용하고(toxic free), 지속가능한 자원 활용 방안을 활용하고(use resources sustainably), 녹색운동장을 만들며(green schoolyard), 환경과 관련한 책무성을 가르치는(teach stewardship) 4가지 기준을 충족하여야 한다.

우리도 학교 건물의 신축이나 리모델링할 때 친환경적인 소재를 활용한 녹색학교를 건설하도록 지원하고 촉진하여야 한다. 청소년의 생태환경으로서 학교가 녹색화 되는 것 자체가 체험적 학습경험을 제공함으로써 학생들의 녹색역량을 제고하는 데 매우 효과적인 학습을 제공할 수 있다. 학교에서 활용되고 학생들에게 전달되는 쓰레기 처리나 자원절약의 행태 역시 학생들의 녹색역량 제고를 위하여 매우 필요한 학습기회가 될 수 있음을 고려할 때, 학교체제에 녹색교육을 강화하여야 할 것이다.

녹색성장을 위한 녹색기술인력 양성

녹색기술과 융합적 지식

녹색기술을 통한 신성장동력을 창출하기 위해서 녹색기술을 개발하고 활용하는 녹색기술인력이 필요하다. 전통적으로 녹색기술은 재생에너지, 청정에너지 등 환경친화적 자원활용 기술을 의미하였으나, 최근에는 IT, BT, NT 등 기술 간 융합을 지향하는 융합녹색기술로 개념이 확대되고 있다. 곧, 목적 · 기능 · 활용 중심의 전통적 녹색기술의 범주에서 융합기술적 특성을 분석하여 녹색기술의 영역을 확장하고 있다(황규희 외, 2008). 국가과학기술위원회와 미래기획위원회는 기후예측기술, 에너지원 기술, 고효율화기술, 사후처리기술, 무공해 산업기반(지식기반)기술 등 4대 영역에서 27개 중점 녹색기술을 제시하고 있다. 다수의 중점녹색기술 역시 첨단과학기술에 바탕을 두고 기술간의 융합화가 이루어져 있다. 녹색기술인력의 양성은 융합화라는 특징을 갖는 첨단과학기술 인력의 양성과 영역이 다를 뿐 대동소이하다고 할 수 있다. 그러므로 녹색기술인력의 양성은 융합형 인재를 어떻게 키울 것인가라는 질문으로 귀결된다.

융복합적 과학기술인력을 양성하기 위해서 어떤 프로그램을 운영해야 할 것인지에 대해서는 R&D 수준이 세계 최고라고 할 수 있는 미국에서도 실험의 단계라고 할 만큼 아직 초보적인 수준에 있다. 현재까지 대부분의 융합기술 관련 인력양성은 융합화된 양성과정이라기 보다, 학부과정에서 생물학, 물리학, 컴퓨터 공학 등 각자의 전공분야에서 지식을 축적한 후 융합 프로젝트에 참여하여 자신의 전공지식을 심화하는 동시에 새롭게 요구되는 융합기술을 익혀간다. 따라서 융합교육과정에서 중요한 요인으로 전문가들이 공통적으로 지적하고 있는 사항은 개인주도적인 학습능력, 창의성과 열정이다. 융합기술은 내재적인 속성상 정형화되어 있지 않으므로 학생 개개인은 프로젝트의 주제에 따라 자신이 이미 알고 있는 분야 이외 새로운 분야를 학습해야 하기 때문이다(이수영 외, 2008).

융합인력을 양성하기 위한 교육과정은 학부에서 분야별 탁월한 교육과정을 제공하고 대학원 과정에서 학생들의 배경지식에 따라 학생들이 필요로 하는 교과목을 추천하고 개별적인 맞춤형 교육과정을 이수할 수 있도록 지원하는 등, 학과선택의 유연성과 개별적인 지도를 제공하여야 한다. 또한 서로 다른 전공분야간 물리적인 공간을 공유함으로써 학생 상호간의 전문성을 최대한 활용하고 공유하며, 자신의 지식으로 내재화시키는 과정이 프로젝트 수행에서 지속적으로 일어나므로 공간적 인접성을 활용한 융합교육과정을 운영하는 것을 고려해야 한다. 융합적 R&D를 위한 대표적인 과정으로 알려진 MIT와 하버드대학교의 HST(MIT - Harvard Health, Science and Technology) 프로그램은 공간적 인접성을 잘 활용하고 있음을 보여 준다.

녹색지식 서비스인력

미국 등 선진 OECD 국가에서 볼 수 있듯이, 선도-혁신형 경제발전의 동력은 연구개발, 기획, 컨설팅 등 지식서비스업에서 제공받고 있다. 지식서비스업, 특허, 기업활동(business)을 지원하는 지식기반사업 서비스(knowledge intensive business services)는 그 자체가 생산성과 부가가치가 높은 산업일 뿐만 아니라 제조업의 발전을 견인하고 지원하여 경제발전에 기여하는 바가 매우 크다.

지식서비스업은 고도의 지식과 기술을 바탕으로 서비스를 제공하는 것이므로 부가가치 창출효과가 높을 뿐만 아니라 '저탄소 활용'산업이라는 측면에서 넓은 의미의 녹색성장에 부합한다. 또한 녹색기술의 상당한 비중이 고급 R&D 활동을 요구하고 R&D 업종은 지식서비스업의 핵심유형 중의 하나라는 점에서 녹색성장의 전방위·후방위적인 영향을 가지는 것이 지식서비스업 부문이라고 할 수 있다. 특히, 탄소배출을 감소하고 에너지 효율을 제고하는 서비스를 제공하는 녹색부문 지식서비스 사업은 녹색성장의 핵심영역 중의 하나로 부각될 것으로 전망된다.

지식서비스에 대한 정의가 다양하게 이루어지고 있는데, 지식 창출·활용도를 기준으로 한 서비스업으로 ICT 서비스, 금융보험업, 비즈니스(사업) 서비스(금융, 물류, 법률, 디자인, 연구개발) 등이 포함된다. 녹색성장을 위해서는 녹색기술과 서비스 관련한 사업서비스업종, 즉 녹색금융, 환경친화적인 물류, 탄소배출과 관련된 법률, 특허와 기술거래, 디자인, 연구개발 등에 밀접하게 연관되어 있다. 이들 업종은 그 자체가 부가가치가 높을 뿐만 아니라 저탄소 친환경 관련 제조업종의 발전에도 중요한 영향을 미칠 수 있다.

현재, 녹색 부문뿐만 아니라 우리나라 사업서비스는 전반적인 낮은 경쟁력을 보이고 수입의존도가 매우 높은 편이며 그리고 그 의존도가 지속적으로 증가하고 있는 추세이다. 지난 15년간의 주요 지식기반사업 서비스업의 수출입 추이를 살펴보면, 무역수지가 해마다 증가하고 있다. 로열티(royalty)와 특허 업종에서는 1995년에 21억 달러에서 2005년 28억 달러로, 리싱, 기술서비스, 컨설팅 등 기타 비즈니스 서비스업에서는 1995년 10억 달러 흑자에서 10년 사이에 71억 달러 적자로 80억 달러 정도의 감소가 나타난다(진미석, 2008). 이런 상황이므로, 기술이나 서비스 거래 등이 발전하기 시작하는 첨단 녹색기술 부문에서 발전을 위한 적극적인 지원과 정책적인 노력을 경주하지 않으면, 녹색서비스 부문을 포함한 전반적인 지식서비스 부문의 해외의존도는 더욱 높아질 것이며, 녹색성장모델을 구현하는 데도 현실적인 장애가 될 것으로 전망된다. 녹색지식 서비스업종의 발전을 위해서는 시장의 규모가 확대되고 활성화되어야 하며, 이를 위한 규제강화나 지원같은 직접적인 시장개입정책이 필요함과 동시에 서비스 제공활동을 효과적으로 수행할 수 있는 질 높은 인적자원이 필요하고, 이에 대한 양성 및 공급정책이 시행되어야 한다.

앞서, 녹색기술 인력양성에서도 이미 논의하였지만, 녹색기술의 특성은 지식의 융복합화이며, 녹색지식서비스업은 IT, NT, BT, ET와 같은 자연과학지식간의 융복합화를 넘어서서 녹색기술과 디자인, 녹색기술과 재정 및 컨설팅 등 지식과 기술의 경계를 광범위하게 넘나들게 된다. 이에 따라 녹색서비스업종의 인력양성 역시 녹색기술의 융복합 인력의 철학과 원칙이 그대로 적용된다. 즉, 창의성과 자기주도성, 부문별 전문지식을 갖춘 인력을 양성하는 것이다.

지식기반 서비스업 업종의 특성상 금융과 같은 특정분야의 전공 지식과 기술의 전문성뿐만 아니라 상황을 기획, 평가, 판단, 그리고 커뮤니케이션하는 능력, 컨설팅 부문의 전문성이 아울러 요구된다. 곧, T자형의 인력

양성이 필요하다. T자형 인력은 다양한 전공 분야의 융복합적 지식과 기술이 필요하고 이를 바탕으로 한 현실 상황에서의 문제해결 능력이 필요하다. 이에 따라 인력양성의 효과적인 방법 역시, 특정 분야의 지식과 기술을 교수하는 데에서 벗어나서 케이스 스터디, 문제해결형 교수방법 등 현실적합성이 높은 교수방법의 개발·보급을 지원하여야 한다.

두뇌순환(brain circulation)과 글로벌 녹색기술인력

녹색기술 개발을 위해서는 이 분야의 글로벌 핵심 고급과학기술인력을 활용하는 것이 필요하다. 녹색기술뿐 아니라 첨단과학기술 발전이 국가경쟁력을 좌우하는 관건임을 인식하면서 OECD 각국은 우수한 인력을 자국으로 유치하기 위하여 다양한 정책을 시행하고 있다. 선진 각국이 유치하고자 하는 글로벌 인재들은 단순히 임금뿐만 아니라 연구환경 및 시설, 연구풍토, 그리고 자녀교육 등 전반적인 삶의 조건과 연구여건을 선택하여 이동하고 있는 상황이므로, 아직 선진국과 경쟁하기에 이런 측면에서 부족한 한국 상황을 고려할 때, 글로벌 인력을 국내에 유치하는 것은 현실적인 한계가 많다. 한편, 국내대학 출신의 우수한 인력들이 해외 유수의 대학으로 유학하여 한국에 되돌아옴으로써 대표적인 두뇌획득 국가였던 한국이 2000년대 이후 오히려 두뇌유출을 우려하는 상황에 직면하고 있다. 1980년대에는 해외에서 유학한 한국 박사들의 90% 정도가 귀국하였으나 1990년대 말 박사들의 75%가 귀국하고 있다(진미석 외, 2007b). 중국이나 인도에 비하면 귀국률이 매우 높은 수준이나, 귀국률이 점차 감소하고 있는 추세, 그리고 미국에 잔류할 수 있는 박사들은 상대적으로 미국 시장에서 매력적인 글로벌 인력일 수 있는 가능성이 높다는 점에서 두뇌유출을 우려해 볼 수 있는 상황이다.

녹색기술 등 첨단 기술분야에서의 글로벌 인력을 활용하기 위해서는 한국 출신 고급인력들을 적극적으로 활용하는 방안을 우선적으로 고려하여야 한다. 다만, 그 활용방안을 반드시 국내에 유치하는 방안보다는 네트워크를 통한 고급인력 활용방안으로 정책의 무게중심을 이동하여야 한다. 국내에 단기간 체류하거나 공동연구사업 추진, 해외연구자에게 연구 발주, 그리고 전 세계에 퍼져 있는 한인네트워크를 적극적으로 지원하고 활용하는 방안이 그 예가 될 수 있을 것이다. 현재 과학기술영역에서 11개의 재외한인과학기술인협회가 구성·운영되고 있고, 우리 정부에서 이들 협회에 일부 재정지원을 하고 있으므로 이미 구축되어 있는 이들 네트워크를 효과적으로 활용하는 방안을 적극적으로 검토하여야 한다.

04절 녹색인재를 통한 녹색성장사회 구현

지금까지 녹색성장을 견인할 인재에 대하여 녹색성장 및 녹색인재의 개념을 바탕으로 녹색인재 양성방안에 대하여 논의하였다. 녹색성장사회로의 사회발전 패러다임의 변혁은 국가의 중요 의사결정집단뿐만 아니라 사회 전 구성원의 동의가 필요하다. 녹색성장사회는 정치인들의 수사가 아니라 우리의 후손들이 지금보다 더 나은 삶의 질을 갖도록 걱정하는 진정성에 기반을 두는 것이라면, 모든 사람이 이 문제에 대하여 인지하고 해결하고자 하는 의식을 공유하여야 한다. 그러므로 생애 전 단계에 걸친, 전 계층의 국민들에게 접근할 수 있는 다양한 채널을 가동하여, '환경인지적(environment sensitive)', '미래인지적(future sensitive)'으로 구성원들의 의식이 변화될 수 있도록 지원하여야 한다. 구성원들의 공유된 관점을 바탕으로 멀리 길게 보면서 후속세대의 교육시스템도 녹색인재를 양성할 수 있도록 창의적이고 유연하게 전면적으로 개혁하여야 할 것이다.

창의적인 인재를 길러 내기 위한 교육을 위해서는 교육시스템의 변화뿐만 아니라 실패를 벌하지 않도록 사회보장시스템의 확충과 괜찮은 일자리 확충을 통한 고용기회의 확대라는 전반적인 사회시스템의 변화가 요구된다. 초·중등학교는 대학입시를 위해 거쳐 가야 하는 기간이 아니라 긴 미래를 살아가기 위한 토양을 제공하는 곳이어야 한다. 한국의 미래를 위한다면, 정부당국뿐만 아니라 교사, 학생, 학부모 단체, 정치인, 경제인, 교육에 관련 있는 사람, 곧 전 국민이 진지하게 우리의 교육문제에 대하여 논의하고 새로운 교육체제에 대한 합의를 이끌어 내어야 한다. 핀란드 사례는 이와 같은 사회적 합의에 바탕을 둔 교육혁신이 가능함을 보여 준다. 지금 세계적으로 칭송받고 벤치마킹의 대상이 되고 있는 핀란드의 교육체제도 처음에는 격심한 갈등과 혼란을 겪다가 1990년도 교육에 관한 대타협을 통하여 유연하면서도 교육과 노동을 연계하고 평생학습체제를 구축하여 성공적인 교육성취 결과를 내고 있다.

어느 특정 국가뿐만 아니라 전 지구가 지속하고 현 세대와 후속 세대에게도 인간다운 삶의 질을 보장해 주기 위해 이제는 '그린 코드'를 더 이상 메타포(metaphor)와 레토릭(rhetoric)으로 두어서는 안 된다. 산업화 성장 시대 흐름의 끝에서 새로운 발전의 패러다임을 추구해야 하는 우리의 상황 하에 녹색성장 모델은 매우 중요한 기회를 창출할 수 있을 것이다. 녹색인재를 동력으로 하여 녹색성장을 제대로 구현함으로써 우리나라가 세계적으로 존경받는 경쟁력있는 국가로 재도약하는 계기를 마련하여야 한다.

CHAPTER

8

녹색직업능력개발로 대응하자

나영선

녹색경제로의 이행은 일자리 창출의 새로운 기회로 등장하고 있다. 기술혁신에 의해 새로운 일자리가 기존 일자리를 대체하면서 필연적으로 숙련노동력에 대한 수요를 창출할 것으로 기대된다. 그러나 기술혁신을 전제로 한 신규 일자리의 순 규모는 예상보다 크지 않다. 대다수의 녹색일자리는 기존의 생산직이 수행하던 그린칼라직종에 환경적 요소를 적용함으로써 창출되기 때문에 직업능력개발을 통한 숙련격차 해소가 일자리 창출의 성공요인이다. 기존산업의 일자리를 녹색환경에 맞도록 변화시키고 이에 적합한 기술향상과 숙련전환을 도모하는 노력이 녹색일자리 성장을 촉진하는 필요충분조건이라고 볼 수 있다.

이런 의미에서 직업능력개발은 녹색일자리로 이동하기 위한 게이트웨이(gateway)로서의 역할을 담당할 것으로 기대된다. 미국, 독일 등에서는 녹색일자리에 대비한 다양한 훈련프로그램을 개설하는 등 빠르게 대처하고 있다. 인력투자시스템을 보완한 녹색직업법(Green Jobs Act)을 제정하고 지역사회대학 등 교육훈련기관도 적극적으로 동참하고 있다. 일자리에서 밀려날 우려가 있는 취약계층을 위한 사회적 합의 노력도 간과하지 않고 있다. 또한 법적·재정적 유인책을 통해 녹색일자리로 전환하는 데 필요한 인력양성을 지원하는 제도적 노력도 강구하고 있다.

이에 비해 우리나라는 녹색성장을 강조하고는 있으나 인력공급 측면에서는 구체적인 준비가 부족하다. 녹색일자리에 필요한 다양한 형태의 숙련수요를 예측하고 이에 대응하는 전략적 추진방안이 마련되어 있지 못하다. 본 고에서는 우리나라 녹색직업능력개발의 과제로서 녹색현장기술을 선도하는 인력양성 방안, 녹색기술 수요에 부응하는 재직근로자 직업능력개발 방안, 실업극복을 위한 녹색직업능력개발 방안, 마지막으로 법적 지원 및 인프라 구축방안을 제안하였다.

01 절

녹색일자리는 숙련인력을 필요로 하는가?

글로벌 경제위기를 해소하는 대안으로서 녹색경제, 녹색일자리는 새로운 기회로 등장하고 있다.

기후변화 및 환경문제가 인류의 미래에 심각한 도전장을 던지며 이를 해결하기 위한 노력을 통해 수많은 녹색일자리가 창출될 것으로 기대되고 있기 때문이다. 또한 녹색경제로의 이행은 환경문제뿐만 아니라 양질의 일자리를 통해 저소득층의 빈곤탈출을 도울 수 있는 새로운 경제적 기회(Jones, 2008)라는 점에서 전 세계가 총력을 기울이는 이슈이다.

녹색일자리란 '환경을 보존하거나 복원하는 데 실질적으로 기여하는 농업, 산업, 서비스업 그리고 행정 분야의 일'로 포괄적으로 정의한다. '저탄소 녹색성장을 지향하는 관련 산업, 즉 신재생에너지 및 환경산업 관련 직종'으로도 볼 수 있다. 아직 합의된 정의는 없지만 좁게는 효율적인 자원관리, 신기술 등을 통해 환경문제 해소에 기여하는 비교적 고소득 전문직을 의미하기도 하며 넓게는 대졸 수준을 필요로 하지 않는 숙련기술직, 전기기술자, 용접기술자, 목공 등과 전통적인 생산직과 관련된 일이기도 하다. 이런 직업에 환경친화기술을 적용시켜 새로운 직업으로 대체시켰을 때 이것을 '녹색일자리'라고 본다(UNEP, ILO, IOE & ITUC, 2009).

녹색경제로의 이행을 위해 환경규제, 연구개발투자 등 다각적인 방안을 강구하고 있는데 그 핵심은 녹색경제가 양질의 일자리 증가와 직결되어야 한다는 사실이다. 녹색일자리를 촉진하는 전략은 녹색생산품과 서비스의 요구를 충족시키도록 하는 의도적 정책을 추진하는 것으로서 지역경제의 활성화[1]와도 관련이 있다. 녹색생산품과 서비스의 생산은 필연적으로 새로운 숙련수요를 요구하기 때문에 근로자들은 새로운 숙련기술을 터득하기 위한 훈련을 받아야만 한다. 그러므로 친환경적 사업, 녹색마케팅의 성공은 숙련된 인력을 얼마나 확보하는가에 달려 있다.

그런데 왜 녹색일자리가 충분히 빠른 속도로 확산되지 않는가. 직업능력개발로 무장한 근로자들이 녹색일자리에서 경력트랙을 확보할 수 있는 양질의 일자리(decent job)로 만들어나가야 하는 이유가 바로 여기서 도출된다.

녹색일자리로 이동하기 위한 직업능력개발 전략은 다양한 수준에서 이루어진다. 어떤 녹색일자리는 기껏해야 고급 제조기술 수준이기 때문에 훈련프로그램의 큰 변화를 요구하지 않을 수도 있다. 또한 기존의 훈련프로그램들은 전통적인 훈련방식을 추종하기 때문에 그 점이 장애가 될 수 있다. 이런 훈련프로그램은 고임금 및 고용안정을 보장하더라도 유능하고 새로운 사고를 가진 청년층을 훈련프로그램으로 유인하기 어렵고 녹색일자리에 필요한 인력양성에 적합하지도 않다. 이때 가장 적절한 전략은 녹색일자리로 진입하도록 좀더 집중적인 도제훈련과 현장 지향적 교육훈련을 실시하는 것이다.

---

1) 생산자 및 소비자가 함께 녹색일자리 창출을 촉진하는 전략은 건물의 에너지 효율성을 높이는 분야, 바이오매스 등 재생에너지 분야, 철도 및 화물운송 분야, 컴퓨터관련 스마트그리드 분야 등과 관련이 있다. 이런 직업들은 환경문제 해결에 기여할 수 있을 뿐만 아니라 환경문제에 대한 관심은 일자리의 수를 증가시켜 고용창출이라는 두 가지 목표를 동시에 달성할 수 있다.

또 다른 녹색기술, 예를 들어 환경친화형 녹색자동차 기술은 기존 기술과의 단절을 필요로 한다. 이런 분야에 종사하는 인력은 전체 자동차 업계에서 소수를 차지하는데 녹색기술이 대량생산체제로 정착하기까지 오랜 기간이 흘러야 하며 필요성을 확인한 후에야 기업들은 대폭적인 자본투자에 나설 것이다. 그간 다수를 차지하던 전통적인 자동차 생산에 종사하던 근로자들은 직업능력개발을 통해 새로운 녹색자동차 기술에 필요한 숙련으로 업그레이드되어야 한다. 직업능력개발을 통해 녹색일자리와 기존일자리 간의 숙련격차를 완화해야만 실질적인 고용증가가 발생할 수 있기 때문이다. 이런 맥락에서 녹색일자리는 여러 유형에서 다양한 수준의 숙련인력을 필요로 하고 있음을 알 수 있다.

2절에서는 녹색일자리로의 게이트웨이(gateway)로서 직업능력개발의 의의를 구체적으로 살펴본다. 3절에서는 외국의 녹색직업능력개발 정책 동향을 살펴보고 준비단계에 있는 우리나라 정책에 대한 시사점을 제시해 본다. 4절에서는 성장과 분배의 균형을 통해 녹색경제로의 '공정한 이행'을 촉진하기 위한 과제를 살펴본다. 녹색기술 숙련수요에 부응할 뿐만 아니라 양질의 일자리로의 이동을 촉진하기 위한 과제도 녹색직업능력개발의 한 축이기 때문이다. 5절에서는 현재 우리나라 직업능력개발정책이 과연 녹색일자리를 준비하고 있는지 검토하고 녹색직업능력개발 추진정책 및 인프라 구축방안을 제안한다.

02절 녹색일자리 게이트웨이(gateway)로서 직업능력개발

녹색일자리의 양면적 특성

녹색일자리 기회가 실질적인 양질의 일자리 창출로 이어지기 위해서는 정치, 기술, 환경, 노동측면에서 수많은 도전과제가 남겨져 있다.

녹색일자리가 고용에 미치는 영향을 보면 대부분 긍정적으로 나타나지만 고용효과의 양면성을 간과할 수 없기 때문이다(표 1 참조). 새로운 일자리가 창출되는 만큼 기존 일자리가 소멸할 것이며, 정규직이 증가하는 만큼 비정규직도 증가하기 때문이다. 녹색일자리는 미래기술과 결부되어 있다고 믿고 있으나 대부분의 일자리는 그러하지 않음에 주목할 필요가 있다. 즉, 기술발전과 신규 산업개발에 따라 새로이 창출되는 일자리의 순 규모는 예상보다 크지 않으며 현존 산업에서의 일자리를 녹색환경에 맞도록 변화시킴으로써 기존인력의 기술향상과 숙련전환을 위한 교육훈련을 통해 녹색성장을 촉진하는 것이 더 절실한 요인임을 시사한다.

녹색일자리의 양면적 특성을 구체적으로 살펴보면 다음과 같다.

첫째, 신기술개발과 관련된 일자리 수는 많지 않다는 점이다. 실제 창출될 일자리의 대부분은 기존 부문(건설, 자동차제조, 대중교통 등)에서 나타

≪표 1≫ 녹색일자리가 고용에 미치는 영향

효 과	예 시
고용효과의 양면성	녹색정책과 신규녹색사업은 기존의 일자리를 보존하거나 새로운 일자리를 창출할 수 있는 반면 환경규제는 비용 증가, 인력수요 감소, 공장 반환, 회사의 비경합 등 부정적인 영향을 미칠 수 있음(이는 매우 드물게 발생).
새로운 일자리 창출과 보존	녹색일자리는 새로운 기술발전과 신규산업(풍력 터빈, 태양열 광전변전공학, 연료전지, 바이오셀 등)의 출현을 통해 창출될 것임. 현존산업과 기업이 현재의 일자리를 녹색환경에 맞게 변화시킴으로써 발생할 손실을 줄일 수 있음.
직·간접적인 고용효과	소비가 증가함에 따른 인력수요 증가로 직접적 고용효과가 나타나며, 관련 제조업 활성화에 따라 임금소득을 증가시키는 고용효과가 나타남.
단기직과 장기직	건설·설치직종(예를 들면, 풍력 터빈)은 일반적으로 단기직이 많고, 제조·유지보수직종은 장기직이 많음.
임시직과 정규직	임시직은 정규직에 상응하게 나타남.

자료: UNEP, ILO, IOE & ITUC(2008).

나는데, 추가적인 기술 및 자격인증에 의해 재정의될 필요가 있으며 이는 기존의 일자리 다수를 유지하는 핵심적 요인이 될 것이다. 녹색일자리의 정의를 광범위하게 규정할 때 에너지, 건물, 운송, 산업, 폐기물관리, 농경, 조림 등 다양한 부문의 광범위한 직종이 잠재적인 녹색일자리인 셈이다.

둘째, 예상되는 녹색일자리 수는 상당하나 현재 친환경 차세대 자동차, 에너지 효율성을 높이는 건축물구조 개편, 태양에너지 활용시설로의 개편 등 생활환경 인프라 전환과 관련되어 있기 때문에 노동시장에서 차지하는 녹색일자리의 비중은 매우 작다는 점이다.[2)]

---

2) 현대자동차의 하이브리드 차량시장은 2010년에 3만 대로 현재보다 10배로 늘리더라도 전체 생산량의 1%에 미

셋째, 녹색일자리는 기본적으로 생산직이지만 환경적 요소가 투입되면서 녹색일자리로 분류되거나 아니면 녹색일자리로 대체되지 않는다면 소멸될 수 있다. 기존에 생산직으로 종사하였으나 산업사회변화에 따라 환경산업체에 종사하면서 환경보존 등 공익에 도움이 되는 일을 하는 노동자들로 재분류될 수 있다.

넷째, 환경보호 및 복구에 도움이 되더라도 적정임금, 안전한 작업환경, 충분한 근로권이 보장되는 양질의 일자리가 아니면 녹색일자리라고 볼 수 없다는 점이다. 현재는 재활용 작업, 플라스틱, 폐기물처리 등 환경오염산업에 종사하는 사람들의 근로여건은 열악한 것으로 알려져 있다. 기존 일자리들이 양질의 일자리로 탈바꿈하지 않는다면 녹색일자리라고 할 수 없다.

이상에서 살펴본 바와 같이 실제로 녹색일자리는 기존일자리를 대체하고 있으며 신규로 창출되는 수도 많지 않아서 전체 고용확대에 미치는 영향이 미미하다. 또한 적정한 임금 및 근로조건을 보장하는 양질의 일자리가 아니라면 녹색일자리라고 볼 수 없다.

그러나 녹색일자리의 양면적 특성은[3] 녹색경제라는 새로운 기회로의 이행이 인류의 의도적인 노력, 정책적 개입과 투자로 실현될 수 있음을 시사한다. 녹색일자리를 '기회'로 전환하는 것은 정책적 노력과 투자, 제도 구축이라고 볼 수 있으며 그 핵심과제의 하나로서 숙련격차를 해소하여 녹색일자리의 양과 질을 함께 제고할 수 있는 '직업능력개발'을 들 수 있다. 특히 새로운 일자리를 준비하는 것도 필요하지만 기존 재직근로자의 숙련을

치지 못하고 있다. 이는 하이브리드 차량생산에 종사하는 녹색일자리가 크게 늘기 어렵다는 점을 시사한다(동부증권 리서치센터, 2009. 2. 9).

3) Kubit, Renner & Sweeney(2008), 「녹색일자리현황」, 『국제노동브리프』, 6권 12호, 4-18쪽, 한국노동연구원.

업그레이드하는 것이 핵심과제이다.

녹색일자리 게이트웨이(gateway)로서 직업능력개발

김승택(2008)은 녹색일자리가 발생하는 경로를 크게 두 가지로 구분하고 있는데, 여기에서 우리는 현 단계에서 추진할 과제를 추출해 낼 수 있다.

첫째, 세계적인 녹색성장을 위한 투자확대가 녹색산업의 급속한 발전을 가져올 것이며 여기서 고용기회가 늘어날 것이라는 점이다. 그러나 신규일자리가 환경 관련 원천기술 및 응용기술의 개발성과와 직결되어 있다는 점에서 아직 선진국과의 기술격차가 큰 우리나라가 넘어서기에는 큰 장애로 볼 수 있다. 둘째, 수요확대에 따른 녹색일자리 증가이다. 고유가로 인한 에너지 효율화 추세는 전 세계적으로 건설산업 부문, 재활용산업 부문에서 새로운 시장수요를 창출하고 있는데 그런 일자리로 이행할 수 있는 숙련된 근로자가 과연 준비되어 있는지가 관건이다.

이와 같은 맥락에서 직업능력개발은 숙련격차를 해소하고 녹색일자리로의 이행을 위해 필수적인 조건임을 일 수 있다. 불충분한 훈련은 재생에너지 및 에너지 효율성을 높이고자 하는 적응과정에 중대한 장애가 될 뿐만 아니라 숙련 부족으로 종사자의 반수가 10년 내에 은퇴할 수밖에 없는 상황에 직면한다. 녹색일자리가 필요로 하는 숙련수요를 예측하고 자격을 개발하며 훈련프로그램을 제공하여 새로운 녹색일자리에 구직자를 연결시켜야 한다.

[그림 1]은 정책 환경과 인센티브를 통해 새로운 일자리가 창출되지만 실제 변화는 대부분을 차지하는 그린칼라에 대한 숙련, 훈련을 통해 가능

[그림 1] 고용친화형 녹색경제 이행모델

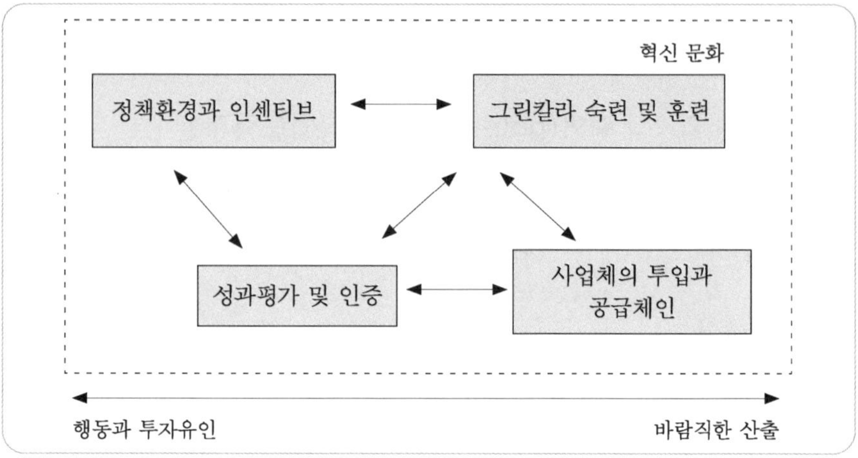

자료: Hatfield-Dodds(2008. 6).

함을 보여 주는 모델이다.

이런 의미에서 직업능력개발은 녹색일자리로의 진입을 촉진하기 위한 게이트웨이로서의 역할을 담당할 것이다. 즉 성공적으로 양질의 일자리를 창출하고 기존 일자리를 녹색화(greening)하기 위해서는 숙련격차를 해소하기 위한 직업능력개발이 중요한 요인으로 등장하게 될 것이다.

03 절

외국의 녹색직업능력개발 우수사례 및 시사점

Green Jobs Act와 직업능력개발

미국은 일찍이 녹색일자리의 중요성을 인식하고 인력투자법 개정안으로서 에너지 효율성을 높이고 재생에너지 분야 근로자훈련프로그램을 지원하기 위해 2007년 『Green Jobs Act』를 신설하여 연간 1억 2천5백만 달러를 투자하기로 하였다.

이 법은 에너지 효율적 빌딩, 건축, 재생전기, 에너지 효율적 자동차, 생물연료 등과 관계된 산업에서 새로운 숙련수요를 발견해 내고 훈련프로그램을 개발하는 시범사업을 지원한다. 주요 타깃집단은 포괄적이지만 특히 저임금집단이 고소득을 보장받고 근로조건이 양호한 양질의 일자리로 이동할 수 있는 통로로서 녹색경로(green pathway)에 초점을 두고 있다.

녹색경로를 촉진하기 위해 『Green Jobs Act』가 지원하는 5가지 녹색직업훈련프로그램을 살펴보면 다음과 같다.[4)]

첫째, 국가연구프로그램으로서 지원금의 10%를 차지한다. 녹색직업과 관련된 노동시장 동향을 분석하고 녹색일자리에서 요구하는 숙련의 형태

4) http://www.workforcealliance.org, "Frequently Asked Questions(FAQ) about the Green Jobs Act 2007".

를 추출해 내는 작업으로서 이 정보에 근거하여 기술적 지원을 제공하고 훈련파트너십을 구축한다.

둘째, 국가 에너지훈련파트너십 프로그램으로서 지원금의 30%를 차지한다. 경제적 자급자족, 에너지 효율 및 재생에너지 산업에 숙련된 노동력을 공급하기 위해 비영리기관 간의 훈련파트너십에 지원하는 것으로서 반드시 산업계와 노동계의 동등한 파트너십, 관련 이해당사자인 지역인력투자위원회, 교육기관, 지역사회조직에 기반을 둔 프로그램을 제공하여야 한다.

셋째, 주 노동시장연구 · 정보 · 노동교환 연구프로그램으로서 지원금의 10%를 차지한다. 주 차원에서 노동시장 동향 분석, 빈 일자리 및 관련된 기술 및 적성검사, 사례관리, 직업소개 등과 관련된 사업을 지원한다. 이 프로그램은 고용서비스 및 실업보험을 관리하는 주 정부기관이 관장한다.

넷째, 주 에너지훈련파트너십 프로그램으로서 지원금의 30%를 차지한다. 중점사항은 재생에너지 및 에너지 효율화부문의 노동력을 관리하는 고용서비스 및 실업보험 프로그램에 보조금을 지원하는 것이다.

다섯째, 빈곤탈출을 위한 시범프로그램으로서 지원금의 20%를 차지한다. 지역사회에서 산업체, 교육훈련기관 등이 파트너십을 구축하여 저소득층에게 훈련기회를 제공하고 성공적 수료를 지원한다.

한편 지역사회대학, 성인교육센터, 기술훈련기관, 비즈니스 스쿨 등 교육훈련기관들도 녹색일자리에 필요한 숙련인력을 양성하기 위해 힘을 모으고 있다. 교육훈련기관의 노력은 자격증과 학위프로그램의 운영, 교육훈련코스의 다양화, 기술훈련기관에서의 친환경 신규 훈련직종 개설 등으로 나타나고 있다. 구체적으로 살펴보면 다음과 같다(Liewellyn, Hendrix & Golden, 2008: 39-43).

첫째, 전통적 직종의 녹색화를 위해 새로운 자격증과 학위프로그램을 개발하여 운영하고 있다. 먼저 친환경 분야에서 수백, 수천의 일자리가 생길 것이며 이에 따른 신규인력도 필요하겠지만 목수, 용접공, 기계공, 배관공 등 전통적인 직종에서도 특수훈련과 자격증을 필요로 하고 있다. 예를 들면, 건축업은 위치선정에서부터 건축디자인까지 기초적인 지식을 쌓고 이에 추가적인 기술과 훈련을 필요로 한다. 즉, 재생, 재활용, 지속 사용가능한 물품의 분류 및 사용, 단열재, 무독성 점착성 페인트, 특수창 및 태양열시스템, 루프, 친환경 냉난방시스템 설치 등에 대한 높은 수준의 지식이 요구되는데 지역사회대학 및 대학에서 친환경건설(sustainable building)에 필요한 자격증과 학위프로그램을 운영하고 있다.5)

둘째, 교육훈련코스의 다양화를 통해 맞춤형 수요에 부응하고 있다. 다행이 녹색건축물에 대한 수요가 빠르게 증가하는 추세인데, 이러한 새로운 시장의 확대는 인력양성을 위한 교육훈련의 다양화를 가져오고 있다. 통합된 에너지코스와 관련된 커리큘럼의 기준을 세우는 대학, 기술학교, 지역사회대학의 수가 증가함이 보고된 바 있다. 예컨대, 오리건주의 레인지역사회대학은 지속적인 에너지코스 2년 과정을, 오스틴지역사회대학은 광전변환공학(photovoltaics)에 6개월 장기코스를, 직업전문학교와 2년제 지역사회대학, 건축조합(trade unions)에서도 녹색일자리와 관련된 특화훈련, 태양열 배관설치와 관련된 재훈련 등을 제공하고 있다.6)

셋째, 기술훈련기관 역시 녹색일자리 시장의 변화에 대비하여 준비

---

5) 실업률이 12%로 미국 최고 수준인 미시간 주의 랜싱지역사회대학의 경우 대체에너지 학위과정 등록자 수가 2005년 42명에서 지난해 252명으로 5배 이상 급증하였다.
(자료: http://www.hankyung.com/news/app/newsview.php?aid=2009041576871).

6) 4년제 대학에서는 특히 잠재적으로 녹색일자리와 관련된 전공 혹은 복수전공(interdisciplinary) 프로그램을 운영한다. 농학, 전기기계엔지니어링, 생물학, 지구과학, 보건과학, 동물학(zoology) 등 전 분야에 걸쳐 환경보호와 친환경에 대해 새로운 의식을 갖게 하고, 직접적인 훈련을 제공한다. Rutgers대는 환경과학과 같은 세부적인 전공소개뿐만 아니라 이와 관련된 분야, 직종리스트와 직업명까지 제공한다. 한편, http://www.worldwidelearn.com에는 환경엔지니어가 '향후 10년간 최고 인기직업 톱10'에 5번째로 랭크되어 있다.

하고 있다. 브롱크스지역사회대학은 PV(photovoltaic)설치 훈련프로그램을 2000년부터 실시했으며, 뉴욕대학은 태양열 PV테크놀로지 설치방법을 알려줄 설치전문가 훈련교사를 육성하여 Institute for Sustainable Power에서 자격증을 발급받도록 준비시켰다. 남부캘리포니아의 전기훈련기관은 15년간 PV관련 도제프로그램을 International Brotherhood of Electrical Workers와 국립 Electrical Contractors Association의 LA카운티 지역본부와의 파트너십을 통해 제공하고 있다. 산업전문가에 따르면, 클린테크(cleantech) 분야는 급성장중인 산업으로서 앞으로 새로운 과학 분야가 될 것이며 이에 따른 인력양성이 필요하다고 지적하였다.

이상과 같이 지역사회대학, 대학, 기술훈련기관, 기타 교육기관은 새로운 녹색인력에게 지식과 기술력을 갖추도록 필요한 프로그램을 확대하고 있다.

취약계층을 위한 녹색일자리 훈련프로그램

녹색일자리는 양질의 일자리를 의미하기 때문에 지속가능한 성장을 위해 주로 취약계층이 종사하던 단순기능직종을 녹색일자리로 개편하는 것이 중요한 과제이다.

미국 지역사회대학의 Pinderhughes(2007)는 저학력 취약계층에게 녹색일자리가 갖는 의의를 다음과 같이 재정리하였다. 녹색산업체에서 녹색칼라 일자리(green collar jobs)는 결국 생산직이기 때문에 이런 일자리가 직접 환경문제 개선에 기여한다고 본다. 관련 직종으로는 자전거 수리 및 배달, 대체연료를 사용하는 자동차수리 및 생산, 에너지 효율화를 위한 재건축, 유기농재배, 환경친화적 가구생산 등 25종으로서[7] 상대적으로 양질의 일자리이며 진입하기 어렵지 않고 현재 급격히 성장하는 직종이기 때문에 이런 특성들을 잘 조합하면 취약계층이 양질의 일자리에 접근할 수 있는 전략이 될 수 있다고 판단하였다. 이에 따라 취약계층에 대한 훈련을 통해 이런 직종에 종사토록 하는 것이 지역노동시장의 일자리창출에 바람직한 것으로 주장하고 있다.

Pinderhughes(2007)는 이들에게 적절한 훈련프로그램 구축모델을 ≪표 2≫와 같이 제안하였다. 우선 목표 취약계층 설정 및 필요한 훈련코스를 개설하고 인턴십을 활용하여 근로경험의 기회를 제공하며 나아가서 고용주 및 산업별협회, 지역사회와 함께 양질의 근로조건으로 이동할 수 있는 경력이동의 통로를 제공하는 패키지 프로그램으로 제공하는 것이다. 특히 훈련프로그램의 성공에는 고용주의 지지가 핵심적인 요소임을 지적하였다.

미국의 오리건주는 청정에너지 산업에서 필요로 하는 인력수요를 충족시기 위해 단기훈련프로그램을 개설하는 등 신속하게 대처한 점이 우수사례로 볼 수 있다(Hayes & Byrd, 2008). 산업별로 공통적인 또는 산업특화 숙련격차 및 훈련요구를 조사·분석하였으며 이에 따라 단기 훈련프로그램을 개설하였다. 현장의 도제프로그램부터 자격증과정에 이르기까지 적어도 28개의 청정에너지 훈련프로그램이 개설된 것이다. 이와 같은 시범적인 조치로 인해 오리건주에서는 청정에너지산업이 증가하였으며 관련 업무의 복잡성이 진화함에 따라 숙련수요는 더욱 높아지는 선순환이 발생하였다.

---

7) 자전거 수리(bicycle repair), 자전거 배달서비스(bike delivery services), 에너지 효율성 및 유지율의 증가를 위한 에너지 장치, 유기농식품 생산 및 농산품 생산, 친환경 자재(재활용품 등)를 사용한 가구제작, 친환경 건축물, 대량의 친환경 퇴비(composting), 건축자재 및 잔해의 운반 및 재사용, 친환경 조경, 재활용품(recycling), 무독성(non-toxic)제품의 재활용, 공원과 공터의 유지보수 및 확장, 무독성 잉크 및 염료, 재활용 용지를 사용한 친환경 프린팅, 재활용, 태양열 설치 및 보수, 나무베기 및 가지치기, 수돗물의 효율 및 유지를 위한 수도장치, 전반적인 주택관리(즉, HVAC, 다락방(attic) 설치, 내구재 등).

≪표 2≫ 취약계층을 위한 녹색일자리 훈련프로그램 구축모델(미국 사례)

타깃(target) 집 단	취업장벽에 막힌 즉, 고등학교 졸업장이 없고, 노동시장에서 오랜시간 소외되어 기술력과 경력에 제한을 받는 18~35세 성인을 대상으로 함.
훈 련	훈련프로그램은 약 3~6개월간 교실훈련이나 OJT를 통해 이뤄지는데, 녹색일자리 취업을 위해 ① 초기 성적평가, ② 기초 문해능력 평가, ③ 생활기술 및 소프트 스킬 훈련, ④ 재정관리능력, ⑤ OSHA안전훈련자격증, ⑥ 환경적 교육적 구성요소, ⑦ 기초직업기술 등과 같은 직접적인 훈련을 받음.
인 턴 십	인턴배치는 녹색일자리가 있는 기업체이자 녹색산업협의회(Green Business Council)에 가입된 고용주에 의해 2~6개월간 정규직(full-time)으로 이뤄지는데, 능력을 인정받으면 정식 정규직으로 채용될 기회를 얻게 됨.
사례관리 및 사후점검	인턴은 6~12개월의 근무기간 동안 사례관리 및 사후점검을 받게 되는데, 이는 고용주와 인턴 모두에게 도움이 되는 서비스로 고안됨.
유동적인 취업, 학습, 직종 등 진로(pathway) 선 택	훈련프로그램 졸업생은 취업, 학습, 직종변경 등의 다양한 선택을 하게 되는데, 그 경로는 ① 녹색기업에서의 OJT 훈련기회, ② 도제연합 프로그램(특히 전기공사에 대한), ③ 성인학습, 지역사회대학, 4년제대학 등을 통한 고등교육, ④ 녹색산업협의회(Green Business Council)에 가입된 고용주에 의한 일자리제공서비스 등임.
고 용 주	프로그램의 성공을 위해서 고용주는 '노동시장 진입자를 위한 훈련프로그램' 계획관련 직원들과 지속적인 대화를 통해 협력적이고 윤리적인 기업을 만들어야 함. 즉, 고용주는 ① 녹색경제부문의 성장과 기회, ② 녹색일자리에 대한 세부적인 훈련기준 구축, ③ 배치 기회, ④ 프로그램참여자의 인턴기회 창출, ⑤ job opening을 통해 녹색일자리에 적합하고 준비된 지원자 채용 등에 대한 정체성을 확보해야 함.
녹색산업협의회 (Green Business Council)	녹색기업 고용주간의 친밀감을 높이기 위해, 상공회의소(Chamber of Commerce)는 녹색일자리를 제공할 수 있는 지역의 녹색기업(사적, 비영리, 공적 부문 등)의 소유주와 관리자로 구성된 녹색산업협의회와 연합해야 함.

지방정부	경제발전, 노동력 창출, 환경수준의 진보 등과 관련된 이슈를 위해 일하는 정부 관계자는 녹색일자리를 제공할 수 있는 녹색기업에 대한 꾸준한 지원책을 제시함. 즉, 도시 내 녹색일자리를 잘 제공할 수 있도록 녹색기업의 경제활동에 유연한 규제를 취하고, "first source"고용정책을 통해 인센티브 제공, 세금공제, 훈련프로그램을 지원할 수 있는 지역조직 운영 등의 방법을 통해 이를 달성할 수 있도록 함.
지역사회 참 여	프로그램은 버클리(Berkeley)의 저소득계층에게 공적·사적 지원뿐만 아니라 프로그램에 참여 및 채용을 원조하도록 운영됨.

여기서 찾을 수 있는 시사점은 인력양성시스템이 단기적인 청정에너지산업 인력수요에 신속히 대응할 수 있도록 핵심훈련기관 및 노동조합 훈련프로그램을 적극적으로 활용하는 것이다. 다음으로는 청정에너지산업 훈련시스템의 효율성 및 유연성, 지속가능성을 제고하는 수단으로서 훈련재원 등을 확보해 내는 것이다. 마지막으로 녹색일자리를 양질의 일자리로 개편하여 근로자의 경력경로를 확립하는 것이다.

미국 캘리포니아주의 녹색일자리 훈련프로그램 목록을 살펴보면, 대부분 취업 또는 고용유지에 다양한 장애를 가진 근로취약계층을 대상으로 훈련기회를 제공하고 있다(표 3 참조). 중요한 특징은 훈련프로그램이 다양한 서비스와 결합되어 실질적인 빈곤탈피를 지원하고 있다는 점이다. 청소년에게는 교육훈련기회를 제공할 뿐만 아니라 다양한 교환학생프로그램, 일자리프로그램과 연결해 준다.

≪표 3≫ 미국 캘리포니아주 녹색일자리 훈련프로그램 사례

프로그램명(시행지역)	프로그램의 특성
Green Ambassadors (LA, CA with Connections to Southern California)	• 청소년을 대상으로 하며, 남부 캘리포니아의 모든 단체가 연결된 프로그램 Green Youth Coalition; 액션 프로그램의 학습서비스에 기반을 둔 방과 후/재학중(in-school) 프로그램; 국립청소년회(National Youth Summits); 녹색성장 관련 토론을 위한 해외탐방 프로그램 Green Solution Tours; 글로벌교환학생 프로그램 Green Adventures가 있음.
LA Infrastructure and Sustain Ability Jobs Collaborative (LA, CA)	• 저소득, 취약계층이 공공, 민간, 지역사회간의 파트너십을 통해 에너지-유틸리티산업에서 경력을 쌓아 생활가능한 소득이 있는 일자리를 얻도록 seamless교육훈련 제공 • 주요 파트너는 LA Trage Tech, 지역경제발전회(Regional Economic Development Institute), LA 수력발전부, 남부 캘리포니아 가스회사, LA 통합교육구(Unified School District)와 IBEW Locals 11과 18.
Ma'at Youth Academy (Richmond, CA)	• 도시계획 및 지역사회 아웃리치 활동 참여를 통해 청소년 자원봉사자에게 무료훈련 교육아카데미 제공. 프로그램 참여자는 지역계획 및 환경단체에서 어떻게 환경친화적인 도시와 빌딩을 만들지에 대해 배우게 됨.
Oakland Green Jobs Corps (Oakland, CA)	• 오클랜드 녹색일자리 회사는 고용장벽에 직면한 청년층에게 '빈곤탈출을 위한 녹색경로(green pathways out of poverty)'라는 모토로 다음의 프로그램, Cypress Mandela훈련센터와 Laney칼리지의 성장섹터에서 취업준비(job-readiness) 훈련, 지원서비스, OJT 등을 통해 자격을 갖춘 훈련생은 녹색산업에 종사하게 됨.

Regional Technical Training Center(RTTC) (Oakland, CA)	• 유해폐기물관리 및 환경친화적인 에너지 분야를 포함하는 다양하고 실질적인(hands-on) 무료훈련프로그램을 제공함. 프로그램을 통해 제공되는 작업배치 도움(job placement assistance)을 통해 에너지 프로그램에서의 추가적인 코스가 요구됨.
Rising Sun Energy Center and Community Youth Energy Services(CYES) (Multiple Locations, San Francisco Bay Area)	• 숙박시설(residential home)이나 공공시설(shelter)에 거주하는 15~22세 연령의 지원자에게 여름동안 에너지 감사(audit) 및 설치 서비스를 수행할 수 있는 무료 훈련프로그램을 제공함. 훈련생은 에너지 보존 및 태양열 발생에 대한 훈련을 받게 됨.
SCOPE and the Los Angeles Apollo Alliance (Los Angeles, CA)	• 현재 Green Career Ladder 훈련프로그램을 개발 중인데, LA에 거주하며 연합도제 프로그램 수료자, 녹색일자리 종사자 50명을 대상으로 함. 주요 변경내용은 주기적으로 웹사이트 확인 요망.
Solar Richmond (Richmond and Oakland, CA)	• Solar Living Institute, GRID Alternatives와 Richmond 시의 BUILD프로그램의 파트너십을 통해 리치몬드와 오클랜드에 거주하는 저소득층에게 태양열 설치 및 에너지 효율감사(auditing) 분야에 대한 무료일자리 훈련, 유급 인턴십, 작업배치 도움(job placement assistance)을 제공함.
YouthBuild USA (Multiple Locations throughout the State)	• 건축업 도제(pre-apprenticeship) 및 일반교육프로그램에 대해 무료훈련을 제공하는데, 참여자는 반드시 GED 혹은 고등학교 졸업증을 소지한 16~24세여야 함. 6~24개월간 프로그램에 참여하는데, YouthBuild 건축사이트와 대안학교에서 나눠 들을 수 있음.

자료: http://www.edf.org, "Green Jobs Guidebook".

신재생에너지 산업의 성장과 녹색일자리 증가

1980년대부터 환경오염에 관심을 갖고 녹색산업을 육성해 온 독일은 녹색일자리, 녹색기술 및 녹색경제 개발의 선두자이다. 또한 2000년에는 『신재생에너지법』을 제정하여 세계 환경기술 수출의 주도국으로서 측정, 통제, 규제, 수자원 및 폐수처리 기술, 청정대기 기술, 소음 보호 및 재활용 부문에서 국제적인 성공을 거두고 있다(Schreurs, 2008).

이에 따라 녹색산업 분야의 고용도 크게 증가하였는데, 독일 환경부에 따르면 신재생에너지 부문의 고용은 1998년 약 7만 명, 2004년 17만 명 수준에서 2006년 현재 25만 명으로 급속히 증가하였으며 전체적으로 177만 7천 명의 독일 근로자가 녹색일자리 직종에 종사하고 있는 것으로 추산하고 있다.

이와 같은 녹색일자리로의 이행과정에서 경제주체의 합의도 중요한 촉진요인이었다. 녹색산업화를 추진하는 단계에서 사용자들은 근로자의 의사결정 참여에 부정적으로 대응하였지만 중소규모의 사업체로 구성된 신재생에너지산업은 통폐합의 구조조정 과정에서 일자리 창출과 이에 동반하는 녹색생산전략을 도모한다는 차원에서 노동조합의 합의와 협조를 이끌어 냈다. 이는 녹색경제가 가져올 수 있는 일자리 위협을 경제주체 간 협의에 의해 기회로 전환한 사례로 볼 수 있다(UNEP, ILO, IOE & ITUC, 2008).

근로자들이 녹색일자리로 이동하기 전에 새로운 기술을 터득하기 위한 훈련을 요구하는데, 이를 지원하기 위한 다양한 노력도 찾아볼 수 있다. 먼저, 충분히 교육 받은 노동력의 공급 확보를 위해 독일 정부에서는 2006년 말 '환경이 미래이다(environment creates perspectives)'라는 이니셔티브를 마련해 녹색일자리 구직을 위한 개인별 교육을 구상하였다(Schreurs,

2008). 실제로 건축회사의 도산으로 일자리를 잃은 근로자들이 3개월간의 재교육을 거쳐 인근의 신재생에너지기업에 채용되었는데, 근로자들의 절반이 이전에 실업자였으나 재교육을 통해 일자리를 구한 경우이다. 다음으로는 에너지 효율성을 높이기 위한 건물개보수 사업을 실시하여 숙련근로자를 유인한 사례도 있다. 한 부동산개발업체는 아파트단지의 이산화탄소 배출량을 연간 10%씩 줄이는 개보수 공사에 착수하였는데 이를 위해 에너지전문컨설턴트에서부터 태양열 집열판을 설치하는 기능공, 에너지 효율을 높이는 계측기 설치자까지 다양한 숙련기술인력을 활용한 사례가 있다(한겨레 인터넷신문, 2009. 5. 20).[8)]

녹색경제로의 이행은 기회이면서 한편으로는 일자리를 위협하는 요인이 될 수도 있지만 독일식 모델이 주는 함의는 정부가 환경친화산업 육성을 통해 수많은 일자리를 창출해 냈으며 녹색경제가 실제로 일자리증가를 가져올 수 있음을 입증하였다는 점이다. 신재생에너지 산업의 성장을 지원하는 정책수단으로서 시장접근성, 재정적 인센티브, 품질기준, 직업훈련 등을 들 수 있는데, 독일은 호주 및 인도와 함께 성공적인 훈련프로그램을 제공한 국가로 보고되고 있다(UNEP, ILO, IOE & ITUC, 2008).

시 사 점

첫째, 녹색일자리를 일자리창출의 기회로 활용하기 위해서 먼저 숙련격차 해소문제에 주력하고 이를 직업능력개발의 확충을 통해 대응하였다는 점이다. 미국에는 『인력투자법』이라는 정부차원의 인력양성시스템이 구

8) http://www.hani.co.kr/arti/society/society_general/354968.html

축되어 있었으며 이에 기초하여 에너지 효율성 분야, 재생에너지 분야 등에서 긴급하게 요구하는 숙련수요, 훈련요구에 전면적으로 대응할 수 있는 훈련프로그램을 지원하였다.

둘째, 교육훈련기관의 적극적 동참을 들 수 있다. 특히 지역사회대학에서는 중급 숙련기술의 필요성을 확인하고 자격증 및 학위과정의 신속한 개편을 통해 녹색일자리에서 대규모로 요청되는 중급 숙련수요를 충족시키기 위한 노력을 게을리하지 않았다는 점이다. 녹색일자리로 진입할 근로자를 육성하기 위해 교육훈련체계 재정비의 필요성을 인식하고 준비하였다.

셋째, 전통적인 일자리를 녹색일자리로 개편하는 노력과 동시에 녹색경제로의 이행과정에서 일자리가 사라질 가능성이 많은 취약계층의 일자리 문제를 간과하지 않았다는 점이다. 이를 위해 실업자에게 녹색일자리 훈련을 제공할 뿐만 아니라 재직근로자를 대상으로 단기훈련과정을 제공하였다. 이때 사용자 및 노동자단체 등 경제주체의 사회적 합의도 녹색일자리로 이행하는 데 중요한 촉진요인으로 작용하였다.

넷째, 정부는 법률적 이니셔티브 및 녹색일자리로 전환하는 데 필요한 재정지원 등 유인책을 제공하여 정책적·의도적 노력을 다하였다. 미국 정부의 Green Jobs Act의 핵심은 지역사회대학 등 다양한 교육훈련기관이 녹색일자리 훈련을 실시할 경우 추가적인 재정지원을 약속한 것이다. 또한 독일이 선도적으로 제정한 신재생에너지법은 정부가 녹색산업으로 산업구조 개편을 유도하면서 일자리를 창출하게 한 우수사례로 볼 수 있다.

04 절

녹색경제로의 공정한 이행과 직업능력개발

Pinderhughes(2007)도 녹색일자리를 다음과 같이 6가지 특징으로 규정한다. 녹색일자리는 근로자에게 생존임금(living wages), 건강보험(health benefits), 추가적 복지(additional benefits), 의미있는 근로(meaningful work), 높은 수준의 직업만족도(high level of job satisfaction), 경력성장의 기회(opportunities for occupational mobility) 등을 제공하는 일자리를 의미한다. 미국의 환경단체에서도 녹색일자리가 중산층을 두텁게 하고 빈곤에서 벗어날 기회를 주기 위한 일자리로 이해하고 있다.[9] 2008년 UNEP 보고서에서도 기후변동에 대처하는 과정에서 창출되는 녹색일자리는 양질의 일자리, 즉 적절한 임금을 지불하고 안전한 작업환경, 고용안정, 합리적인 경력전망, 노동권을 보장하는 일자리여야 한다고 보고하고 있다.

이상과 같이 볼 때 녹색일자리는 양질의 일자리임을 알 수 있다. 그러나 녹색일자리를 양질의 일자리로 준비하기에는 아직도 많은 장애가 있는 것이 사실이다.

첫째, 많은 녹색산업들이 열악한 근로조건을 제공하고 있다는 점이

9) http://www.greenforall.org/resources/green=collar-jobs-overview

다. 우리나라에서도 환경산업은 폐기물 사후처리가 대부분인 오염산업으로 근로조건이 열악하고 임금 수준도 낮은 편에 속한다. 근로행태가 위험하여 녹색일자리라고 보기 어려운 실정이다.

둘째, 녹색일자리가 빠른 속도로 창출되고 있지 않는데 이는 시장친화적 경제정책 기조와 관련이 많다는 점이다. 녹색경제는 장기적으로 기업의 경쟁력을 유지하고 비용을 줄이는 데 기여할 것이며 고용창출에 핵심적인 요소임에는 분명하지만 현재의 시장친화적인 경제정책 기조는 환경산업 및 녹색산업 육성과 조응되기 어렵다. 이 부문에서 녹색일자리가 빠른 속도로 확산되지 않고 있다는 점이 딜레마이다.

셋째, 산업현장에서는 아직도 일자리보유에만 관심이 많고 직업능력개발을 통한 일자리의 재정비에 대한 논의가 충분치 않다는 점이다. 녹색일자리는 전통적인 일자리의 소멸과 개편, 생성을 통해 이루어지는데 이 과정에서 사회적 대화(social dialogue)가 중요하며 노조가 함께 논의할 수 있는 노사협의회의 역할이 필요하며 아울러 경영진도 적극적으로 참여해야 한다.[10]

이와 같이 양질의 일자리로의 이행을 가로막는 장애에 대한 대응책으로서 정부는 적극적으로 녹색직업능력개발 대책을 수립하여야 한다.

기존의 전통산업이 친환경 분야로 진입 시 새로운 기회가 발생하지만 기술적·정책적으로 지지되지 않을 때 효율성만을 강조하면서 일자리가 축소되는 등 녹색산업화가 일자리를 오히려 감축시키는 요인이 될 수 있다. 이행과정에서 기존 일자리를 잃지 않도록 정책적 지원을 강구하고 녹색산업에 필요한 적응·직무훈련 등을 통해 순조로운 전직과 일자리정보를 제공하

10) 독일의 경우에는 빌딩이노베이션을 통해 녹색일자리를 창출하고 빌딩의 친환경화를 위해 정부, 산업, 노동계, 그리고 환경관련 NGO가 공동으로 노력하였다.

는 것이 필요하다. 장기적으로 녹색성장과 관련하여 국가 정책수립 시 새로운 기술개발뿐만 아니라 녹색산업으로 새롭게 편입될 수 있는 기존 기업에 대한 법적 · 제도적 장치도 필요하다.

요컨대 녹색기술 숙련수요에 부응할 뿐만 아니라 양질의 일자리로의 이동을 촉진하기 위한 과제도 녹색직업능력개발의 한 축이라는 점이다. 성공적으로 양질의 녹색일자리를 창출하고 기존의 일자리를 녹색화(greening)하여 지속적인 발전을 담보하기 위해서는 경제 · 환경 · 사회정책의 일관된 시행이 긴요하다.

05절
우리나라 녹색직업능력개발 현황 및 과제

정부의 녹색성장정책과 직업능력개발의 필요성

한국의 녹색성장 선점 전략은 해외에서 먼저 평가를 받고 있다. 유엔환경계획(UNEP)은 2009년 7월 이탈리아에서 열린 G20(주요 20개국) 환경장관회의에서 한국을 녹색성장의 모범사례로 널리 홍보했다. UNEP는 "녹색성장을 원하지만 구체적 방법을 모르는 국가는 한국을 보면서 '노하우'를 배워야 한다"고 권고했다. 세계가 직면한 금융과 기후변화 위기를 동시에 극복하려면 녹색기술 투자로 경기를 부양해야 한다는 공감대가 형성됐는데 한국이 가장 적극적이라고 평가했다.[11]

청와대에서 최근 발표한[12] '저탄소녹색성장정책'의 주요 목표는 탈석유에너지자립국가 및 저탄소사회의 구현, 녹색기술 · 산업의 신성장동력화, 녹색국가 위상정립 등이며 이를 실현하기 위해 기후변화 대응, 에너지자립, 국가위상강화 등 3대 중심 분야의 10개 정책을 집중 추진 중에 있다. 이 중

---

11) 프랑스, 한국 녹색성장에 주목하다. 르 피가로는 녹색성장 5개년 프로젝트를 자세히 소개하였다. "한국이 녹색성장에 도전하다"(La Corée du Sud fait le pari de la croissance verte), 프랑스 일간 르 피가로가 7월 8일(현지시간) 이 같은 제목의 기사를 통해 한국의 녹색성장 5개년 프로젝트를 소개했다. 이 신문은 "한국은 앞으로 녹색성장 차원에서 600억 유로라는 어마어마한 액수를 5년 동안 투자하려 한다"며 "이 금액은 연간 GDP의 2% 규모로, OECD 다른 국가들과 비교가 안 되는 노력"이라고 평가했다.

12) 대통령실(2009. 6. 11). 「'녹색성장' 이렇게 이뤄 나가겠습니다」, 『청와대 정책소식』, 14호, 청와대.

에서 녹색직업능력개발과 관련된 정책과제는 '신성장동력 확충' 분야의 '녹색기술개발 및 성장동력화', '산업의 녹색화 및 녹색산업 육성', '산업구조 혁신', '녹색경제기반 조성' 등 녹색일자리 창출과 관련된 과제이다. 녹색연구인력, 녹색 지식컨설턴트, 녹색기능인력을 포괄하는 녹색인재양성을 위해 2009년부터 4년간 총 50조 원을 투입하여 약 90만 개 일자리 창출을 목표로 한다.

이상과 같이 정부가 발표한 녹색성장정책이 예정대로 순조롭게 된다면 성장과 분배의 균형을 통해 전 세계가 추구하는 지속가능성을 실현하게 될 것이다. 그런데 균형성장은 양질의 일자리 창출과 직결되어 있음을 간과해서는 아니 된다. 녹색경제로의 이행은 숙련노동력에 대한 수요를 창출하여 궁극적으로는 한 국가의 고용능력 제고와 직결되기 때문이다. 따라서 원천기술개발을 지원하고 현장의 숙련격차를 해소하기 위해 녹색직업능력개발이 시급히 요청된다.

그간 직업능력개발은 저숙련 · 제조업 분야 중심으로서 에너지 효율적이고 환경친화적인 녹색직업능력개발에 대한 준비가 부족하였다. 뿐만 아니라 실업자 등 취약계층에 대해서도 단순 기능중심 훈련에 치중하여 실질적인 일자리 창출 성과가 미흡하였다. 양질의 고용(decent work)은 반드시 직업능력개발을 통해서만 가능하기 때문에 지속성장과 재도약을 위해서는 녹색직업능력개발을 통한 고용창출, 실업극복 운동으로 재조명될 필요가 있다.

현 단계 녹색직업능력개발정책의 현황 및 문제점

1960~80년대 산업화시대의 직업능력개발정책은 정부주도적 직업

훈련을 통해 숙련인력을 대규모로 양성 · 공급하는 데 중점을 두었으며 1990년대 중반부터는 고용보험으로 개편하면서 재직자 및 실업자에 대한 포괄적인 직업능력개발을 통해 국가 경제발전에 많은 기여가 있었다.

다른 국가들과 마찬가지로 2008년 말부터 우리 경제에 직접적으로 타격을 주고 있는 글로벌 경제위기 속에서 직업능력개발정책은 핵심 노동시장 정책으로 그 역할이 강조되고 있다. 왜냐하면 글로벌 경제위기가 초래한 일자리 위기는 일자리를 양적으로 확대하는 정책만이 아니라 일자리에서의 숙련격차를 해소할 수 있는 직업능력개발을 통해 가장 선순환적으로 극복될 수 있다는 점이 과거 경험의 교훈이기도 하기 때문이다.

녹색기술산업과 고부가서비스산업 등 신성장산업이 지속가능한 경제성장과 일자리 창출의 대안으로 부상함에 따라 직업능력개발 차원에서의 대응이 요구되고 있으나 과거 제조업 중심의 인력양성에서 벗어나지 못하고 있다.[13] 그 이유는 먼저, 저탄소 · 친환경 에너지를 기반으로 하는 생산양식의 변화와 관련된 상품을 거래할 녹색시장이 아직 형성되어 있지 못하기 때문이다. 정책적인 측면에서도 지식경제부, 교육과학기술부, 환경부 등에서 녹색산업 육성, 녹색기술개발지원정책을 제시하고 있으나 녹색성장을 위한 중추적인 요소로서 관련 분야 인력양성과 활용의 근간이 될 녹색직업능력개발 전략이 부재하기 때문이다.

실제로 직업능력개발 현장에서는 공공훈련에서 제조업 분야 기능인력 양성비중이 82%, 민간훈련 중 서비스 · 사무관리 분야 비중이 40%로서 녹색기술 영역별 일자리 창출노력 및 훈련프로그램 준비가 미흡한 것으로 나타난다.

---

13) 권대봉(2008), 「일자리 창출을 위한 직업능력개발 방안」, 『제 2 회 국정과제 세미나: 일자리창출과 녹색성장전략 추진을 위한 대토론회』, 경제 · 인문사회연구회.

최근에 녹색산업 등 신성장산업 인력육성을 위해 훈련공급체제를 어떻게 개편할 것인지 검토한 바 있다. 주로 전통적인 산업수요 직종에 필요한 인력을 양성하던 공공훈련기관을 서비스직종 훈련기관으로 개편하는 방안, 즉 첨단 지식산업 내지 녹색성장 산업분야의 훈련직종 개설을 통해 녹색직업능력개발을 추진하고 있다. 그러나 전체 신규인력 공급에서 공공기관이 차지하는 규모(연간 2만 명)를 고려할 때 크게 부족한 실정이다. 실업자 직업훈련에서 연간 1만명 수준인 우선선정 직종훈련에서 녹색직종을 크게 늘릴 수 있으나 민간훈련기관의 역량을 고려할 때 적극적으로 추진하기 어렵다. 나아가 녹색산업으로의 개편은 전통적인 숙련이 아닌 새로운 기술을 겸비한 근로자를 필요로 하며 기존 인력에 대한 신기술훈련 수요가 증가할 것으로 예상되는데 재직근로자의 향상훈련, 재훈련 등에 대한 논의는 아직 본격적으로 이루어지지 않고 있다.

녹색직업능력개발을 위한 과제

직업능력개발사업은 직접 인력양성에 관여하는 직업훈련, 그리고 관련 사업으로 구성되는데 녹색직업능력개발의 과제는 먼저 직업훈련을 통해 신규인력을 어떻게 효과적으로 양성하고 공급할 것인지 초점을 둘 수 있다. 다음으로는 녹색기술수요에 부응하는 재직근로자 직업능력개발, 실업극복을 위한 녹색직업능력개발, 마지막으로 인프라 구축 등으로 구분하여 제안하고자 한다.

녹색현장기술을 선도하는 인력양성

세계적으로도 환경산업 규모가 2010년에는 2006년의 6,748억 달러

보다 15% 증가한 7,763억 달러로 확대될 전망이다. 우리나라 환경산업의 종합기술 수준은 주로 유해폐기물관리 및 폐수처리서비스 등 환경서비스 분야의 중·저급 수준으로서 선진국 대비 63% 수준이다(한국환경기술진흥원, 2007). 선진국과의 기술 격차를 단기간에 줄이기 위해서는 대폭적인 R&D 투자 확대 및 기업의 투자를 유인할 수 있는 다양한 인센티브, 신기술의 개발이 필요하지만 이를 상용화시킬 수 있는 주체인 현장 기술인력의 양성을 통해 실현가능할 것이다.

그린칼라 이코노미를 쓴 밴 존스에 의하면 그린칼라는 '보다 환경친화적이고 업그레이드된 블루칼라'다. 환경친화적 분야에서 태양열보일러를 설치하는 배관공, 태양전지판을 설치하는 전기기술자, 유기농업을 하거나 바이오연료를 생산하는 농민, 에너지 효율성이 높은 건물이나 풍력, 태양열, 조력발전단지 등을 짓는 건설근로자 등을 꼽을 수 있다. 이들 분야는 현실에서 필요하지만 숙련된 기술자가 부족하기 때문에 앞으로 많은 일자리가 창출될 전망이다.14)

직업능력개발정책에서는 이상과 같이 녹색성장을 주도할 수 있는 기술인력 양성전략을 적극 반영할 필요가 있다. 이는 녹색기술인력을 양성할 수 있는 직업능력개발 및 자격제도의 개편을 통해 가능하다. 현재의 훈련과정 내용을 녹색친화적으로 전환하기 위해 에너지 효율과 관련된 내용으로 훈련기관 및 훈련과정의 기준을 변경하고 훈련교사에 대한 보수교육이 먼저 진행되어야 한다. 전국의 직업교육훈련 담당대학, 전문대학, 폴리텍대학 등에서 일정 비율은 녹색학과 또는 직종으로 개편하여 인력공급을 확대할 필요가 있다.15)

---

14) http://economy.hankooki.com/1page/hotissue/200902/e2009020815410596990.htm

15) 관련 사례로서 2009년 5월 국가경쟁력강화위원회의 대통령보고회의에서 녹색산업과 고부가가치산업 등에 대한

녹색기술 수요에 부응하는 재직근로자 직업능력개발

우리나라 2, 3차 산업을 주도하는 기업체의 대부분은 중소기업이다(전체 기업의 약 90%가 100인 미만 규모). 먼저 녹색산업으로 개편하기 위해서는 신기술수요에 맞도록 현장개편, 기업통폐합 등이 진행될 것이며 이에 따른 재직근로자 숙련부족, 일자리손실 등이 예상된다. 그러므로 중소기업의 특성에 맞는 현장중심형 직업능력개발 통해 녹색산업화를 준비하여야 한다.

그간 대기업 중심의 직업능력개발에 대한 많은 반성이 있었으며 최근에는 중소기업 직업능력개발을 활성화하기 위해 많은 관련 정책들이 개발되어 적용되고 있다. 이와 병행하여 중소기업 특화 정책이 우리나라 녹색성장을 지지할 수 있도록 다음과 같은 '녹색(환경)친화적 중소기업 직업능력개발대책'을 강구하여야 한다.

첫째, 중소기업 숙련인력 양성의 주요한 방식인 현장훈련을 지원하는 데 있어서 유해폐기물 관리, 청정에너지 활용 및 환경친화적 에너지 분야를 포함하는 커리큘럼을 제공하여 다양하고 실질적인 녹색직업능력개발을 추구한다.

둘째, 중소기업에서 필요한 핵심역량은 표준화되지 않은 기업특화기술인 경우가 많다. 핵심역량이 조직원에게 잘 전달되기 위해서는 현장에서의 기회학습(just-in time)이 중요한데 이를 촉진하기 위한 전문컨설턴트로서 녹색기술전문가를 육성한다.

셋째, 녹색기술의 적용이 결국에는 중소기업의 생산성 향상, 녹색산업으로의 개편으로 연결되도록 녹색학습조직화를 강화한다. 녹색학습조직화

인력 공급을 위한 지역 훈련기관 역할을 강화하기 위해 지역 거점 공공훈련기관인 폴리텍대학(38개 캠퍼스)은 학과개편을 통해 신성장동력산업 인력양성 역할을 강화하기로 하였다(2013년까지 매년 13개씩 총 65개 학과 개편). 2009년 에너지·환경(3개), 수송시스템(1개), 뉴IT(3개), 융합신산업(3개), 지식서비스(3개) 등 학과 개편(131억원, 590명 훈련 지원) 또한 정부위탁 우선직종훈련(78개 직종, 101개 훈련기관 참여)을 엔지니어링 서비스업, 디자인 기획 등 부가가치가 높은 서비스 직종으로 전환(2009년 10% → 2012년 15%)할 예정이다.

의 주요 내용은 노사협력학습팀의 구성, 현장문제해결중심 학습조직화이다. 학습이 현장개선활동으로 연결되는 것으로 녹색화가 생산성 향상, 원가절감에 미치는 영향을 평가하여 피드백하는 순환적 활동에 의해 녹색기업으로의 개편 또는 이행이 가능해질 수 있다.

실업극복을 위한 녹색직업능력개발 과제

지식기반경제는 일자리의 절대적 규모를 축소시키면서 고숙련근로자에 대한 수요만 증가시키고 저숙련·저학력근로자의 노동시장 진입을 더욱 어렵게 하였다. 그러나 녹색산업은 산업구조의 개편을 유도하며 일자리 창출의 기회로 다가오고 있다. 중요한 것은 일자리창출의 경우 양질의 일자리가 되도록 의도적·정책적 노력이 필요하다는 점이다.

이런 맥락에서 실업극복을 위한 녹색직업능력개발은 생활임금, 양호한 근로조건을 보장하는 양질의 일자리로의 이동을 위한 훈련을 의미한다. 이를 위한 과제는 다음과 같다.

첫째, 녹색산업에 필요한 일자리(녹색직종)를 확인하고 이에 부응하도록 기존의 교육훈련프로그램을 개편하여야 한다. 이때 양질의 일자리가 되도록 녹색일자리를 훈련표준, 자격과 연결하는 일도 간과해서는 안 된다.

둘째, 실업극복을 위한 녹색직업능력개발은 반드시 지역밀착적이어야 한다. 녹색성장을 실현시키기 위한 많은 일들은 현재 우리가 사는 곳, 일자리를 변화시키는 바로 그곳에서 발생한다. 예를 들어 에너지 효율성을 높이기 위한 건물보수, 지역사회의 난방을 모두 태양발전으로 변경하는 작업은 우리가 살고 있는 지역사회에 일자리를 창출하고 있으며, 이에 대응하여 지역교육훈련기관이 이런 훈련요구에 맞는 프로그램을 개설해야 한다.

마지막으로 녹색직업능력개발과 양질의 녹색일자리 창출이 선순환

구조를 이루기 위해서는 국가뿐만 아니라 사용주단체, 노동단체, 지역사회조직 등 다양한 수준의 조직이 연계와 소통을 활성화하여야 할 것이다.

녹색직업능력개발 인프라 구축

장기적으로는 녹색직업능력개발을 추진하기 위한 인프라로서 관련 법과 제도, 교육훈련기관 모델개발, 지역에서 사회적 이해당사자 간의 파트너십, 전달체계 정비, 정보인프라, 평가, R&D 등이 준비되어야 한다. 녹색직업능력개발 인프라 구축을 위한 과제는 다음과 같다.

첫째, 우리나라 직업능력개발의 기본법적 성격을 가진 근로자 직업능력개발법에 녹색직업능력개발을 추진하기 위한 근거(총칙에서 기본원칙 및 평생직업능력개발 기본계획 수립에 반영)를 둔다.

둘째, 녹색직업능력개발이 이루어지는 주요 기관으로서 산업체(현장훈련 방식), 다양한 교육훈련기관 등을 들 수 있다. 이런 교육훈련기관들은 녹색일자리 경로를 제시하고 녹색산업 기술표준에 맞는 훈련을 시키며 미래산업에 적합한 근로자로 육성하여야 한다.

셋째, 산업체, 노동단체, 지방자치단체 등은 전략적 파트너십을 구축하여 지역사회의 성장 및 재도약을 지원하는 방향으로 인력양성 프로그램을 지원하여야 한다. 미국 워싱턴주의 녹색일자리 훈련에 있어서 산업별인적자원개발협의체, 지역의 직업교육훈련기관 등의 섹터파트너십(sector partnership)에 기반을 둔 전달체계를 검토해 볼 만하다.

마지막으로, 정보인프라, 평가 등 R&D 등을 준비한다. 미국의 Green Jobs Act에 의한 보조금 중에서 20%가 녹색직업의 노동시장동향 및 숙련연구 등 국가연구프로그램, 그리고 현장의 고용서비스 도구개발 등을 위한 프로젝트에 지원되고 있다. 이러한 정책자료 및 통계자료는 녹색일자리를 더

나은 근로조건과 숙련도를 가진 양질의 일자리로 이동하게 하는 경력경로를 개발하는 근거가 된다. 우리나라에서도 장기적으로 녹색일자리를 양질의 일자리경로로 개발하기 위한 R&D 노력을 강구하여야 할 것이다.

CHAPTER

9

녹색자격제도를 도입하자

김현수

자격제도는 노동시장에서 필요한 인력에 대한 수요를 교육훈련 부문에 전달하여 인력양성을 선도하고, 유능한 인재를 다시 노동시장에 전달하는 신호기능을 수행하는 가교역할을 담당한다. 녹색성장에 필요한 녹색산업 및 녹색기술 분야의 인력양성을 위하여 이 자격제도의 개선도 함께 필요하다. 본 고에서는 그동안 자격제도가 갖는 한계와 문제를 진단하고, 녹색성장을 위하여 자격제도에 새롭게 요구되는 역할을 모색하는 논의를 전개하고 있다. 자격제도가 갖는 문제를 '비녹색성'으로 정의하고, 낮은 현장성, 산업계 등 이해당사자의 낮은 참여, 제도운영의 경직성과 비효율성에 대해 논의하였다. 여러 문제점들을 극복하고 '녹색성'을 갖는 자격으로 탈바꿈하기 위한 녹색자격으로의 대안을 몇 가지 제시하고 있다.

녹색자격은 크게 하드웨어 및 인프라 측면에서 자격제도의 구축, 녹색산업기술 및 녹색직업에 부합하는 자격종목의 구성, 자격취득자에 대한 직무능력의 재구조화 차원에서의 검정내용 개선방안을 제시하였다.

녹색자격제도 구축을 위하여 구체적으로 녹색자격의 구성요소를 살펴보고, 녹색직업과 관련된 자격종목을 제시하였다. 현행 자격제도의 분석을 통한 녹색자격의 현황과 가능성을 분석하고, 녹색성장의 대표적인 환경기술 분야의 인력양성과 자격제도의 현황, 주요 녹색기술과 관련된 자격의 현황을 분석하였다.

결론으로서 녹색성장을 지원하는 녹색자격제도 구축을 위한 방안으로 자격취득자에 대한 계속교육 실시, 에코검정자격의 도입, 녹색기술분야 자격종목 발굴, 민간자격의 활성화를 제안하였다.

01 절
왜 녹색자격인가?

녹색성장은 저탄소화 및 녹색산업화에 기반을 두고 경제성장력 또한 배가시킨다는 개념으로, 이의 실현을 위한 '녹색기술'의 필요성이 대두되고 있다(삼성경제연구소, 2008). 녹색기술의 기본 개념은 경제활동 과정에서 에너지 사용 효율성을 제고하고 발생하는 환경저해물질의 배출량을 감축시킴으로써 환경친화성을 증가시키며, 친환경적 비즈니스 모델을 통해 새로운 시장을 창출함으로써 경제성장까지 견인하여 그 결과 녹색성장을 이룩하는 기술을 말한다. 즉, 녹색기술은 저탄소화, 녹색산업화 등의 요소를 포함하는 녹색성장을 실현하기 위한 기술로서, 경제성장을 지원하면서 동시에 환경지속성을 고려하는 광의의 기술적 트렌드로 정의될 수 있다(한국과학기술기획평가원, 2008).

1960년대부터 공업화가 본격적으로 시작된 우리나라는 짧은 기간 고도성장을 일구어 오늘날 선진국의 대열에 합류하였다. 그러나 이러한 고도의 압축 성장을 이루는 데 주축이 되었던 산업들은 자동차, 전자, 조선, 철강, 석유화학 등의 제조업이 대부분이었다. 제조업은 대체로 제품의 생산과정에서 온실가스 등 공해물질의 배출과 많은 에너지를 소비하는 업종이다. 이러한 제조업을 통하여 경제성장을 이룬 우리나라에서도 세계적인 환경문제에 대한 논의에 참여하면서 환경친화적인 산업재구조화의 길을 모색하기 시작하고 있다.

녹색기술은 환경문제와 성장동력의 상실이라는 문제 속에서 양자를 동시에 해결할 수 있는 대안 중의 하나로 떠오르고 있다. 특히, 녹색기술을 기반으로 하는 녹색산업은 아직 초기 단계에 머물러 있어 미국과 일본, 유럽 등 시장을 선도하고 있는 국가들과 아직까지는 격차가 크지 않다. 이러한 상황에서 우리가 어떻게 대처하는가에 따라 향후 지속적인 성장이 예상되는 녹색산업시장에 한국의 성공적인 진입 여부가 결정된다고 할 수 있다.

녹색직업이 신규 일자리 창출을 주도하고 미래사회의 유망직업으로 자리매김하기 위해서는 녹색산업의 육성과 함께 이를 이끌 녹색인력의 양성이 중요하다. 녹색직업의 종류와 특징에 대해서는 이미 본 서의 앞선 여러 장에서 충분한 논의가 있었다. 녹색성장을 이끌 녹색기술 분야의 인력양성과 녹색직업세계에서 필요한 인재에 대한 신호기능으로서 자격제도의 재구축이 요구되고 있다. 양질의 인력양성이 가능하려면 녹색직업에서 요구하는 숙련과 기술을 표준화하는 자격제도의 변화가 필요하다.

자격제도는 그동안 국가 산업화과정에 유능한 기술 및 기능인력을 양성·공급하는 역할을 수행함으로써 경제성장에 기여하였다. 산업화 과정에서는 주로 제조업의 생산현장에 필요한 기능인력의 양적 공급이 자격제도의 주요 기능이었다(표 1 참조).

정부는 녹색성장 국가전략 및 5개년 계획을 발표(2009. 7. 6 녹색성장위원회 제 4 차 보고회의)하여 향후 성장의 기본틀을 정한 바 있다. 그러나 녹색성장이 일자리 창출과 연계됨으로써 교육훈련을 가이드하는 기능과 연계되지 않는다면 인재양성의 차원에서 크게 시사하는 바가 없을 수도 있다. 다행히 녹색성장 패러다임의 근거법령으로서 『저탄소녹색성장기본법(안)』에 녹

《표 1》 국가기술자격 검정현황 (단위: 명)

구 분	~2003년	2004년	2005년	2006년	2007년	2008년
응시자	66,463,541	3,229,160	3,561,446	3,794,670	3,394,862	3,379,080
합격자	14,787,385	1,005,192	1,099,244	1,138,344	997,598	963,764

자료: 한국산업인력공단, http://www.q-net.or.kr.

색기술 전문인력의 양성 시책을 수립·시행하도록 하고 있다(제26조). 이제 녹색산업으로의 산업구조 변화와 더불어 고급인력에 대한 수요의 변화에 따라 자격제도에서도 양보다는 질, 공급위주에서 수요자 중심으로 제도운영의 패러다임 변화를 모색하여야 한다.

최근의 세계적인 경제상황의 침체로 인한 청년층 일자리 문제가 심각해짐에 따라 청소년들에게는 실제 업무수행에 필요한 능력보다는 이른바 '스펙' 쌓기에 전념하는 현상이 나타나고 있다. 일자리를 구하는 데 필요한 자신의 능력을 보다 다양한 형태로 보여주고자 하고 있다. '스펙' 가운데 항상 빠지지 않는 것이 자격증이다. 이를 위해 어학원에 등록하여 외국어 실력을 쌓고, 방학 중에 또는 아예 휴학을 하고 어학연수를 다녀오거나, 각종 자격증 취득을 위하여 학원에 등록하는 현상이 발생하고 있다. 이력서에 남들과 다른 무언가 특별한 나만의 장점을 부각시켜 보려는 것이다.

이러한 생존을 위한 몸부림에 가까운 각종 스펙 쌓기가 시간과 비용의 낭비로 끝나는 경우도 적지 않아 개인 및 사회적인 문제가 될 소지가 있다. 특히, 자격만 취득하면 취업이 되고, 많은 임금을 받을 수 있을 것이라는 막연한 기대는 자격에 대한 그릇된 정보제공과 함께 일자리 획득에 필요한 적당한 자격종목이 없기 때문이기도 하다. 비단 청년층의 신규 일자리 확보뿐만 아니라 재직 및 이·전직을 희망하는 근로자의 경력개발에 도움이

될 수 있는 자격제도의 구축·운영이 필요한 시점이다.[1])

'실무 경력을 쌓고 면접 준비에 충실했던 사람들이 취업에 성공하는 것으로 나타났다. 반면 취업에 실패한 구직자들은 토익이나 학점 등 '스펙'에만 올인하는 경향이 뚜렷했다. 취업포털 잡코리아가 4일 올해 상반기 구직활동을 했던 신입직 구직자 1,050명을 대상으로 조사한 결과 취업 성공자들은 관련 분야 자격증 취득이나 인턴 등을 통한 직무경험 쌓기를 중점적으로 준비했다. 취업 준비 전략을 묻는 질문에 취업 성공자들 증 19.9%는 관련분야 자격증 취득을, 15.7%는 지원 분야 관련 직무경험을 준비했다고 답했다. 또 면접준비(11.7%)와 영어 말하기(11.5%) 등도 상대적으로 높은 비중을 보였다.'

－헤럴드경제, 2009. 8. 4－

이에 본 고에서는 녹색산업과 녹색직업에서 필요로 하는 자격제도의 의미와 중요성에 대해 살펴보고, 녹색자격의 현황과 국가차원의 녹색자격제도 구축 방안에 대해 논의하고자 한다.

1) 김현수(2008)의 분석에 따르면 근로자의 약 27%만이 현재의 직무수행에 필요한 자격을 보유하고 있는 것으로 나타났다.

02 절

녹색성장을 위한 자격제도의 의의와 중요성

녹색자격의 의미

녹색자격은 무엇을 의미하는가? 자격에서의 녹색이 갖는 의미는 무엇인지에 대한 고민이 필요하다. '그동안의 자격과 녹색자격은 어떠한 차이가 있는 것일까?'라는 질문에서 출발한다면 기존 자격의 문제와 이에 대한 대안이라는 측면에서 녹색자격에 접근할 수 있다. 자격제도의 비효율로 인한 '비녹색성'을 극복하는 방향에서 녹색자격의 '녹색성'을 정의하고자 한다. 그러면 비녹색성이란 무엇을 의미하는지를 짚고 넘어가야 할 것이다.

자격제도의 관리·운영에서 비녹색성이라 하면 낮은 현장성, 산업계 등 이해당사자의 낮은 참여, 제도운영의 경직성과 비효율성으로 정리할 수 있다. 즉, 덜 시장친화적이어서 공급자 중심적으로 자격제도가 운영되고, 자격취득에 따른 고용과 임금 등 개인적인 효용성이 낮고, 자격취득자가 보유한 직무능력이 산업계가 요구하는 것과 차이가 발생하여 현장에서 요구하는 인력수요에 부응하지 못하는 것이 자격제도의 비녹색성이라 할 수 있다. 자격제도를 운영하는 근본적인 취지에 부합하게 제대로 제도를 구축·운영하는 것이 자격제도의 녹색성을 확보하는 첫 과제이자 녹색자격의 개념을 정의하는 첫 단계이다.

여기서 제도의 구축과 운영이라는 거시적인 시각에서 좀 더 미시적으로 접근하여 직업 및 산업 현장의 요구의 측면에서 자격의 녹색성, 즉 녹색자격을 바라볼 필요가 있다. 녹색성장에 필요한 녹색산업과 녹색기술의 개발에 필요한 인력양성의 측면에서 자격제도의 역할과 기능에 관한 것이다. 녹색기술 분야에서 요구하는 유능한(competent) 인력에 대한 직무수행능력(competence)을 검증하는 신호기제로서의 자격제도가 구축되어야 한다. 이를 위하여 자격종목이 녹색산업 및 기술 분야의 요구를 반영하여 구성되어야 한다. 즉, 녹색자격제도를 구축함으로써 녹색성장을 이끌 수 있는 녹색산업에 필요한 녹색기술인력의 양성과 이를 통하여 창출되는 녹색일자리인 녹색직업에 종사하는 인재의 수요공급 문제를 해결할 수 있을 것으로 기대된다. 녹색자격제도는 녹색산업에서 필요한 인재를 적시에 양성할 수 있는 신호기제로 역할을 수행하여야 한다. 이러한 측면에서 자격제도는 사회와 기술의 변화에 유연하게 부응할 수 있는 변화대응력을 갖출 필요가 있다. 이를 위해서는 첫 번째에서 살펴본 제도운영이 유연하고 항상 변화에 적응할 수 있는 준비가 되어 있어야 한다. 제도적 유연성이 확보되어야 한다는 것이다.

마지막으로 녹색자격제도는 자격취득자들에게 녹색성장에서 요구되는 공통의 키워드에 대한 인식과 능력을 확보하도록 하는 데 기여하여야 한다. 자격취득자는 해당 종목에 관련한 전문 직무능력뿐만 아니라 어떻게 자신의 업무 수행과 관련하여 환경파괴를 최소화할 수 있을 것인지에 대해 분석·기획하고 실제 그렇게 업무를 수행하여야 한다. 전통적인 자격제도에서 검정내용이 해당 종목별로 요구되는 핵심 직무능력(key competence)에 초점을 두었다면 녹색자격에서는 녹색성장이라는 키워드가 더 추가되어야 한다. 녹색자격을 취득함으로써 해당 직업세계에서 덜 에너지 소비적이고, 환경친화적으로 업무를 설계하고 수행함으로써 녹색성장의 큰 패러다임에 기여할

[그림 1] 녹색자격의 개념틀

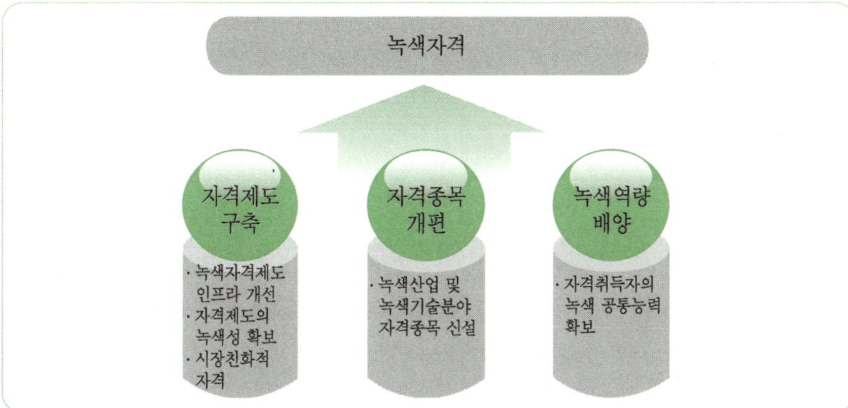

수 있는 작업수행자가 되도록 하는 것이다.

녹색자격의 개념 정의를 위하여 다음과 같이 접근할 수 있다. 첫째, 기존 자격제도의 한계와 문제를 해결하는 과정으로써 자격제도의 비녹색성을 극복하고 녹색성을 확보하는 차원에서 인프라를 재구축한다. 둘째, 녹색성장에 필요한 녹색산업 육성과 녹색기술의 적용을 위한 인력양성에 기여할 수 있는 자격종목의 개발과 운영을 통한 신호기능을 정립한다. 셋째, 자격취득자에게 해당 자격종목과 관련한 직무능력뿐만 아니라 녹색성장의 핵심요소를 이해하고 자신의 업무에 적용함으로써 녹색성장에 기여할 수 있는 일원이 되도록 하는 데 필요한 공통역량을 검정한다. 녹색자격의 개념을 도식화하면 [그림 1]과 같이 나타낼 수 있다.

녹색자격은 자격제도의 본래 역할인 신호기능(signal)에 충실하여야 한다. 녹색직업세계에서 필요로 하는 인재에 대한 수요를 정확히 파악하고 이에 부응한 유능한 인재를 선별할 수 있는 체계[2]를 구축하여야 한다는 것

2) 자격을 시장이라는 측면에서 보았을 때 이것을 공급체계라 할 수 있다.

≪표 2≫ 국가기술자격의 연령별 취득 현황

연 령	19세 이하	20~24세	25~29세	30~34세	35~40세	40~44세	45세 이상
비율(%)	42.4	21.8	16.9	7.7	5.4	3.2	2.6

자료: 한국산업인력공단, http://www.q-net.or.kr.

이다. 녹색산업과 녹색기술분야의 인재양성이라는 새롭게 대두되는 자격시장의 수요에 부응하여야 하고, 이러한 수요에는 신규 학교졸업자만이 아닌 재직근로자까지 그 대상에 포함하여야 한다. ≪표 2≫에서 보는 바와 같이 국가기술자격 취득자의 64.2%가 학령기인 24세 미만에 자격을 취득하고 있다. 이는 자격을 입직의 선행단계에서 취득하는 경향이 많다는 것을 의미한다. 자격종목의 등급별로 취득 연령분포가 다른 점이 있기는 하지만[3] 대부분의 직업생활이 20대 이후의 성인단계에서 이루어진다는 것을 감안할 때 근로생활 시기에서의 자격취득도 경력개발에서 필요하다. 우리나라 근로자의 재직 중 자격취득률이 낮은 점을 고려하면 자격이 개인의 평생직업능력개발에 보다 기여하여야 한다.

이렇게 볼 때 녹색자격은 크게 하드웨어 및 인프라 측면에서의 자격제도의 구축, 자격종목의 구성과 제도운영의 수요-공급의 조정, 자격취득자에 대한 직무능력의 재구조화 차원에서 검정내용의 개선으로 마련될 수 있다. 이에 더해 제도운영의 초점이 입직준비라는 제한적인 용도와 특정 연령

3) 대체로 높은 등급으로 갈수록 자격취득 연령이 많아지는 경향이 있다.

구 분	기술사	기능장	기사	산업기사	기능사
40세 이상	11,566	6,332	41,952	43,375	513,134
30세 이상	22,338	9,750	204,728	167,380	984,320
20세 이상	375	954	991,854	1,177,195	1,940,722
19세 이하	0	0	172	65,741	4,444,081

자료: 한국산업인력공단, http://www.q-net.or.kr

대에 자격취득이 집중되는 것이 아닌 개인의 생애단계별로 경력개발에 활용할 수 있도록 두어져야 할 것이다.

녹색자격의 구성요소

대다수의 녹색일자리는 기존의 생산직이 수행하던 블루칼라직종에 환경적 요소를 적용함으로써 창출되기 때문에 기존 근로자의 직업능력개발을 통한 숙련격차 해소가 일자리창출의 관건이라고 할 수 있다. 자격제도의 운영에서도 마찬가지인데, 신설자격뿐만 아니라 기존자격의 리모델링도 중요하다. 제조업에서의 녹색생산을 위한 자격(qualification for green production)제도의 구축과 함께 전 산업에서의 지속가능발전에 필요한 인력을 중심으로 한 자격(qualification for sustainable development)제도의 구축이 필요하다.

『저탄소녹색성장기본법(안)』에 따르면 정부는 녹색기술 · 녹색산업에 대한 일자리를 창출 · 확대하여 이 과정에서 산업분야별 노동력의 원활한 이동 · 전환을 촉진하고 국민이 새로운 기술을 습득할 수 있는 기회를 확대하도록 하고 있다(제35조). 여기에서 녹색기술이란 온실가스 감축기술, 에너지 이용 효율화 기술, 청정생산기술, 청정에너지 기술, 자원순환 및 친환경 기술 등 사회 · 경제활동의 전 과정에 걸쳐 에너지와 자원을 절약하고 효율적으로 사용하여 온실가스 및 오염물질의 배출을 최소화하는 기술을 말한다. 또한 녹색산업은 경제 · 금융 · 건설 · 교통물류 · 농림수산 · 관광 등 경제활동 전반에 걸쳐 에너지와 자원의 효율을 높이고 환경을 개선할 수 있는 재화(財貨)의 생산 및 서비스의 제공 등을 통하여 저탄소 녹색성장을 이루기 위한 모든 산업을 일컫는다.

녹색자격제도를 구축하기 위해서는 『저탄소녹색성장기본법(안)』에

≪표 3≫ 녹색자격제도로의 패러다임 변화

항 목	기존 패러다임	신규 패러다임
종목편성	전통산업 (제조업 및 중화학공업 등)	녹색산업 (에너지 및 환경기술 등)
취 득 자	학생	근로자
수요전달	공급자인 정부주도	수요자인 산업계
숙련 및 기술수준	저숙련, 중급기술	고숙련, 고급기술
관리목표	양적 배출	질적 관리

서 제시하고 있는 녹색성장, 녹색산업, 녹색기술 분야로의 성장동력의 변화에 자격제도가 유연하게 대응하여야 한다. 전통적인 자격제도 운영에서는 제조업과 중화학공업을 중심으로 한 자격종목의 편성을 통하여 국가주도적으로 자격을 공급하는 방식이 주를 이루었다. 그러나 변화하는 시대적인 요구를 반영하기 위해서는 자격제도 운영의 패러다임이 과감하게 바뀌어야 한다. 녹색성장을 위해서 자격은 더 이상 학생들의 취업 목적만을 위하여 운영되어서는 안 된다. 근로자의 평생직업능력개발을 선도할 수 있도록 자격등급을 재구성하고 고용주가 근로자의 자격취득을 지원하도록 해야 한다. 녹색산업과 녹색기술 분야의 인력수요에 부응하도록 자격종목을 개편하고, 기존의 자격시험도 녹색성장에 대한 내용을 반영하여야 한다. 저숙련 인력의 양적인 배출에서 탈피하여 고숙련, 고급기술을 확보한 유능한 자격취득자의 질적인 관리에 치중하여야 한다.

녹색산업 및 녹색기술 분야의 인력양성을 위한 녹색자격제도의 구축을 위하여 고려하여야 할 자격제도의 구성요소를 다음과 같이 열한 가지로 살펴볼 수 있다(표 4 참조). 이러한 녹색자격제도 구축에 필요한 구성요소는 기존의 자격제도 관리·운영의 기본요소와 근본적으로 크게 다르지 않다.

≪표 4≫ 녹색자격제도의 구성요소

항 목	주요 요소
1. 자격제도의 적용범위 (scope)	유형(국제, 국가, 지역), 법적 지위, 부문·산업, 전문직 단체의 단체협정
2. 자격제도의 통제 (control)	정부, 국가 또는 민간기구, 사회적 파트너, 검정기관, 해외
3. 자격 인증절차 (accreditation)	관련기관의 지위, 공공정보의 정도, 표준개발, 표준관리, 발급조건, 수요공급의 고려, 안정성
4. 자격체제 (framework)	수평적·수직적 연계, 형평성(일반자격·직업자격), 기초교육훈련, 포괄성, 규제정도
5. 자격 기술어 (descriptors)	응시요건, 선택사항, 자격유형, 목적(일반자격·직업자격), 내용, 평가, 수준, 학습, 사전요구사항, 평가유형, 비형식·무형식 학습의 인정, 자격체제와의 연계
6. 자격 취득(access)	지원시점, 지원요건, 사전준비과정, 사전학습인정
7. 경력개발 (progression)	상위자격 및 관련 자격취득과의 연계, 경력개발의 명확성, 표준의 호환성과 형평성
8. 자격제도의 안정성 (stability)	영구, 제한기간, 혼합
9. 검정절차 (awarding)	평가절차(형식·비형식), 사전학습 인정, 평가범위(최소·중간·최대·최빈규모), 자격증 형태, 규제 수준, 검정기관(유형, 갯수), 사회적 파트너의 참여
10. 학점제도의 이용 (credit)	다양한 학습결과의 인증, 단위화·모듈화 정도, 단위·모듈 조합 규칙, 무형식·비형식 학습의 인정, 면제제도, 부분자격발급
11. 국제 비교기준 (international)	국제표준교육분류(ISCED), 국제(지역)자격체제, 국제표준직업분류(ISCO)와의 연계

자료: Behringer & Coles(2003), 재구성.

이는 앞에서 이미 언급한 바와 같이 자격제도 본연의 모습이 여기에서 제시하고자 하는 '녹색성'을 강화한다는 측면에서 그리고 녹색일자리는 기존의 일자리에서 환경적 요소를 강조한다는 측면에서 논의의 동일한 연속선상에 놓여있다는 점에서 본질적으로 다르지 않기 때문이다.

이러한 측면에서 녹색자격제도 구축을 위한 과제는 첫째, 자격제도의 유연성 확대, 둘째 근로자의 자격취득 확대, 셋째 자격을 통한 교육과 일의 연계, 넷째 자격에의 접근성 확대, 다섯째 다양한 평가방식의 도입, 여섯째 자격을 통한 경력개발 확대, 일곱째 자격제도의 투명성 강화, 여덟째 자격제도의 관리방식 개선으로 정리할 수 있다.

녹색직업과 녹색자격

녹색직업과 녹색자격의 관계에 대해서는 먼저 이미 1장에서 언급한 녹색직업[4]과 이에 연계한 자격을 생각해 볼 수 있다. 2장에서 제시한 녹색직업에 대한 논의에서는 녹색이 수요를 증가시킨 직업,[5] 녹색이 스킬을 확장시킨 직업,[6] 녹색의 신생 직업[7]을 제시하고 있고, 3장에서도 탄소배출권 관련 직업[8]을 제시하고 있는 바 이번 장에서 추가적으로 녹색직업에 대한

4) ≪표 5≫ 부문별 녹색직업의 유형, ≪표 9≫ 분야별 녹색직업 전망을 나타낸 것이다.

5) 컴퓨터 소프트웨어 엔지니어, 수력발전소를 건설하기 위하여 지질을 탐색하고 분석하는 수문(水文) 지질학자, 벽돌공, 트럭기사, 자연자원 관리자, 토양보존기사, 야생동물을 연구하고 분석하는 동물학자 및 야생생물학자 등.

6) 에탄올을 다루는 보존 및 정비 노동자, 지열을 다루는 전기엔지니어, 수력발전소에서 전기를 다루는 발전소 조작원, 폐수 작업장을 만드는 토목 엔지니어, 풍력 전기시스템을 디자인하는 전기 엔지니어, 에너지 효율을 위한 금융상품을 다루는 금융분석가, 효율적인 난방 방법을 기획하고 난방 장비의 설치를 감독하는 기계엔지니어 등.

7) 공기 질관리 전문가, 바이오연료처리 기사, 바이오매스 작업장 기사, 환경오염지대의 재개발 전문가, 탄소 포획 시스템 설치원, 탄소거래 중개인, 지열기사, 메탄, 매립지 가스 수집 시스템 조작원, 재활용 조정원, 태양에너지 설치관리원, 태양력 발전기사, 풍력 엔지니어 등.

8) 탄소배출권거래소전문직, 탄소거래 중개인, 탄소배출권 청산·결재전문직, 탄소거래관리·감독전문직, 탄소배출감정사, 환경영향평가 전문직, 환경경영컨설턴트, 녹색프로젝트파이낸싱전문직, 녹색소매대출 개발직, 녹색투자펀드 개발직, 녹색투자 운용직 등.

논의를 상세히 할 필요는 없겠다.

본 고에서 살펴본 녹색자격의 개념틀에 따라 녹색직업과 관련하여 녹색자격이 어떠한 의미를 갖는지 크게 세 가지 측면에서 살펴보고자 한다. 첫째, 녹색기술과 관련한 직업과 연계한 자격으로서 지속성장을 지원하는 자격이다. 산업계의 인력수요에 부응하는 자격으로서 주로 녹색산업의 기술 변화에 따라 새로이 대두되는 자격종목을 고려하여야 하는 분야이다. 산업의 지속가능성이 환경, 사회, 경제를 포함하는 포괄적인 개념이다. 따라서 여기에서 말하는 녹색자격이 환경 분야에만 국한되지 않는다. 환경기술은 지속가능성을 확보하는 하나의 기술요소로서 제품의 기획, 제조, 유통, 재활용 등 제조업 전반의 제품생산 공정별로 고려하여야 하는 환경과 에너지 문제와 관련하여 다양한 직무가 새로이 대두될 수 있고, 이와 관련한 수많은 자격이 신설될 수 있다.

비단 제조업뿐만 아니라 1차 산업에서부터 3차 서비스산업에 이르기까지 녹색성장의 패러다임을 실천할 있는 모든 새롭게 대두 가능한 직무[9]와 연계하여 자격종목을 신설·운영이 가능하다. 기술변화와 인력수요에 유연하고 신속한 대응을 위해서는 민간부문의 창의를 이용할 수 있도록 민간자격시장을 활성화하는 것이 요구된다. 기업별로 필요한 인력을 양성·활용할 수 있도록 기업내 교육훈련과 연계한 사내자격의 확대도 적극 강화할 필요가 있다.

이 분야는 기술기반의 자격으로서 녹색기술 분야별 인력양성을 위한 자격종목이 포함될 수 있다. LED, 태양전지, 하이브리드자동차 등 세계시장 선도상품 등과 관련하여 친환경산업을 주축으로 하는 자격종목들이다.

9) 상위 개념으로서의 직업으로 본다면 이러한 '일'이 녹색직업으로 정의될 수 있을 것이다.

이 분야의 인력양성과 관련한 자격으로는 온실가스 전문관리사, 환경경영 컨설턴트, 에코디자이너, 생태독성 및 위해성평가사, 물산업 프로젝트매니저, 토양지하수 전문기술자, 폐기물에너지·자원화 전문가, 국제환경규제·정책 전문가, 수치예보 전문가 등이다. 최근 대두되고 있는 탄소배출권 거래와 관련하여 3장에서 언급한 바 있는 녹색직업과 관련하여 탄소배출권거래소 전문가, 탄소거래 중개사, 탄소배출권 청산·결재사, 탄소배출 감정사, 환경영향 평가사, 녹색프로젝트파이낸싱 컨설턴트 등의 자격도 유망하다.

둘째, 녹색자격의 또 다른 의미는 기존의 자격취득을 위한 검정내용에 녹색숙련과 관련한 내용을 보완하는 형태로 자격검정제도를 새롭게 재정비하는 것이다. 환경과 에너지 문제를 포함하는 지속가능한 성장과 발전에 관한 녹색성장의 주요 내용을 자격검정내용에 반영하도록 한다. 이와 관련한 내용을 별도의 자격종목으로 개발하여 '녹색자격관리사(가칭)'를 신설하여 원하는 신청자에 한하여 검정을 하도록 하거나, 해당 내용을 모든 자격취득자들이 응시하는 검정내용에 필수적으로 반영하도록 한다. 자격취득과정에서 이러한 과정을 거쳐 녹색성장에 대한 이해를 갖춘 또는 별도의 자격을 취득한 자격취득자에 대한 산업계의 활용을 촉진하도록 한다. 예컨대 국가기술자격의 출제기준에 녹색기술 사항을 반영하여 자격취득자가 녹색성장에 대한 공감대를 형성하도록 유도한다.

셋째, 자격제도 자체의 지속성장을 위하여 녹색자격의 개념이 도입되어야 한다. 녹색성장에 필요한 녹색산업 분야에서 새롭게 신설하는 자격의 현장성 확보를 통하여 자격취득자의 활용성을 제고하기 위하여 기존에 자격제도 운영과 관련하여 제기된 각종 문제점을 진단·분석하여 자격제도가 국민의 평생직업능력개발을 선도하는 기제로서 제대로 기능하도록 한다. 아무리 녹색기술 분야의 자격이 새로운 수요를 창출하는 분야라 하더라도 기존과 같이 실제 현장의 수요와 괴리된 공급자 위주로 자격의 수요를 분석하고, 출제기준을 설정하여 획일적인 검정방법을 채택한다면 녹색자격이라 하더라도 시장에서 외면받을 것이 분명하다. 녹색자격이 시장친화적 자격이 되도록 산업계의 자격제도 운영에의 참여, 산업계의 요구를 반영한 직무능력의 도출, 산업계의 관점에서 바라본 자격의 활용도 평가와 그 결과를 반영한 자격종목의 정비, 다양한 자격 검정방법의 도입·적용을 통한 개인의 선행학습경험의 활용과 평생학습 촉진, 자격정보의 생성·제공체계 구축을 통한 자격선택권 확대와 올바른 정보서비스 제공 등 자격제도 운영 전반의 인프라 개선이 필요하다.

03절

녹색자격제도의 현황

자격제도는 운영주체에 따라 국가자격과 민간자격으로 구분하고, 국가자격은 국가기술자격법에 따른 국가기술자격과 개별법령상의 국가자격으로 구성된다. 민간자격은 국가공인 민간자격과 사내자격 그리고 등록 민간자격으로 구분된다. 2009년 현재 국가자격은 66개 개별법령에 128개 자격이, 국가기술자격은 국가기술자격법에 따라 556개 종목이 운영되고 있다. 민간자격 가운데 국가공인 민간자격이 11개 부처 43개 운영기관의 77개 종목, 등록 민간자격이 약 297개 기관의 783개 종목, 사내자격은 29개 업체의 79개 종목이 있다.

녹색자격과 자격의 효용성

녹색자격제도 구축을 위하여 현행 자격제도 운영상의 전반적인 문제점의 분석이 필요하다. 이 가운데 가장 대표적인 자격의 효용성 저하와 관련한 문제를 정리하면, 첫째 능력의 신호기제로서 자격증의 노동시장 일자리 연계기능이 미흡하다. 입사 경향을 대표하는 대기업의 경우, 취업시 자격취득 인센티브가 거의 없으며, 일부 직무관련 면허자격에 한해서만 가산점

≪표 5≫ 대졸 신입사원 1인당 평균 교육비용과 교육기간 (단위: 만 원, 개월)

구분	산업별		규모별		기업형태별			평균
	제조업	비제조업	대기업	중소기업	민간	공기업	외국계	
교육비용	5,135.9 (3,501.8)	8,448.9 (4,296.1)	10,147.3 (4,476.8)	4,118.6 (3,316.9)	5,802.9 (3,626.9)	9,384.2 (4,615.2)	5,724.4 (3,925.3)	6,088.4 (3,746.7)
교육기간	17.6	23.6	27.2	14.9	19.2	24.4	17.5	19.5

주: 1. 교육비용은 순수한 교육비용 외에 연간 지급되는 임금총액과 4대보험 기업부담분 등 간접노동비용을 포함하는 총비용을 의미.
2. ( )는 1인당 연간 재교육비용.
3. 전국 100인 이상 483개 기업 조사.

자료: 한국경영자총협회(2008), 『대졸신입사원 채용 및 재교육 현황조사 결과』.

을 부여[10]하고 있는 실정이다. 법적으로 고용이 보장된 면허성 자격 중심으로만 자격 응시자가 편중되고 있어 2008년 현재 556개 국가기술자격 중 60개의 면허성 자격에 전체 응시자의 37%가 응시하고 있다. 일자리가 확대되고 있는 서비스 분야의 자격 비중이 저조하여 556개 국가기술자격 중 서비스분야 자격은 139개로 전체의 25%에 불과하다.

둘째, 기업경쟁력 강화를 위한 산업인력의 질적 미스매치 문제해결에 한계가 발생하고 있다. 자격을 통해 입사 전 필요능력이 제시되거나 검증되지 않아 기업의 신입사원 재교육 부담이 가중되고 있다. 대졸 신입사원의 재교육에 소요되는 평균기간은 19.5개월이고, 채용 후 실무투입에 이르기까지 재교육에 소요되는 비용은 1인당 6,088만 원으로 조사된 바 있다(한국경영자총협회, 2008).

셋째, 자격의 최종 수요자인 산업계의 자격제도 참여가 미흡하다.

10) 현대기아자동차그룹, SK그룹, 포스코, KT: 자격 가산점 없음, 삼성그룹: 한자자격만 가산점, LG전자: 회계사(재무회계지원자) 및 변리사(특허팀지원자) 가산점.

이는 해방 이후 국가가 직접 관리하는 국가자격 중심으로 자격제도가 운영되어 산업계의 자격제도 관리·운영 경험이 미약한 것이 가장 큰 원인이다. 일부 종목을 제외하고 국가자격의 신설과 검정에 산업계 대표기구의 참여 또한 미흡하다.[11] 영국의 경우 산업부문별능력개발협의체(Sector Skill Council; SSC), 호주는 산업별능력개발협의체(Industrial Skill Council; ISC)가 해당 산업부문별 인력수요조사를 통하여 필요한 자격을 조사하여 종목개발 및 자격운영에 반영하고 있다. 산업계가 직접 국가자격 관리·운영에 참여하기 위한 법적 근거가 미약하고 산업 분야를 대표하는 협의체도 부족하다. 『산업발전법』에 따라 7개 업종에 9개의 산업별인적자원개발협의체가 구성되어 있으나, 협의체의 주요 사업 중 자격과 관련된 활동은 미흡하다. 『자격기본법』에 근거하여 민간자격제도가 도입되어 있으나 국가자격과 경쟁하지 못하고 영어, 한자 등 틈새분야에 한정되어 운영되고 있는 실정이다.

넷째, 산업수요 변화에 따른 자격종목 검정내용의 현장성 확보가 미흡하다. 일부 국가자격을 제외하고 자격의 산업현장 활용실태 및 성과에 대한 모니터링 및 평가체제 구축이 미흡하다. 국가기술자격만이 2007년부터 자격종목별 효용성 평가를 실시하고 있을 뿐이다. 산업현장과 유리된 아카데믹한 내용의 자격검정이 주로 시행되고 있는 것도 큰 문제이다. 자격 출제위원의 대다수가 산업체 인사가 아닌 학교교원으로 구성되어 산업현장과 무관한 교과서 중심의 문제 출제 가능성이 상존하고 있다.

다섯째, 자격제도 관리부처 간 협력체제가 부족하다. 학교중심의 직업교육 및 자격기본법을 관리하는 교육과학기술부와 근로자의 직업훈련 및 국가기술자격법을 관리하는 노동부간 정책 이견이 상존하고 있다. 자격정책

---

11) 2009년 정부의 서비스산업선진화 방안 자료에 따르면 국가기술자격의 경우, 1999~2005년간 신설된 79개 종목 중 산업계 요구에 의한 종목은 2종목에 불과하다.

의 부처 간 총괄·조정기제로서 자격정책심의회가 운영되고 있으나 관계부처 간 협조를 담보할 정책수단이 부재하다. 특히, 부처 간 독자적인 자격관리로 개별법 국가자격과 국가기술자격의 유사분야 자격이 중복 운영되는 문제가 상존하고 있다.12)

환경 분야 인력양성과 자격제도

환경 분야 인력은 환경 관련 학과의 교육과정을 이수하거나 환경분야 자격증 취득을 통해 현장에 배출된다. 환경관련 학과로는 환경공학, 토목환경공학, 환경과학, 건설환경학, 환경화학공학, 생명환경공학, 환경보건학, 지구환경과학, 해양시스템공학 등 매우 다양하다. 경영학이나 사회학, 법학, 행정학 등 사회과학에서도 환경 분야를 다루긴 하지만 학부과정에서 인력을 양성하는 코스는 대부분 환경공학 분야이므로 '환경 분야'를 '환경기술 분야'로 분류해 사용한다. 환경기술 분야는 일반적으로 ① 수질·수자원, ② 대기, ③ 폐기물, ④ 청정기술, ⑤ 토양·지하수, ⑥ 지구환경, ⑦ 해양환경, ⑧ 생태, ⑨ 환경보건, ⑩ 환경경영과 같은 10개 분야로 구분한다(주인중·김현수·김덕기, 2009: 154).

환경 관련 자격증은 크게 환경오염 제어 분야와 환경자원관리 분야로 살펴볼 수 있다. 환경오염 제어 관련 자격증으로는 대기, 수질, 소음진동, 폐기물, 광산 등이 있으며, 환경자원관리 자격은 생물, 자연환경, 토양 관련 자격증이 있다. 환경부 관련법령에 의하여 정수시설운영관리사 자격제도가 2007년부터 시행되고 있고, 환경시험분석을 전문으로 하는 환경측정분석사

12) 국가기술자격 45개 종목과 개별법상 국가자격 25개 종목이 유사한 것으로 나타났다(김현수 외, 2007).

≪표 6≫ 환경분야 국가기술자격 취득 현황 (단위: 명)

등 급	종 목 명	취득자수	등 급	종 목 명	취득자수
기술사	대기관리기술사	206	기사	토양환경기사	1,624
	수질관리기술사	272		생물분류기사(동물)	97
	소음진동기술사	169		생물분류기사(식물)	211
	폐기물처리기술사	211	소 계		54,718
	자연환경관리기술사	98	산업기사	대기환경산업기사	19,747
	토양환경기술사	62		수질환경산업기사	24,534
소 계		1,018		소음진동산업기사	671
기사	대기환경기사	17,576		폐기물처리산업기사	7,729
	수질환경기사	26,512		자연생태복원산업기사	155
	소음진동기사	2,781	소 계		52,836
	폐기물처리기사	5,484	기능사	환경기능사	17,112
	자연생태복원기사	433	합 계		125,684

자료: 한국산업인력공단 자격정보 홈페이지, http://www.q-net.or.kr

자격제도가 2009년부터 시행될 예정으로 있다. 각종 정책 및 개발계획에 대한 환경평가서를 종합적·전문적으로 작성·관리할 수 있는 국가자격으로서 환경영향평가사[13] 자격제도 도입을 포함하는『환경영향평가 등에 관한 법률안』이 입법예고 중에 있다.

환경관련 국가기술자격 취득자 수는 2008년 말 기준으로 총 125,684명으로 등급별로는 기술사는 1,018명, 기사는 54,718명, 산업기사는 52,836명, 기능사는 17,112명이다(표 6 참조). 취득자 수 중 수질관련 자격종목이

13) 환경영향평가사의 역할(법률안 제67조)
- 환경영향평가서의 작성·관리 및 평가서 인용자료 검증
- 환경현황 조사 및 환경영향 예측·분석에 대한 타당성 평가
- 환경보전방안 설정 및 대안 평가, 사후환경영향평가서 작성관리 등

가장 많고, 다음으로 대기환경, 폐기물처리 순이다.

자격제도를 통한 환경인력 양성의 문제점으로는 첫째, 환경기사, 환경산업기사에 대해서는 충분한 양적 공급이 이루어지고 있는 반면 기술사의 경우 공급이 수요의 20% 수준에 미치지 못하는 것으로 나타나고 있어 자격수준별 수급불균형이 심하게 나타나고 있다(주인중·김현수·김덕기, 2009).

둘째, 현장과 괴리된 자격증 발급도 문제로 지적된다. 환경분야 기사의 경우 충분한 공급에도 불구하고 현장경험 부족으로 인해 인력활용의 효율성이 떨어지는 실정이다. 아울러 환경기술은 기계·화학·전기·전자 등의 기술지식이 복합적으로 요구되므로 이를 조합할 수 있는 전문기술인력의 양성이 시급한 실정이다.

셋째, 또한 현행 환경기술자격시스템에서 가장 큰 문제점으로 지적되는 것은 산업현장과의 연계성 부족과 활용성 미흡이다. 현장수요에 부응하여 기술자격시스템이 시급히 개선되고 산업현장과의 연계가 강화되어야 할 것이다.

넷째, 현재의 환경분야 자격제도는 기술 변화와 그에 따른 요구에 적절히 대응할 수 있는 체계가 미흡한 실정이며, 기술 변화를 반영하는 다양한 검정방법의 도입이 미흡하다. 필기시험의 경우 암기식 문제가 많고, 문제유형이 자격종목에 관계없이 사지 택일형을 택하고 있다. 환경분야의 경우 기술 변화가 심하게 일어나고 있는데도 불구하고, 이전의 문제들이 빈번하게 출제되고 있어, 산업현장의 요구사항을 제대로 반영하지 못하고 있다.

다섯째, 최근 녹색성장 관련 녹색기술, 신재생에너지, 사회시스템(국토, 도시, 교통 등) 개선 등을 통하여 다양한 일자리 창출 등이 요구되고 있는데 이에 따른 관련자격 신설 등이 아직 검토되지 못하고 있다. 따라서 녹색성장을 추진할 인력양성 시 자격제도를 통한 인력양성이 심도 있게 검토되어야 할 것이다.

제 2 차 환경기술인력 육성계획(2008~2012년)에서도 환경기술 인력의 양적 · 질적 불균형 해소를 위해 현장 중심 · 수요 맞춤형 환경기술인력 육성 및 활용을 강조하고 있듯이 환경산업 연계형, 신재생에너지산업 연계형, 환경평가/환경경영 융합형 인재 육성 등을 통해 제조업과 서비스업, 공공부문의 수요를 적절하게 충족시킬 수 있는 인력양성 기반을 교육 및 자격제도를 통하여 정비해 나가야 할 것이다. 특히 자격제도는 노동시장에서의 파급효과가 크게 나타나는 만큼, 자격을 통한 녹색성장의 일자리 창출 연계는 경제성장 발전에 새로운 동력원으로 작용할 것이다(주인중 · 김현수 · 김덕기, 2009).

녹색기술 관련 자격의 현황

녹색성장형 신산업의 핵심 아이템은 2009년 1월 정부가 발표한 '녹색기술 연구개발 종합대책'에서 핵심 원천기술 위주로 제시한 27개 중점 녹색기술[14]이라 할 수 있다. 27개 중점기술 분야의 R&D 인력 총 수요는 2008년 2만 명에서 2012년 약 3.3만 명으로 증가될 것으로 전망되고 있다.

녹색성장분야의 주요 녹색기술과 관련한 자격의 현황을 살펴보면 첫째, 예측기술 분야에서는 기후변화예측기술과 관련하여 국가기술자격으로 기상예사기술사와 기상기사가 운영되고 있으나 기후변화예측보다는 기상관측과 예보 업무 등 단기적인 업무에 국한되어 있다.[15] 기후변화적응과 관련하여 최근 입법예고중인 『환경영향평가 등에 관한 법률(안)』에 의하여 환경

14) 예측기술, 에너지원기술, 에너지고효율화기술, 사후처리기술, 무공해산업육성 등 5대 분야, 15중분류이다.

15) 자격취득자수는 기상예보기술사가 총 13명으로 매우 적으나, 기상기사는 최근 해마다 증가하여 2008년도 214명 등 총 1,835명이 자격을 취득하였다.

≪표 7≫ 주요 녹색기술 관련 자격 현황

녹색기술			관련 자격(예시)
대분류	중분류	소분류	
예측기술	기후변화 예측 및 영향평가	기후변화 예측	기상예보기술사, 기상기사
		기후변화 적응	환경영향평가사(예정)
에너지원 기술	재생에너지	태양광	
		바이오에너지	
	원자력/핵융합	원자력	원자력발전기술사
		핵융합	원자력발전기술사
	수소연료전지	수소제조 및 저장	
		연료전지	
	친환경 제조 공정/소재 효율성 향상	친환경 공정 및 제품	시설원예기술사 · 기사 · 산업기사, 농화학기술사, 생물공학기사
고효율화 기술	화석연료 활용성 향상 및 고효율화	석탄액화(CTL) 및 가스화	지하자원처리기술사
	수송부문 효율성 향상	자동차, 철도, 선박해양, 우주항공, 교통물류	차량기술사, 교통기술사 · 기사 · 산업기사, 물류관리사
	녹색국토	그린시티	건축사, 도시계획기술사 · 기사, 조경기술사 · 기사 · 산업기사, 건축시공기술사
		그린 홈/그린빌딩	건축사
	친환경 제조 공정/소재 효율성 향상	제조 공정/소재 효율성 향상	
	전력 효율성 향상	LED, IT기기	
		초전도 활용, 전력IT	발송배전기술사
		에너지 저장	

사후처리 기술	대기오염 모니터링 및 제어	CO_2포집 저장 처리	대기관리기술사
		Non-CO_2모니터링 및 처리	대기관리기술사
	수질환경	수처리	수질관리기술사
		수자원 확보	
	폐기물	폐기물 자원화 및 에너지화	폐기물처리기술사 · 기사
	폐기물 및 환경보건	위해성 평가	환경영향평가사(예정)
무공해 산업경제 (지식기반) 육성	CT, 소프트기반 IT 및 지식서비스 등	가상현실	

주: 관계부처 합동으로 작성한 '녹색기술 연구개발 종합대책'에서 제시한 27개 녹색기술을 기준으로 제시함.

영향평가사자격이 시행 예정이다. 둘째, 에너지원기술 분야에서는 친환경제조공정/소재 효율성 향상 분야의 친환경 식물성장 촉진기술과 관련한 농림분야의 자격 및 원자력/핵융합 분야의 원자력발전기술사 외에는 재생에너지, 원자력, 수소연료전지 분야의 녹색기술과 관련한 자격은 운영되는 종목이 없었다. 이 분야는 정부에서도 중장기적인 개발을 통한 신규시장 창출과 미래수요에 대비하고자 하는 분야이다.

셋째, 에너지 고효율화 분야에서는 석탄가스화 복합발전 기술과 관련하여 지하자원처리기술사, 고효율 저공해 차량기술 분야의 차량기술사, 지능형 교통 · 물류기술 분야의 교통기술사 · 기사 · 산업기사, 물류관리사 종목이 운영 중이다. 생태공간 조성 및 도시재생 기술 분야에서는 건축사, 도시

계획기술사·기사, 조경기술사·기사·산업기사, 건축시공기술사 종목이, 친환경 저에너지 건축기술 분야에서는 건축사 종목이 운영되고 있다. 전력 IT 및 전기기기 효율성 향상 기술 분야에서는 발송배전기술사가 운영 중이다. 그러나 이들 자격종목은 정부에서 발표한 27개 핵심 녹색기술에서 제시하고 있는 기술과 완전히 일치하지 않는 종목이 많다. 이는 해당 자격종목에서 제시하고 있는 운영목적, 즉 자격취득자가 주로 종사하게 될 분야를 기준으로 녹색기술 분야의 기술 필요성을 상호 비교하는 데 따른 한계에 기인한 것이다.

넷째, 사후처리 기술 분야에서는 이산화탄소 포집, 저장 및 처리 기술과 Non-CO_2(이산화탄소 제외 온실가스) 처리기술과 관련하여 대기관리기술사 종목이 운영중이다. 수계수질평가 및 관리기술 분야에서는 수질관리기술사가 폐기물 저감, 재활용, 에너지화 기술분야에서는 폐기물처리기술사·기사 자격이 운영 중이다. 유해성물질 노출 모니터링 및 처리기술 분야에서는 환경영향평가사 자격이 운영예정이다. 이 분야에서도 일부 자격이 관련이 있는 것으로 나타나고 있으나 정확히 녹색기술과 자격의 직무 분야가 일치하지 않는 것이 많다.

이상에서 살펴본 바에 의하면 녹색기술의 많은 분야에서 관련 자격이 이미 운영중인 것으로 확인되고 있다. 물론 자격은 직무범위가 포괄적으로 제시되고 있기 때문에 정확히 녹색기술 분야에서 양성하고자 하는 인력과 일치하지 않거나 일치 여부를 확인하는 것이 곤란한 종목이 있을 수 있다. 문제는 녹색기술과 관련하여 자격종목이 운영되지 않는 분야에서 자격의 신설이 필요한지에 대한 검토가 필요하다는 것이다. 해당 기술인력을 어느 수준에서 양성할 것인지에 따라 또는 산업계의 자격취득자에 대한 수요에 따라 자격의 신설 여부를 결정해야 할 것이다.

이 책의 앞선 장들에서 살펴본 녹색직업이 위와 같은 녹색기술[16]과 관련한 것이기 때문에 녹색산업 · 녹색기술 → 녹색직업 → 녹색자격으로 이어지는 과정에서의 수요 · 공급을 정확히 분석할 필요가 있다. 즉, 녹색직업이 녹색산업에서 창출되어야 하고, 녹색직업을 통하여 녹색자격에 대한 수요가 있어야 한다는 것이다. 이러한 측면에서 녹색자격은 녹색직업의 필요조건이지 충분조건은 아니다. 모든 녹색직업 분야에서 녹색자격 취득자를 원하지는 않는다는 것이다. 이러한 수급원리를 무시하고 무리하게 녹색기술 분야의 인력양성 필요성 만으로 자격종목을 신설하는 우(愚)를 범해서는 안 될 것이다.

UNEP, ILO, IOE & ITUC(2008)에서는 환경기술의 고용측면에서 잠재력과 관련하여 최근 수 년간 재생에너지 분야에서만 23백만 개의 신규 일자리가 창출되었고, 향후 잠재력은 더욱 클 것으로 전망하고 있다. 향후 에너지 효율화 및 재생에너지 분야에서 가장 많은 녹색일자리가 창출될 것으로 전망하고 있다. 2030년까지 분야별 고용증가 전망에서 풍력분야 21백만 명, 태양력분야 63백만 명, 바이오매스 에너지분야 12백만 명, 건물의 에너지 효율 개선분야에서 수백만 명의 일자리가 창출될 것으로 전망하고 있다. 미국과 유럽에서만도 에너지 효율 개선 분야에서 200~350만 개의 녹색일자리 창출이 가능하다고 전망한다.

자격제도의 측면에서 녹색기술 관련한 제조업 외에도 지식서비스 분야 일자리와 연계한 자격종목의 확충에도 특히 역점을 둘 필요가 있다. 인문사회계 전공자의 직무능력을 전달하는 신호체계로서 자격체계를 구축하여야 한다. 전체 대졸자의 45% 정도를 차지하는 인문사회계 대졸자가 취득할

16) 실제 정부에서 발표한 27대 핵심 녹색기술은 상당히 구체적인 분야를 제시하고 있어서 좀 더 넓은 분야에서의 녹색기술로 확대할 경우 관련되는 직업과 자격은 더 존재할 수 있고, 신규 수요도 그만큼 더 늘어날 수 있을 것이다.

수 있는 자격종목을 확대하도록 한다.17) 미국 등 선진국의 경우 '가족·결혼상담사', '라이프코칭' 등 다양한 서비스 관련 자격이 운영되어 서비스 관련 일자리 발달에 기여하고 있다. 일자리와 연계한 자격취득 및 활용을 위한 사회적 시스템 구축을 위하여 서비스 분야 산업부문별 인적자원개발협의체의 지정 확대를 통한 인력수급 분석, 교육훈련과 연계, 산업계 활용체제를 마련할 필요도 있다.

영국의 녹색 IT자격 사례

영국컴퓨터과학회(British Computer Society; BCS)는 환경친화적이고 경제적인 IT 서비스 제공을 위한 전문 IT 자격으로 2009년부터 그린 IT자격(green IT qualification)을 시행하고 있다. 이 자격은 에너지 효율적으로 업무를 처리하도록 IT 시스템을 구축하는 데 필요한 지식과 스킬을 겸비한 인력을 배출하기 위한 IT자격이다. 자격은 자료실 관리자에 대한 EU 행동강령(EU code of conduct for data centre operators)에 관한 이해와 실무를 다루는 교육과정을 이수한 후 1시간 동안 실시되는 다지택일형 시험으로 검정을 실시한다. 영국컴퓨터과학회는 이 자격을 장차 국제표준자격으로 끌어올리고자 하고 있다.

교육과정의 주요 내용18)은 그린 IT의 정의, 그린 IT 운영의 핵심요소, 그린 IT관련 규정과 정책, 에너지 효율성, 탄소에너지 회계, 조달·제품

17) 예: 교육컨설팅, 호텔·오락, 관광분야 등.

18) The definition of Green IT, Key factors driving Green IT, Business benefit, Green IT regulations, legislation and polices, End to end costing, Emissions and energy efficiencies, Carbon energy accounting, Procurement, lifecycle, and disposal planning, How to create a Green IT strategy, Managing stakeholder relationships and behaviours.

수명 · 폐기 기획, 그린 IT 전략수립, 이해관계자 관리 등이다.

우리 정부에서도 이미 에너지 절감과 온실가스 감축 요구, 글로벌 환경규제 강화 등 국제적 환경 변화에 대한 IT 분야의 대응 전략 필요성을 인식하고 그린 IT기술개발을 녹색기술의 핵심기술 가운데 하나로 포함하여 추진하고 있다.

04 절
녹색성장과 자격제도의 발전방향

녹색성장은 정부의 노력만으로는 달성될 수 없다. 정부와 산업계, 그리고 사회 각 부문이 상호 협력해야 달성될 수 있는 범사회적 목표이다. 또한 녹색성장은 장기적인 관점에서 지속적으로 추진해야 할 정책과제이며, 민간부문에서 녹색성장을 구현하기 위해서는 초기단계에서 정부의 정책적 지원이 필요하다. 전 세계적으로 겪고 있는 경제위기로 인해 녹색성장의 원동력이 될 수 있는 그린 노동인력 분야에 대한 민간투자는 더욱 기대하기 힘든 상태이다. 따라서 정부가 녹색성장의 실현을 위한 신기술을 발달시키고, 산업계의 적극적인 동참을 이끌어내기 위해서는 자격제도를 산업현장과 연계가 가능한 방향으로 발전시켜야 할 것이다.

이를 위한 구체적인 방안으로 첫째, IT, BT, NT 산업의 자격을 가지고 있는 기술 인력들에게 녹색산업 및 환경산업에서 요구되는 지식을 취득할 수 있도록 계속교육을 실시한다. 이 과정을 수료한 기술인력에게는 '그린 IT, BT, NT 기술자격'을 부여하여 기존 기술자격과는 차별화된 역할을 부여할 수 있다. 최근 환경부에서는 국가자격으로 운영하고 있는 '환경성적표지심사원'에게 기후변화 관련 계속교육을 실시하고 이를 이수한 기존 자격취득자에게 탄소라벨 심사를 수행할 수 있는 자격을 부여하였다. 이를 통해 탄소라벨제도 시행을 위한 심사원 양성에 드는 시간과 비용을 절감하였고, 기존 자격자들에게 새로운 일자리를 제공하는 효과를 거두었다.

둘째, 녹색산업 관련 인식제고와 최소한의 지식을 습득할 수 있도록 에코검정[19]자격을 도입한다. 전문인력 또는 일반인들도 단기간의 교육과정을 거쳐 취득할 수 있는 에코검정 자격제도를 실시함으로써 환경문제에 대한 범사회적인 공감대를 형성할 수 있다. 에코검정자격을 가진 전문기술 인력들의 양성은 녹색산업 분야에서 점점 늘어나고 있는 전문인력 수요를 충족시킬 수 있다. 일본의 경우 2006년부터 에코검정의 일종인 '환경사회검정시험'을 시행하고 있으며, 현재까지 약 37,500명이 자격을 취득하였다. 일본의 에코검정은 동경상공회의소가 주최하고 있는데, 자격을 취득한 개인에게는 취업 시 가산점을 부여하는 혜택이 주어지며 기업의 경우에도 합격자 채용 및 직원 응시로 기업이미지가 제고되는 등 일반인과 기업에 대한 영향력이 크게 확대되고 있다.

셋째, 녹색성장을 달성하기 위해서는 기존의 전통 환경산업을 육성하는 차원에서 벗어나 녹색산업 부문의 시너지를 극대화할 수 있는 신재생에너지, 에너지 효율 향상기술, 온실가스 감축기술 분야의 자격종목을 적극 발굴·육성하여야 한다. 신기술의 발달과 확대는 기술을 개발하고 상용화시킬 수 있는 주체인 그린 노동인력을 통해 실현될 수 있다. 그린 노동인력이란, 환경관련 지식·기술뿐만 아니라 청정기술, 정보기술, 전자기술, 나노기술, 바이오기술 등의 융복합 분야의 지식과 기술을 갖춘 인력을 의미한다(이해춘, 2008). 그러나 현재의 환경관련 자격제도는 대기, 수질, 폐기물 등 매체별 환경관리 지식과 기술 습득 위주로 한정되어 있어 기존 환경관련 자격증

19) 에코검정: 환경에 대한 지식공유, 공감대를 형성하여 전 국민의 에코피플화, 환경에 대한 지식과 소양을 갖춘 미래지향적 인재 양성, 에코피플 채용 및 직원의 에코피플화로 녹색경영의 토대 마련.

취득자가 그런 노동인력으로 활용되기에는 보완책이 필요하다. 또한 기존의 건설, 기계, 교통, 제품설계분야의 종사자들도 녹색성장 전략을 수립하고 실천하기 위해서는 관련 전문교육이 필요하다.

넷째, 녹색성장은 국가나 공공 부문만으로 달성할 수 있는 과제가 아니며, 민간의 창의와 다양성이 담보되어야만 달성이 가능하다. 따라서 국가자격에만 의존하기보다는 신설과 운영이 유연한 민간자격의 확대가 필요하다. 산업 부문별 자격개발에 녹색기술 분야의 산업계 참여를 유도하고, 공통능력의 성격이라면 국가가 선도하는 것도 고려한다. 이와 함께 녹색자격 취득자 활용에 대한 범 부처 차원에서의 지원방안을 마련하고, 녹색자격취득자의 구체적 의무고용사항을 관련법에 명기하는 등의 자격 활용방안을 마련하도록 한다.

CHAPTER

10

녹색진로교육이 필요하다

임 언

미래를 준비하고 있는 청소년들에게 녹색산업 분야에 관심을 가지고 관련된 역량을 기를 수 있도록 안내하는 것은 녹색경제체제의 유지와 발전을 위한 관건이 된다. 본 장에서는 녹색성장의 기초로서 녹색진로교육이 왜 필요하며, 어떻게 접근해야 하는지에 대하여 검토하였다.

녹색진로교육은 '녹색역량' 교육과 '진로개발역량' 교육이 교차되는 지점에서 일어난다. 녹색역량은 학생들이 녹색시대의 도래를 이해하며, 이 사회가 직면한 문제해결에 실천적으로 기여하고자 하는 지식, 태도, 스킬, 가치관을 의미하며, 진로개발역량은 자기주도적으로 진로를 탐색하고, 계획하고, 준비하는 역량이다. 청소년들이 녹색직업에 관심을 가지며, 그러한 직업에서 필요로 하는 역량을 갖추려는 의지를 갖도록 적극적으로 안내하는 것이 바로 녹색진로교육이다.

본 장에서는 녹색진로개발역량을 제고하기 위하여 교과통합적인 접근이 필요하며, 녹색직업과 녹색교육기회를 안내하는 정보체계의 중요성을 강조하였다. 아울러 녹색진로교육 과정에서 녹색 가치관에 바탕을 둔 진로개발의 필요성을 부각하였다.

01 절

왜 녹색진로교육을 말하는가?

현재 인류가 직면한 가장 큰 문제 중의 하나는 지구온난화 현상이다. 기후의 급격한 변화로 인하여 생태계가 파괴되고, 지구 생명체의 삶에 전면적으로 그 영향이 미칠 것으로 경고되고 있다. 이러한 변화가 단기에 급격하게 진행되어 이에 대한 인류의 대처가 쉽지 않을 것으로 예상하는 입장에서는 인류의 결단과 전면적인 삶의 패러다임 전환을 촉구한다. 다른 한편에서는 이러한 위기를 기회로 보는 가운데 기후변화의 원인이 되는 화석연료 사용을 제한하고 대체에너지를 개발하여 이러한 문제에 대처할 수 있으며, 그 과정에서 많은 일자리가 생성되고 지속적인 발전이 가능하다는 것이다.

현대 인류 역사에서 환경 재앙에 대한 경고는 늘 있었으나 대규모 재앙을 예상하는 극단적인 전망과 다르게 현실이 돌아갔던 데에는, 무엇보다도 인류가 직면한 문제를 성찰하고 그에 따라 문제를 해결하는 실천력이 있었다는 것이 중요하게 작용했다. 비관적인 전망들을 진지하게 받아들이고 애써서 사회를 변화시키고자 노력했던 실천적인 환경운동가들의 노력이 거기에 있었다.

녹색경제는 인류의 기존 생활방식에 대한 성찰에서 출발한다. 석유 및 석탄과 같은 화석연료의 고갈과 과다한 에너지 사용으로 인한 지구온난화 현상은 미래 전망이 아니라 급박한 목전의 현실로서 우리 앞에 있다. 인류가 삶의 방식을 근원적으로 되짚어보아야 할 때인 것이다. 생산과 소비, 살아가는 방식의 변화를 요청하고 있다. 이러한 문제에 적절하게 대응할 수 있도록 경제체제가 변화하는 것은 선택사항이기보다는 피할 수 없는 당위일 것이다. 일본 및 독일은 오래 전부터 친환경적인 산업에 관심을 가지고 지속적인 투자를 이루어왔으며, 그 결과 전 세계적으로 녹색경제를 선도하는 위치에 있다. 우리나라에서도 최근 몇 년 동안 녹색성장과 관련된 논의가 활발히 이루어졌으며, 국가적인 수준에서의 녹색성장을 일구어 내기 위한 전망과 방안을 제시한 바 있다.

녹색성장에 대한 선도적인 논의에서 보면, 녹색 경제체제로의 전환과정에서 창출되는 일자리가 전망이 매우 밝은 것으로 제시된다. 녹색일자리는 '피할 수 없는 삶의 변화'와 관련이 있기 때문에 지속적인 성장이 예상된다는 것이다(UNEP, ILO, IOE & ITUC, 2008). 그러한 전망이 현실화되기 위해서는 어느 분야, 어디에서 일하더라도 환경에 대한 깨어 있는 역량을 갖추는 것이 필요하다. 이는 마치 20세기 말 지식정보 산업사회로 접어들면서 우리 모두가 컴퓨터 역량을 갖추어야 했던 것과 비교할 수 있다. 예컨대, 한 청년이 취업한 회사가 녹색정책을 펴면서 전방위적인 변화를 시도하려고 한다면, 그가 비록 생산과 직접적으로 관련된 공학 분야의 전공자가 아니더라도, 내부 경영, 고객 서비스, 자원관리 모든 분야에서 녹색마인드로 문제를 인식하고 대안을 제시할 수 있어야 할 것이다. 만약 고용주가 녹색 마인드가 없다면, 녹색역량을 갖춘 한 개인이 그 직장의 문화를 바꾸는 데 중요한 계기를 마련해 주는 역할을 하는 것도 가능할 것이다.

다가오는 녹색시대에는 모든 사람들이 성숙한 시민의식에 바탕을 둔 녹색역량을 갖추어야 할 뿐 아니라, 특수한 관련 분야에서 기대되는 역할을 수행할 수 있는 다양한 수준의 인재가 요청된다. 녹색직업에서 요구하는 인력이 기존의 교육 및 훈련 체제 속에서 양성된 인력의 전환으로도 일부는 충당이 가능하겠으나, 변화를 창의적으로 이끌어 갈 수 있도록 보다 유능한 인력이 이러한 분야에서 기여할 수 있도록 안내하는 것이 필요하다.

특히, 미래를 준비하고 있는 청소년들에게 녹색산업 분야에 관심을 가지고 관련된 역량을 기를 수 있도록 안내하는 것은 녹색경제체제의 형성 및 발전을 위하여 반드시 필요하다. 학생들이 녹색시대의 도래를 이해하고, 녹색직업에 관심을 가지며, 그러한 직업에서 필요로 하는 역량을 갖추려는 의지를 갖는 것이 녹색진로개발(green career development)이며, 그것을 적극적으로 지원하는 것이 바로 녹색진로교육이다.

이 글의 목적은 녹색진로개발의 필요성과 의미를 검토하며, 방안을 모색하려는 데 있다. 녹색진로개발의 바탕의 되는 녹색직업세계를 개관하고, 녹색진로개발의 의미를 짚어본 후에 녹색진로교육을 위한 방안을 검토하고자 한다.

02절

녹색경제체제에서의 일자리 변화

녹색직업은 환경을 보존하거나 회복하여 지속가능성을 높이는 데 기여하는 농업, 제조업, 연구 및 개발, 행정 서비스 분야에서의 활동과 관련된 직업을 의미한다. 예를 들자면, 생태계를 보호하는 일, 에너지와 물자, 물 소비를 줄이는 일, 경제활동 속에서의 탄소 배출을 줄이는 일, 그 밖의 낭비와 오염을 줄이는 것과 관련된 모든 일들이 포함된다(UNEP, ILO, IOE & ITUC, 2008). 이러한 녹색직업은 광범위한 분야에 퍼져 있으며, 새롭게 생성되는 직업만이 아니라 기존의 직업에서 직무의 일부가 변경되는 경우도 있다.

지속가능성이 강조되는 녹색경제체제로 전환하는 과정에서 일어나는 일자리 변화는 다음과 같은 네 가지 유형으로 나타난다(UNEP, ILO, IOE & ITUC, 2008). 첫째, 새롭게 나타나는 직업이다. 기존의 생산과정에서 발생한 오염요인을 통제하기 위하여 새로운 도구들을 생산하게 되고 이에 따라 새로운 직업이 생기게 된다.

둘째, 기존 직업이 새로운 직업으로 대치된다. 예컨대, 화석연료와 관련된 직업들은 재생가능한 에너지를 생산하는 과정의 직업으로 변모하는 것, 트럭을 통한 운송이 기차를 통한 운송으로 대치되는 것, 쓰레기를 소각하던 것에서 재활용하는 것으로 변화하는 것이 이러한 유형에 속한다.

셋째, 어떤 직업들은 대치되지 않고 그냥 소멸되기도 한다. 포장재 사용이 제한되거나 금지되면서 생산 자체가 중단되는 것이 이에 해당된다.

넷째, 직업에서 업무 수행을 위하여 요구되는 스킬이나 작업방법 등이 변화하여 직무 자체가 새롭게 정의되는 식으로 변화가 이루어질 것이다. 특히 배관공, 전기시공 기술자, 금속 기술자, 건축 기술자 등이 이에 해당된다.

녹색직업이 주로 나타나는 분야는 에너지, 교통수단, 건축, 자원관리, 농업 및 임업 및 서비스 분야이다. 녹색 에너지 분야는 태양에너지, 풍력에너지, 지열에너지, 바이오에너지, 조력에너지와 같은 대안 에너지를 개발하여 보급하는 과정과 관련된 직업을 의미한다. 각 분야별 개발 및 설치 엔지니어링 직업들이 이에 속한다.

녹색교통 분야에는 자동자의 에너지의 효율성을 높이고, 대안 에너지를 사용한 자동차를 개발하는 것, 대량 수송수단을 개발하고 그것이 운영되는 체제를 개발하는 것과 관련된 직업이 생성되고 있다.

녹색건축은 친환경적인 건물을 포함한 거주지를 설계하고 건축하며 유지하는 것과 관련된 직업으로서 조경 및 건축 설계, 친환경 건축 컨설턴트, 건축공학자가 이에 속한다.

자원관리 영역은 공기, 물, 흙, 숲, 동물의 보존 및 활용에 관련된 다양한 녹색직업이 창출될 가능성이 있는 부문이다. 이러한 천연자원 외에도 쓰레기와 고체폐기물을 재활용하는 과정에서 녹색일자리가 창출된다. 농업과 임업과 같은 1차 산업 부문에는 유기농산물 생산과 유통, 조경 및 산림관리에 관한 녹색일자리가 창출되는 것이다. 녹색유통 부분은 효율적인 상품, 이동거리를 최소화하는 생산과 소비의 연결체제 속에서 녹색직업이 창출되고 있다.

≪표 1≫ 녹색경제체제 속의 직업

분 야		관련직업
녹 색 에너지	태양에너지	태양에너지 엔지니어, 태양열 설치
	풍력에너지	풍력발전 기술자, 풍력자원 분석가, 풍력터빈 제조 엔지니어
	지열에너지	풍력터빈 제조 엔지니어, 지열 난방 엔지니어
	바이오매스에너지	바이오매스 산업 개발 코디네이터, 바이오에너지 엔지니어
	조력에너지	전기, 수력, 기계 설계 엔지니어, 연료전지 기술자 및 엔지니어
녹 색 교 통	자동차	자동차엔지니어, 자동차 제조업자, 자동차 판매 및 홍보, 자동차 생산 및 수리 기술자
	대중교통	도시계획 및 교통 엔지니어, 대량 수송수단 건설 및 운영
	비행	비행기 디자이너
녹 색 건 축	친환경적 건물	도시 및 조경계획 관련 직업, 건축 설계, 지속가능하며 친환경적 건물 분석가, 친환경 건축 컨설턴트, 건축공학 엔지니어
	적절한 친환경 거주지	기술 분야 전문가, 창문설치 및 변경, 냉·난방설비기술자
	친환경 지붕	친환경 지붕 설치가, 친환경 지붕 디자이너
자 원 관 리	공기청정도	공기 질 검사자 및 컨설턴트, 이산화탄소 엔지니어 및 과학자 및 관리자, 환경 기획가
	수질	수자원 관리자 및 전문가, 공공시설 규제 분석가, 물 배분, 상·하수도 전문가, 습지대 생태학자
	지질	지구과학자
	산림	산림정책 분석 및 조사자, 산림 프로젝트 기획 및 관리자
	야생생물 및 어류	생물학자, 해양학자
	생물다양성의 손실	야생생물 관련 직업
	쓰레기및 고체폐기물 관리	재활용 관련 직업
농 업, 임 업	농업	유기농 농장 운영, 유기농 인증 전문가, 유기농 식품 유통 소매업
	임업	조경, 산림관리

주: Liewellyn, Hendrix & Golden(2008), 5, 6, 7, 8, 9, 10장에서 제시된 내용을 요약.

[그림 1] 환경 친화와 일자리의 괜찮은 정도에 따른 직업 분류

친환경적이지만 괜찮지 않은 직업	친환경적이며 괜찮은 직업
• 적절한 안전조치 없이 전자제품 재활용 작업에 종사 • 저임금 태양전지판 설치작업 • 바이오연료를 개발하는 대규모 농장의 저임금 일용직근무자	• 노동조합에 가입된 풍력, 태양열 관련 직업 • 녹색 건축설계사 • 임금이 좋은 대중교통 근로자
친환경적이지도 괜찮지도 않은 직업	**친환경적이지 않지만 괜찮은 직업**
• 탄광근무 • 아프리카와 라틴 아메리카 대규모 농장에서 근무하는 여성 노동자 • 돼지도살장 근로자	• 노동조합에 소속된 자동차 제조 근로자 • 화학 엔지니어 • 비행기 기장

(세로축: 환경친화 / 가로축: 일자리의 괜찮은 정도)

자료: UNEP, ILO, IOE & ITUC(2008). p. 40.

이처럼 다양한 분야에서 녹색직업이 생성되고 있으나, 친환경적인 녹색직업이라고 하여 그 직업이 기존의 판단기준에 따를 때 보수와 근무환경면에서 '괜찮은 직업(decent job)'이라고 담보할 수는 없다. [그림 1]에서 보듯이 특정 직업이 갖는 환경친화성과 그 직업이 소위 괜찮은 직업인가라는 측면에서 본다면, 친환경적이면서 괜찮은 직업, 친환경적이지만 괜찮지 않은 직업, 친환경적이지 않으나 괜찮은 직업, 친환경이 아니며 괜찮지도 않은 직업군으로 구분이 가능하다.

지속가능한 성장에 도움이 되지만 괜찮지 않은 직업들은 현재 세계 경제체제 속에서 발전도상국가의 근로자들이 저임금과 열악한 근무조건 아

래서 담당하고 있는 실정이다. 안전장비나 조치를 취하지 못하고 전자제품 재활용 작업을 하는 일이나, 바이오 연료 제작에 원료가 되는 농산물을 생산하는 농장에서는 저임금 일용직 근로자들이 종사하고 있다.

청소년들에게 권하게 되는 녹색직업은 바로 친환경적이면서도 괜찮은 직업일 것이며, 친환경 정도가 높은 직업들이 괜찮은 직업으로 자리매김할 수 있도록 사회적으로 지원하는 체제가 필요하다. 즉 적정한 임금 및 근로와 관련된 권한을 보장받을 수 있도록 하는 사회체제가 요청된다. 녹색직업 중에서도 환경 친화의 정도에 따라서 녹색의 채도가 다를 수 있다. 오염을 피하는 것이 오염을 법적으로 통제하는 것보다는 더 환경에 도움이 되며, 아무리 에너지 효율성을 높이더라도 개인이 자동차를 이용하게 하는 것 보다는 대중교통을 발전시키는 것이 더 녹색의 채도가 짙은 것이다. 이처럼 다양한 채도의 녹색직업이 녹색경제체제에서 함께 요청된다. 비록 낮은 채도의 녹색직업이더라도 녹색경제체제를 유지하는 전반적인 과정 속에서 더 중요한 역할을 할 수 있다. 지속 지속가능성에 곧바로 기여하는 채도 높은 녹색정책을 유연하게 시행하는 것을 가능하게 하며, 그러한 정책을 추진하는 과정에 필요한 시간을 벌어줄 수도 있기 때문이다(UNEP, ILO, IOE & ITUC, 2008).

03 절
녹색역량, 진로개발역량, 녹색진로교육

녹색역량

녹색역량(green competency)은 녹색경제체제 속에서 살아가기 위하여 필요한 특성을 지칭하는 말로서, 환경의 변화와 그에 따른 사회, 경제 체제의 변화에 대한 '지식', 그러한 과정에 드러나는 문제들에 대하여 일정한 책임을 지고 나아가 적극적으로 해결하고자 참여하려는 '태도', 그러한 문제를 해결하기 위한 '스킬'을 포괄하는 개념이다. 논란의 여지는 있으나 경제적 풍요보다 자연과 사람을 중요시하는 '가치관'도 녹색역량 속에 포함될 수 있다.

녹색역량은 단순한 가치나 태도를 넘어서 녹색 삶을 영위할 수 있는 지식과 스킬을 포함한다는 점에서 기존의 핵심 역량 또는 직업기초능력에 관한 논의와 무관하지 않다. 직업생활에서 요구되는 핵심 역량에 대한 논의는 다양한 맥락에서 오래 전부터 활발하게 이루어졌다. 어떠한 직업이든 그 직업에서 성공적으로 업무를 수행하기 위해서는 공통적으로 요구되는 능력과 태도가 있으며, 급격하게 변화하는 사회일수록 전문적인 스킬 이전에 핵심 역량을 갖추는 것이 중요하다는 것이다. 임언 · 최동선 · 박민정(2008)은 기존의 논의를 검토하고 델파이 조사를 통하여 직업생활에서 요구되는 역량

[그림 2] 녹색역량과 직업기초능력

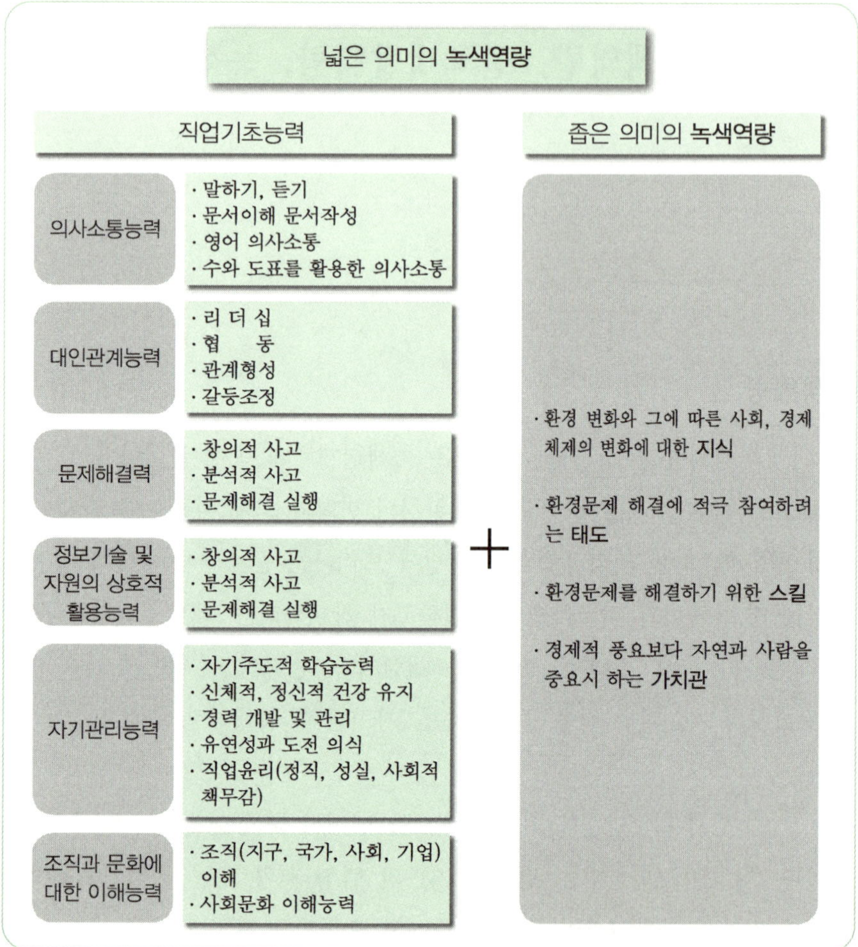

을 6개 영역, 23개 하위 요소로 정리하였다. 이는 의사소통, 대인관계능력, 정보·기술·자원활용능력, 문제해결력, 맥락과 환경에 대한 이해력, 자기관리능력이며, 상세한 하위요소는 [그림 2]에 제시된 바와 같다.

그러나 녹색역량이 녹색 가치관을 바탕으로 직업 및 사회생활을 성공적으로 영위하기 위한 지식, 기술, 태도라고 보면, 이는 기존의 직업기초능력에서 강조하는 다양한 스킬을 다 포괄한다고도 볼 수 있다. 광의의 녹색역량은 기존의 직업기초능력을 바탕으로 환경의 변화와 이에 따른 노동시장 변화에 대하여 잘 알고 있으며, 녹색직업을 통하여 이러한 문제를 해결하여 개인적으로 보람 있는 직업생활을 영위하고, 사회 발전에 기여하고자 하는 가치와 태도에 가중치를 부여한 역량이다. 녹색역량은 좁은 의미보다는 광의로 이해하는 것이 더 적절하다고 본다. 왜냐하면, 만약 기존의 기초능력을 포괄하지 않은 채 녹색역량을 별도로 논할 경우 이는 녹색 지향만이 있으며, 그러한 지향에 따라 살아가고 실천할 수 있는 실질적인 역량을 제외한 수사적 의미만이 남을 가능성이 있기 때문이다.

진로개발역량(career development competencies)

진로는 일생 동안 개인이 갖는 경험 또는 지위의 총체로서 직업만이 아니라 여가, 사회활동, 가정에서의 일, 봉사활동, 보수 없이 하는 일들을 모두 포함하는 포괄적인 개념이다. 이는 확대된 진로의 개념에 기초한다. 즉 생의 종단과 횡단면을 다 고려한, life-wide, life-long career이다. 그러나 현실의 일상용어에서 진로는 직업생활과 관련된 제한된 의미로 활용되는 경우가 많다. 직업은 개인이 사회와 관계하는 가운데 하게 되는 일로서 그 일의 대가로서 보수가 주어지는 경우로 한정된다. 진로의 개념이 이렇게 제한적으로 통용되는 것은, 개인이 일생 동안에 하게 되는 다양한 일 중에서, 직업생활과 관련된 일이 차지하는 비중이 가장 크기 때문이다(임언 외, 2008).

진로를 가장 넓게 정의하여 한 개인이 전 생애를 통하여 갖는 경험과 지위의 총체로 볼 때, '진로개발'은 한 개인이 삶의 전 과정을 통하여 행복하고 의미 있는 삶을 살아가기 위하여 다양한 삶의 맥락 속에서 자기주도적으로 경험을 선택하고, 계획하며, 준비하는 활동을 의미하는 것으로 정의할 수 있다. '진로개발역량'은 개인이 진로개발을 하는 데 필요한 역량으로서 삶의 지향점을 설정하고, 진로를 선택하며, 그러한 선택이 실제로 구현될 수 있도록 준비하고 노력하는 과정에서 필요한 지식, 스킬, 태도, 가치와 성향을 포괄하는 개념이라 할 수 있다.

진로개발역량의 하위 요소를 구체적으로 밝히자면, ① 자기이해, 긍정적 자아개념, 자율적이며 능동적인 태도, ② 일에 대한 긍정적 가치와 태도, ③ 타인과의 긍정적인 상호작용, ④ 성역할 고정관념을 포함한 직업에 대한 고정된 생각 타파, ⑤ 다양한 역할(여가, 지역사회 참여, 학습자, 가족생활, 직장생활 등)의 균형 필요성 인식, ⑥ 다양한 직업 세계의 이해, ⑦ 합리적 의사결정, 자신의 진로목표에 맞는 진로개발 계획수립 및 관리, ⑧ 정확하고 공정한 진로정보 활용, ⑨ 미래 사회의 전망, 변화하는 고용 동향, 사회적인 요구, 경제적인 조건 등을 자신의 진로계획에 통합, ⑩ 진로 및 개인적인 삶의 목표를 달성하는 데 요구되는 학력 및 자격증 취득, ⑪ 평생학습의 중요성 인식 및 참여가 포함된다(임언 외, 2008).

녹색진로교육

녹색진로교육은 녹색역량과 진로개발역량이 교차하는 지점에서 이루어진다. 녹색진로교육은 학생들이 지구 환경변화와, 그것이 사회적·경제적으로 갖는 의미를 이해하고, 녹색직업에 대하여 관심을 갖고 적극적으로 자신의 장래 직업으로서 고려해 볼 수 있도록 기회를 제공하는 것을 의미한다.

녹색진로교육의 목표는 다음과 같이 제시될 수 있다.

≪표 2≫ 2007년도 개정된 고등학교 환경교육의 목표

환경과 인간의 상호 관계를 여러 차원에서 이해하고, 환경문제 해결을 위한 능력을 길러 올바른 가치판단과 의사결정을 할 수 있도록 하며, 나아가 친환경적 생활방식을 익혀 지속가능발전에 기여한다. 가. 환경과 인간의 상호 관계를 환경친화적 입장에서 인식하고 지식과 이해력을 기른다. 나. 환경문제와 대응방안을 탐구하는 활동을 통해 문제해결기능을 배양한다. 다. 환경문제 해결과 지속가능발전을 위한 합리적 의사결정력과 올바른 가치관을 함양한다. 라. 환경친화적 사고를 바탕으로 환경문제의 해결 및 지속가능발전에 참여하고 기여한다.

첫째, 청소년들이 녹색역량을 갖추도록 한다. 녹색역량(green competency)은 앞에서 정의된 바와 같이 녹색경제체제 속에서 살아가기 위하여 필요한 특성을 지칭하는 말로서, 환경의 변화와 그에 따른 사회, 경제체제의 변화에 대한 지식, 그러한 과정에 드러나는 문제들에 대하여 일정한 책임을 지고 나아가 적극적으로 해결하고자 참여하려는 태도, 그러한 문제를 해결하기 위한 스킬을 포괄하는 개념이다. 경제적 풍요보다 자연과 사람을 중요시하는 가치관도 녹색역량 속에 포함될 수 있다.

녹색역량의 제고는 기존의 환경교육의 틀 안에서 어느 정도 가능하다. 2007년도 개정된 고등학교 환경교육의 목표는 인간과 환경의 상호 관계를 이해하고 관련된 문제를 해결하기 위한 능력을 배양하는 것만이 아니라, 올바른 가치관 함양, 지속가능한 발전을 위한 실천까지 포함되어 있다.

현재 선택사항으로 간주되는 환경교육을 필수적인 사항으로 받아들이고 학교 교육과정이 운영되는 다양한 맥락에서 녹색역량이 길러질 수 있도록 프로그램화 하는 것이 요청된다. 환경문제의 인식, 지속가능한 발전을

[그림 3] 녹색진로교육, 녹색역량교육, 진로개발역량교육의 관계

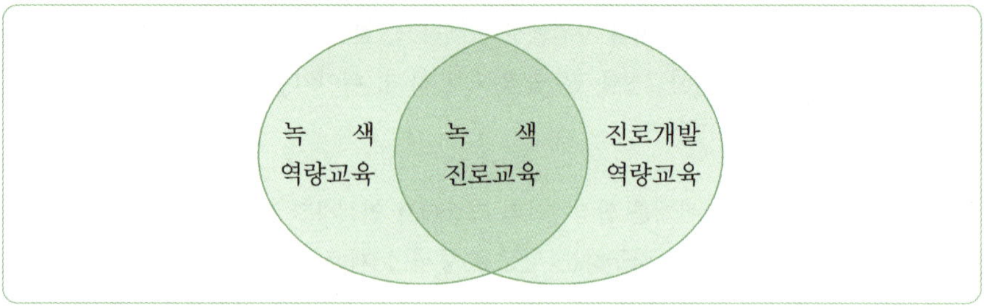

위한 올바른 가치관을 바탕으로 문제해결하기 위한 능력을 배양하고, 실천적 참여와 기회의 도구로서 녹색직업을 선택하도록 성심성의껏 지원하는 일이 필요하다.

둘째, 진로개발역량을 갖추도록 한다. 진로개발역량은 삶의 지향점을 설정하고, 진로를 선택하고, 그러한 선택이 실제로 구현될 수 있도록 준비하고 노력하는 과정에서 필요한 지식, 스킬, 태도, 가치와 성향을 포괄하는 개념이다. 녹색역량과 진로개발역량은 특정 교과나 단회기의 행사성 교육활동을 통하여 단기간에 길러질 수 있는 것이 아니다. 학교 내의 모든 교육활동이 부분적으로 혹은 전면적으로 이러한 역량을 학생들이 갖출 수 있도록 도와주는 것이 필요하다. 녹색역량과 진로개발역량은 각각 별도의 교육목표로 작용할 수 있다. 그러나 그 두 가지 교육활동이 통합적으로 이루어지는 지점에서 '녹색진로개발역량'이 갖추어질 수 있을 것이다. 개념적으로 본다면 녹색진로개발역량이란 성숙한 시민의식을 바탕으로 환경문제를 이해하고, 그러한 문제를 해결하는 데 기여하고자 하는 녹색역량을 바탕으로, 녹색직업을 탐색하고 그러한 직업을 가지기 위하여 필요한 자격을 갖추고자 준비하는 태도와 능력을 의미한다. 녹색진로교육은 기존의 환경교육과 진로교육이 맞닿는 곳에서 통합적으로 이루어진다.

04 절

녹색진로교육, 어떻게 할 것인가?

우리 진로교육의 현실

녹색진로교육은 녹색역량과 진로개발역량이 교차하며 강조되는 교육이다. 청소년 진로교육의 과정에서 녹색의식을 바탕으로 녹색직업에 대한 관심을 갖도록 안내하기 이전에 녹색직업에 한정되지 않은 일반적인 진로교육의 내실화가 전제되어야 할 것이다. 진로교육의 필요성을 많은 사람들이 공감하고는 있으나, 아직 우리나라 초중등학교에서의 진로교육은 파편적인 활동들로 구성되어 있으며, 전체 교육활동 속에서 매우 주변적으로 취급되고 있다.

학생들의 진로교육에 대한 내러티브를 분석한 최근 연구결과(임언 외, 2008)에 의하면, 학생들은 학교에서 제공되는 진로교육이 의미 있게 다가오지 않으며, 체험에 바탕을 둔 진로교육을 받고 싶다고 생각하고 있었다. 또한 진로교육에 열정이 있는 교사들의 내러티브를 탐구한 결과에 의하면 교사들은 진로교육을 의욕적으로 하기에는 어려운 학교 교육의 구조가 있음을 토로하고 있었다.

또한, 15세 학생들의 학업 성취도를 국제적으로 비교한 PISA 조사 내용을 분석한 최근 연구(임언, 2009)에 의하면 OECD 각국과 비교할 때, 우리나라의 진로교육은 국제적으로 최하위권이라는 것이다. 고등학교 1학년 학생들에게 직업박람회 참여, 기업인 강연, 기업체 방문과 같은 직업 탐색 관련 활동을 제시하는 정도가 OECD 28개국 중에서 각각 24위, 21위, 26위, 25위로서 일관되게 낮은 순위를 보이고 있었다. 우리나라 학생의 학업성취도 수준이 언어, 수학, 과학에서 각각 1위, 2위, 7위로서 상위권인 것과는 대조적으로 학교에서의 진로지도는 매우 소극적으로 하고 있는 것으로 나타났다. 학업성취도가 높은 북유럽 국가들이 진로교육을 적극적으로 하고 있는 것과는 뚜렷한 대비가 된다. 우리나라에서는 공부가 강조되지만, 학생들은 그것이 강조되는 이유 또는 맥락에 대한 성찰의 기회가 없이 맹목적으로 공부하도록 교육받고 있음을 적나라하게 드러내고 있다.

모든 교과를 통한 녹색진로교육

지식기반사회, 포스트산업사회에서 개인이 유연하게 적응하며 진로개발을 할 수 있도록 도와주는 진로교육이 중요하다. 그러한 진로교육은 단순한 직업정보 검토와 자기이해를 넘어서 보다 포괄적인 자기개발의 역량을 개발하는 것을 목표로 포함한다. 진로교육은 분절된 활동이나 특정 교과를 통하여 이루어질 수 없으며, 다양한 교과와 통합되는 가운데 지속적으로 이루어질 필요가 있다.

일반 교과의 내용과 통합된 방식으로 진로교육이 이루어질 경우 학생들이 현재 배우고 있는 교과가 각자의 삶 속에 어떠한 의미를 갖는가를 생각할 기회를 제공한다. 이를 통하여 학생들은 학습에 보다 충실할 수 있는 동기가 부여된다. 교과통합적 진로교육이 이루어질 경우 다양한 맥락에서 지속적으로 진로문제를 성찰하는 가운데, 긍정적 자아개념, 긍정적 직업가치 및 태도, 합리적 의사결정 경향과 같이 일종의 성향으로서 진로개발역량이 쌓일 수 있는 것이다.

녹색진로교육이 녹색역량교육과 진로개발역량교육이 교차하는 지점에서 이루어지는 활동이라고 할 때 이러한 역량들은 이미 기존의 대부분의 교과의 교육목표 속에 녹아들어가 있다. 이러한 요소를 명확히 인식하여 교육현장에서 선명하게 드러내는 과정이 필요하다. 이러한 교과통합 녹색진로교육이 가능하기 위해서는 다음과 같은 요건이 갖추어져야 한다. 첫째, 교과별 교과서에 각 교과가 관련되는 직업을 안내하고, 교과에서 배우는 내용이 직업세계에서 어떻게 활용되는가에 대하여 소개한다. 둘째, 각 교과의 목표와 앞에서 제시한 11가지 진로개발역량 요소 및 녹색역량이 교차되는 지점을 찾아내고, 그러한 요소들이 교과교육 과정에서 자연스럽게 강조되도록 한다. 셋째, 교사들이 각 교과 교육과정에서 통합적으로 녹색진로교육을 할 수 있도록 연수를 제공하고, 관련 자료를 개발하여 보급하는 것이 필요하다.

교과통합 진로교육이 제대로 이루어지기 위해서는 개별 교사 차원에서 자신이 담당하고 있는 교과와 진로교육과의 관련성을 알아차리고 교수활동 속에 녹여내는 것도 하나의 방법이겠으나, 보다 효과적인 방법은 학교 차원에서 학교장이 중심이 되어 교과통합 녹색진로교육이 이루어질 수 있도록 교과별로 역할을 조정하고 지원할 경우 효과적인 운영이 가능하다. 이러한 접근을 가시화하기 위해서는 교감 및 교장에 대한 녹색진로교육 관련 연수가 제공되어야 한다.

녹색진로개발 지원을 위한 정보체제 구축

녹색직업 정보체제 구축

청소년들이 녹색직업에 대하여 관심을 가질 수 있도록 관련 정보를 매력적으로 제시하는 것이 필요하다. 현재 우리나라에서 직업에 대한 정보를 체계적으로 제공하고 있는 웹사이트로는 한국직업정보시스템(KNOW, http://know.work.go.kr)과 커리어넷(http://career.re.kr)이 대표적이다. 한국직업정보시스템은 노동부가, 커리어넷은 교육과학기술부가 지원하는 사이트로서 교사와 학생들이 필요한 정보를 얻도록 다양한 직업관련 정보를 제공하고 있다.

이러한 대표 직업소개 사이트에서조차 '녹색직업'을 검색어로 입력하면, 아무런 정보도 찾을 수 없다. 다행스러운 것은 커리어넷에서는 환경분야의 직업이라는 매뉴를 별도로 제시하고 20개 직업에 대한 정보를 제공하고 있다. 각각의 직업에 대하여 직업개요, 수행업무, 전직 가능한 직업, 자격요건, 활동분야, 임금, 유사 직업 및 관련 직업, 직무수행능력의 중요성 평가, 교과목 능력의 수준 평가, 분야별 흥미의 중요성 평가, 관련 자격증 등의 내용을 제공하고 있다. 특히 직무수행 능력의 중요성 평가, 교과목 능력의 수준평가, 분야별 흥미의 중요성 평가에서는 각 내용에 대한 세부항목을 구체적으로 제시하고 있으며 각각에 대한 통계치와 그래프로 제시하고 있다.

미국의 경우 우리보다는 앞서서 녹색직업의 중요성을 인식했기에 녹색직업을 안내하는 별도의 민간 사이트가 존재한다(http://greencareercentral.com). 이 사이트에서는 산업부문별 · 지역별 녹색직업을 안내한다. 녹색직업을 찾고 있거나 그 분야로 전환하기 원하는 사람들에게 정보를 제공하고 있으며 관련 교육기관이나 강좌를 소개하고 있다. 또한 녹색경제에 대한 이해를 돕고, 개인에게 적합한 녹색직업을 선택하기 위한 구체적인 행동전략을 제시하고 있다.

특히 미국의 대표적인 취업 포털 사이트인 MonsterTRAK에서는 'GreenCareers' 서비스를 2007년 10월부터 입직단계 및 경력직 일자리를 소개하며 녹색기업을 함께 안내한 적이 있다. 당시 그러한 조치는 그 무렵 회사가 실시한 조사에서 80%의 젊은 전문가들이 자신이 환경에 긍정적으로 영향을 미치는 직업을 갖고 싶다고 응답하였으며, 92%가 친환경적인 기업에서 일하기를 선호한다고 응답한 결과를 반영한 조치이다(Liewellyn, Hendrix & Golden, 2008).

우리나라에서도 녹색직업에 관심을 갖는 청소년들이 쉽게 녹색직업에 관한 정보를 얻을 수 있도록 별도의 정보를 생성하여 제공하는 것이 필요하다.

녹색교육기회에 대한 안내

녹색진로교육이 이루어지기 위해서는 녹색직업을 안내하는 것만으로 부족하다. 그러한 직업에서 요청하는 역량을 키워 주는 교육기관에 대한 안내가 필요하다. 지속가능성과 관련된 학과는, 환경공학 및 에너지관련 학과, 농업관련 학과, 건축학, 기계, 전기공학, 생명공학, 지구과학만이 아니라 모든 4년제 대학은 잠재적 녹색직업과 관련된 전공이나 간학문적 프로그램을 제공할 수 있다. 따라서 녹색직업에 관심이 있는 학생들이 진학할 수 있는 학교 및 학과를 안내하는 정보체제가 구축될 필요가 있다.

미국의 경우 스탠퍼드 경영대학원에서는 녹색성장과 관련된 30개의 강좌를 개설하여 녹색인재 양성을 하고 있다. 구체적으로 제시하면, 녹색경제체제 속에서의 윤리, 기업의 사회적 책임, 지속가능성, 통합적 발전, 환경

기업가정신, 비영리 경영에 관한 강좌를 제시하고 있다. 전반적으로 미국 내에서는 지속가능성과 환경계획에 전적으로 초점을 맞춘 대학원 프로그램이 증가하고 있다는 것이다(Liewellyn, Hendrix & Golden, 2008).

우리나라에서도 전문계 고등학교를 포함하여 전문대학, 4년제 대학, 직업훈련기관에서 녹색경제 속에서의 인력 수요를 감안하여 인재양성 프로그램을 개발하여 제시하는 것이 필요하다. 녹색진로교육의 과정에서 이러한 정보를 학생과 교사들이 잘 이용할 수 있도록 정보를 생성하고 확산·보급하는 노력이 필요하다. 현재 학과에 대한 정보를 제공하고 있는 커리어넷, 워크넷 속에서 내용의 보완 및 확산이 필요하며, 그 이전에 관련 교과목이 개설될 수 있도록 녹색인재 양성정책이 시행될 필요가 있다.

05 절

녹색가치에 기초한 녹색진로교육

김용택 시인은 어느 인터뷰에서 이런 말을 한 적이 있다. "꿈이 무엇인가라고 물었을 때, 갖고 싶은 직업을 말하는 아이들을 보는 것은 서글픈 일이다." 시인다운 통찰력이라고 생각한다. 우리는 무심코 꿈과 직업을 단순하게 연결시키는 오류를 범해 왔다. 직업이 개인의 삶에서 차지하는 비중이 큰 것은 사실이다. 직업을 통해서 개인이 생기를 느끼고, 심리적 안녕감을 느끼기도 하고, 자존감을 갖게 한다는 점에서 그러하다. 그러나 어떤 직업을 갖고 싶다는 목표를 갖기 이전에, 어떻게 살 것인가라는 삶의 방향성이 먼저 설정되어야 할 것이다. 자신이 살고 싶은 삶의 양식, 혹은 삶을 통해서 추구하고 싶은 가치를 정하고, 그러한 삶의 지향을 실현해 줄 수 있는 직업을 찾는 것이 제대로 된 순서다.

개인의 삶에서 직업은 어떠한 의미를 갖는가? 직업이 단순한 돈벌이 수단이 아니라면 직업은 그것을 통하여 개인이 사회에 의미 있게 연결되는 통로가 된다. 직업생활을 함으로써 개인이 사회에 건강한 구성원으로 참여하게 된다는 것이다. 직업생활을 통하여 개인은 암묵적이거나 혹은 명시적으로 자신이 중요시하는 다양한 가치를 충족하고자 한다. 이러한 가치에는 능력발휘, 다양성, 보수, 안정성, 사회적 인정, 지도력 발휘, 더불어 일함,

사회봉사, 발전성, 창의성, 자율성 등이 있다(임언 · 정윤경 · 상경아, 2001).

한 개인이 녹색직업을 갖고자 하는 데는 몇 가지 가치관이 영향을 미치고 있다고 볼 수 있다. 그 하나는 녹색시민의식에 바탕을 두고 세상에 기여하고자 하는 소망이 그것이다. 황폐화되는 지구환경에 책임감을 느끼고, 그러한 문제를 해결하는 데 도움이 되는 일을 하고 싶다는 사회의식이 전면으로 나오는 경우가 이에 해당될 것이다. 녹색직업을 자신의 커리어로 선택하는 과정은 바로 이러한 깨어있음에 바탕을 둔 선택일 수 있으며, 이 경우 직업생활은 바로 이 개인의 양심이 발현되는 장으로 작용한다. 개인이 녹색직업에 관심을 갖게 되는 또 다른 이유는 그것이 성장 분야이며, 따라서 경제적 풍요로움과 직업 안정성을 가져올 수 있기 때문인 경우도 있을 것이다. 이때 녹색직업은 높은 경제적 보상이라는 가치와 안정성이라는 가치를 충족한다. 또한 녹색직업은 향후의 전망이 밝다는 점에서 발전성이라는 직업 가치를, 삶의 다양한 측면에서의 변화를 지속적으로 모색해야 한다는 점에서 창의성이라는 가치를 충족시킬 수 있는 직업이 될 것이다.

진로교육의 과정에서 흔히 흥미와 적성을 반영한 진로교육을 해야 한다고 한다. 관심 있는 것, 잘 할 수 있는 것을 중요시하는 것이 대세였다면, 이제 미래의 진로교육은 "어떻게 살아야 할 것인가? 어떠한 가치를 추구할 것인가?"라는 질문이 기본 출발점이 되어야 할 것이다. 어떤 일이 진정 가치 있다고 생각한다면 그 일을 하고자 하는 동기가 생기며, 어려운 일을 겪어도 참고 그 일을 해 낼 수 있는 힘이 생기는 것이다. 녹색직업을 선택하게 되는 동기가 깨어 있는 시민의식의 발로가 되게 하려면 지속적이며 정성을 쏟은 교육이 필요하다. 이러한 교육은 완전히 새로운 것은 아니며 이미 우리의 학교교육 체제 속에서, 환경교육의 우산 속에서 이루어지고 있다. 환경문제의 인식, 지속가능한 발전을 위한 올바른 가치관을 바탕으로 문제 해결 능력을 배양하고, 실천적 참여와 기회의 도구로서 녹색직업을 선택하도록 안내하는 일이 필요하다.

이 글에서는 녹색경제 성장을 구현하기 위하여 청소년들에게 녹색직업을 안내하고 필요한 역량을 갖추도록 도와 주는 진로교육의 필요성을 논하고, 이를 위한 몇 가지 제안을 하였다. 녹색역량을 바탕으로 진로개발을 할 수 있도록 안내하는 녹색진로교육은 다양한 교과와 통합적으로 이루어져야 하며, 녹색직업에 대한 안내와 그 직업을 갖기 위해서는 어떤 교육을 받아야 하는지에 대한 정보를 체계적으로 제공할 필요가 있음을 강조했다. 또한 녹색진로교육 안에서 가치관 교육의 중요성을 짚어보았다.

녹색성장을 추진하는 과정에서 경계해야 할 것 중의 하나는 녹색이라는 이름만 내걸고 있을 뿐, 실제로는 별다른 내용이 없거나 혹은 오히려 녹색성장과 대치되는 내용들이 녹색포장 안에 들어있는 것이다. 녹색구호만 이 있고 실질적인 변화가 없이 외양에만 녹색을 칠하는 것, 이현령비현령으로 녹색이라는 용어를 가져다 쓰는 일들이 일어날 수 있다. 녹색진로교육 또한 이러한 우려로부터 자유롭지 못하다. 녹색이 아닌 그냥 진로교육조차 학교현장에서 제대로 이루어지지 못하고 있는 현실에서 '녹색진로교육', '녹색진로개발'이라는 신조어를 사용하는 것 자체가 '녹색 칠하기', '녹색 구호 외치기'에 다름 아니라는 비판을 받을 여지가 있다. 사실 녹색진로교육은 새로운 것이 아니라 기존에 환경교육의 우산 아래서 이루어지던 교육을 내실화하고, 진로교육이 활성화되는 과정에서 지구환경 변화와 녹색직업에 방점을 찍는 교육이라 하겠다. 녹색성장이 실현되기 위해서는 경제 분야만이 아니라 우리 사회의 모든 분야에서 다 함께 전방위적인 접근이 필요하다. 녹색진로교육은 그중의 한 요소가 될 것이다.

CHAPTER

11

녹색문화운동을 전개하자

오호영

환경파괴를 대가로 경제성장을 이룩한 산업화시대에서 환경과 성장의 공존을 지향하는 생태적 근대화(ecological modernization)로의 이행은 인류의 삶의 방식을 근본적으로 바꾸어 놓을 문명사적 전환이다. 자연을 정복의 대상으로 놓고 인간이 자연을 지배한다는 오만과 폭력에서 벗어나 인간이 자연의 일부로서 공존하는 겸손과 조화로운 삶으로의 복귀이기 때문이다. 농업혁명이 인간을 위한 자연의 활용을 가능하게 했고, 산업혁명이 인간에 의한 자연의 착취와 지배를 가져왔다면, 녹색성장은 인간과 자연의 공존을 모색하는 문명사적 전환의 의미를 갖는다.

'녹색문화운동'은 녹색성장이라는 새로운 성장의 패러다임과 부합하는 소비자운동의 일환으로서 모든 국민의 지식, 신념이나 행위를 총체적으로 바꿔 환경과 공존할 수 있는 대안적 삶의 방식을 모색하고 실천하기 위한 운동을 의미한다. 녹색문화운동은 기존 환경운동의 성과물을 발전적으로 계승하면서 새로운 운동의 지평을 열어야 하는 시대적 소명을 안고 있다. 반대와 투쟁 중심의 환경운동에서 대안적 삶으로서 녹색 라이프스타일을 제시해 주고 생태적 가치관을 관철시킬 정치제도, 경제제도 등 사회시스템을 재구축해야 하는 도전에 직면하고 있다. 녹색문화운동의 전개방향으로서 본 장에서는 ① 생태마을 조성, ② 녹색소비운동, ③ 생태관광 확대 등을 제안한다.

첫째, 지역공동체로서 생태마을(ecovillage)은 낙후된 농촌의 발전, 청년실업의 해소, 장년층의 제 2 의 인생설계, 국토의 균형발전, 생태보전 등을 추구할 수 있는 유용한 방안으로서 대안적 삶을 모색하는 계층에게 유용한 전략이 될 수 있다.

둘째, 녹색소비에 대한 소비자 교육과 홍보, 정부의 녹색상품 공공구매 확대, 녹색상품 소비에 대한 인센티브 제공 등의 정책적 대응이 요청되며, 특히 지역공동체 의식 함양을 위한 지역역사교육의 확대가 필요하다.

셋째, 도시와 지역공동체간의 교류와 상생을 통한 균형발전의 수단으로서 생태관광에 주목할 필요가 있으며, 『생태관광특별법』 제정, 생태관광 인력양성체제 구축, 문화와 생태관광을 결합한 마케팅 확대 등이 이루어져야 한다.

01 절
녹색문화운동이 왜 필요한가?

지구환경 위기의 주범은 화석연료의 남용이며, 친환경 대체에너지의 개발은 더 이상 늦출 수 없는 과제이다. 대체에너지를 통해 경제와 환경이 공존할 수 있을 것이라는 혁신적인 사고는 이미 1982년 마틴 예니케(Martin Janicke)에 의해 '생태적 근대화(ecological modernization)'라는 용어로 표현됐다. 생태적 근대화란 간단히 말하자면 지식 집약적이고 자원 절약적인 생산방식을 의미하는데, 과거의 자원 집약적인 생산을 기술혁신을 통해 친환경적인 것으로 바꾸자는 것이라 할 수 있다. 이 용어는 이미 1974년 석유 위기에 대응하면서 일본 정부가 내걸었던 용어이기도 하다.

산업화에서 생태적 근대화로 이행하는 것은 인류의 삶의 방식을 근본적으로 바꾸는 변화로서 소위 문명사적 전환에 비견되는 것이라 할 수 있다. 자연을 정복의 대상으로 놓고 인간이 자연을 지배한다는 오만과 폭력에서 벗어나 인간이 자연의 일부로서 공존해야 한다는 겸손과 조화로운 삶으로의 복귀이기 때문이다. 농업혁명이 인간을 위한 자연의 활용을 가능케 했고, 산업혁명이 인간에 의한 자연의 착취와 지배를 가져왔다면, 녹색성장은 인간과 자연의 공존을 모색하는 문명사적 전환의 의미를 갖는다.

녹색성장의 본질은 화석에너지에 의존하던 성장방식을 재생에너지[1]

로 전환하는 것에 있다. 에너지가 중요한 이유는 현대문명의 물질적 기초이자 경제와 사회를 움직이는 원동력이라는 물질적 의미에 그치는 것이 아니라 자연과 인간의 관계, 인간과 인간의 관계를 규정짓는 문명사적 의미를 내포하기 때문이다. 즉, 어떤 에너지원을 사용하는가에 따라 사회시스템, 사고구조, 가치관 등이 모두 영향을 받게 되는 것이다.

그러나, 시장에 의한 자발적 탈화석연료화는 현실적으로 기대하기 어렵기 때문에 정부와 국제기구 등의 선제적 개입(preemptive intervention)을 통해 질서 있고 계획적인 성장방식의 전환을 모색 중이다. 재생에너지산업은 석유산업이나 IT산업과 달리, '탄소배출 제한'이라는 정부나 국제기구의 민간부문에 대한 규제가 없으면 성장하지 못하는 치명적 한계를 안고 있다. 그러나, 사회주의 실패역사가 보여준 불편한 진실은 '정부의 보호막 속에서 번성하는 산업은 없다'는 것이다. 녹색성장 전략이 성공하려면 '정부 주도'의 출발이 '민간의 자발적 참여'로 마무리되어야 하는 당위성은 이로부터 출발한다.

문화는 인류의 지식 · 신념 · 행위의 총체로서 사유(思惟), 행동의 양식(생활방식) 중에서 유전에 의하는 것이 아니라 학습에 의해서 소속사회로부터 습득하고 전달받은 것 전체를 포괄하는 총칭이다.[2] 따라서, 녹색문화운동이라고 할 때는 단순한 친환경적 사고나 행위만을 의미하는 것이 아니라 삶의 방식 전체를 생태적으로 바꾸기 위한 운동을 의미하게 된다. 이것은 녹색제품 소비 확대, 환경보전을 위한 개발반대, 혐오시설 거부 등 특정 이슈 중심으로 진행되어온 기존 환경운동을 포함하는 생태중심의 문명전환운동적

---

1) 우리나라는 『신에너지 및 재생에너지 개발 · 이용 · 보급 촉진법』 제2조의 규정에 의거 "기존의 화석연료를 변환시켜 이용하거나 햇빛, 물, 지열, 강수, 생물유기체 등을 포함하여 재생가능한 에너지를 변환시켜 이용하는 에너지"로 정의하고 11개 분야로 구분하고 있다.

2) 네이버 백과사전 참조(http://www.naver.com).

성격을 갖는다.

녹색문화운동은 녹색성장이라는 새로운 성장의 패러다임과 부합하는 소비자운동의 일환으로서 모든 국민의 지식, 신념이나 행위를 총체적으로 바꿔 환경과 공존할 수 있는 대안적 삶의 방식을 모색하고 실천하기 위한 운동을 의미한다. 즉, 정부가 마중물을 넣어 가동시킨 녹색성장의 불씨를 지피고 생활 속으로 침투시키기 위한 생활운동이자 시민운동으로서 정부와 시민사회가 건전한 긴장관계를 유지하면서 상호보완성을 갖는 기초가 녹색문화운동인 것이다.

이 장에서는 녹색문화운동이 갖는 문명사적 의미와 내용을 살펴보고, 녹색성장이 새로운 문명의 패러다임으로서 그리고 한국의 신성장동력으로 뿌리내리기 위한 전제조건으로서 궁극적으로 무엇을 준비하고 추진해야 할 것인지를 모색해보고자 한다.

02 절

녹색국가와 시민운동

국민국가의 반녹색성

국가는 국민, 영토, 주권의 3요소를 토대로 주권에 의한 하나의 통치조직을 가지고 있는 사회집단을 의미한다. 생태학적 관점에서 국가는 자연환경을 포함하는 영토를 바탕으로 인간과 인간, 인간과 자연 간의 관계가 규정되는 하나의 유기적인 생태체제(ecological system)적 성격을 갖는다. 국가는 기본적으로 인간의 인간에 대한 지배와 복종의 권력관계를 그 특징으로 하며, 이를 영속화하기 위한 물질적 기반으로서 자연생태계를 포함하여 제도적 재생산체계를 구조화한다.

노예제 및 봉건제를 특징으로 하는 전근대 국가에서는 계급제를 기반으로 인간과 인간간의 강고한 지배복종 관계가 전형적인 특징이었다. 기본적으로 축력, 인력, 자연력을 에너지원으로 하여 생산과 소비생활이 규정되었으며, 이를 유지하기 위한 인간 간의 위계질서로서 엄격한 계급제가 작동되었다. 이 시기 인간은 과학기술과 생산력 수준의 열위로 인해 자연을 경외와 숭배의 대상으로 보았으며, 자연생태계의 한 구성요소로서 자연질서에 순응하는 삶의 방식을 영위하였다.

18세기 후반 산업혁명을 계기로 급속한 산업화가 추진되면서 자연에 순응하여 왔던 인간의 삶의 방식이 자연을 거슬러서 인위적으로 통제하고 조절하는 방식으로 역전되기에 이르렀다. 반면, 근대 국민국가에서 인간과 인간간의 관계는 주체적이고 독립적이며 평등한 인간관에 기초하여 재편되었다. 전제적 권력관계가 민주적 절차에 따라 선출된 대표자들이 합의한 법률에 의한 지배로 대체됨으로써 신분질서에 기초한 착취와 억압에서 벗어나게 되었다.

국가지배의 생태체제는 자연생태계(영토) 위에 인간과 인간의 관계를 바탕으로 하는 사회체계를 결합해 안정적으로 재생산할 수 있도록 통치하는 구조를 의미한다. 즉, 국가는 인간과 인간간의 관계를 규율할 뿐만 아니라 인간에 의한 자연의 지배를 또한 규율함으로써 영토 내의 사회체계와 자연생태계가 유기적으로 기능할 수 있는 관리자 역할을 수행하는 것이다 (Beck, 2000; Bookchin, 1987).

근대 국민국가에서 추구해 온 물질생산의 극대화는 인간과 인간 간의 권력관계를 자연생태계에까지 확장함으로써 인간의 권력구조 속에 자연생태계가 편입되는 결과를 초래하였다. 즉, 국민국가간 경쟁이 자원을 최대한 개발하고 이를 이용해 생산과 소비의 극대화를 추구하는 사회적 과정을 심화시키는 방식으로 전개됨으로써 인간에 의한 자연의 착취는 갈수록 고도화되었다. 20세기 후반에 이르러, 국민국가 간 물질생산 경쟁이 후발국들의 가세로 인해 전 지구적 차원에서 전개되고 과학기술의 발전이 이를 고도화함으로써 지구생태계가 위협받는 지경에 이르게 되었다.

근대 국민국가는 중앙집권적 영토국가의 등장을 의미하며, 그 과정은 지역생태계 속에서 순환하는 공동체적 삶의 영역과 과정을 해체하여 자본과 권력의 힘이 국가의 모든 영토 내에 미치도록 만드는 것이었다. 국민국가는 국가 간 물질경쟁, 인간중심적 사고와 권력, 인간을 매개로 한 자연에

≪표 1≫ 국가의 유형과 생태체제

구　분	전근대국가	국민국가
지배원리	폭력과 억압	설득과 타협
사회관계	신분제적 계급질서	민주적 원리에 기초한 권력관계
에 너 지	축력, 인력, 자연력	화석연료
자연생태계	순응해야 할 절대법칙	지배와 조절의 대상
생산과 소비	기본적 생존조건의 충족	최대생산, 최대소비

대한 지배 등을 추구하기 때문에 반생명적이고 반녹색적인 속성을 가져 왔다. 따라서, 국민국가의 녹색화야말로 녹색성장을 위한 기초이자 극복해야 할 첫 번째 화두라 말할 수 있다.

녹색국가의 이념

국민국가에서 심화된 인간 간의 경제적 불평등과 이를 매개로 한 인간의 자연에 대한 착취는 인간과 인간 간의 호혜적 평등관계를 파괴하고 생명적 토대를 붕괴시켜 궁극적으로 인간 간의 상호의존성, 그리고 자연과의 조화를 가로막게 된다. 인간이 물질생산을 극대화하기 위해 교란시킨 자연생태계는 이제 인간존재 자체를 위협하는 극단적 상황으로 치닫고 있다. 단적으로 화석연료 남용이 부른 지구온난화, 환경호르몬 등은 모두 부메랑이 되어 인간과 자연을 잇는 생명사슬을 손상시키고 인간사회의 연속성을 위협하는 요인들이다.

국민국가가 인간의 물질적 삶의 확장을 위해 자연생태계를 착취하는 것에 주력했다면, 녹색국가는 자연생태계와의 공존을 통해 인간의 생명적 기반을 회복하고 복원하는 것에 초점을 맞추어야 한다. 녹색국가는 인간

중심적 사고와 물질적 부의 생산을 극대화하기 위한 생태파괴를 극복하고 생태중심적 사고와 생명의 지속성을 유지, 관리하는 생태조절자로서 거듭나야 한다. 국가의 녹색화는 국가의 역할이 인간과 자연의 생명의존적 관계를 지속 가능하게 통치하는 것을 전제로 한다. 이것은 인간사회와 자연생태계 간의 호혜적 관계를 요구하며, 이 과정에서 인간사회 내부에서 인간과 인간 간의 관계도 보다 평등하고 상호의존적인 삶의 방식으로 변화하게 된다.

문순홍(2001)은 '만인에 의한 만인의 투쟁상황'에서 홉스의 리바이어던 국가의 탄생이 예고되었듯이, '만인에 의한 만인의 투쟁으로 인한 생태계의 파괴'가 인간중심에서 생태중심의 국가탄생을 예고하는 것으로 보았다. 즉, 생태중심의 국가(녹색국가)에서는 인간도 생태계를 구성하는 다양한 종의 하나로서 지위를 가질 뿐이며, 물질생산은 무한대로 허용되는 것이 아니라 생태계의 유지와 안정이 가능한 한도 내에서 허용될 뿐이다.

녹색국가의 이념은 인간과 자연의 권력관계 전반을 생태적으로 재편하자는 급진적 주장에서부터 인간의 자연에 대한 간섭을 인정하고 일상적인 국가의 활동을 부분적으로 제약하자는 수준까지 그 스펙트럼이 매우 다양하다. 예컨대, 기존의 국가운영 원리는 건드리지 않고 단순히 환경친화성을 강조하는 수준에서부터 영토 내의 모든 생명에 권리를 부여하자는 생태무정부주의에 이르기까지 다양한 유형이 존재한다. 우리가 어떤 녹색국가를 지향할 것인가는 사회구성원의 합의를 전제로 하며, 그러한 합의를 어떻게 제도화할 것인가는 또 다른 과제가 된다.

녹색국가와 관련하여 생태중심주의자와 기술중심주의자의 견해는 극명하게 대비된다. 생태중심주의자들은 현대 자본주의 시스템, 개인주의적 가치관, 물질적 욕망의 충족 등 인간의 삶의 방식을 근본적으로 바꾸지 않으면 지속가능한 성장을 이룩하기 어렵다는 입장이다. 반면, 기술중심주의자들

≪표 2≫ 녹색국가 이념의 스펙트럼

생태중심주의		기술중심주의	
가이아론	공동체론	적 응 론	낙 관 론
자연의 권리와 인간과 자연현상 간의 공동진화 신봉	적정 과학기술의 사용과 총체적 자기 의존형 사회를 만들 수 있는 협동적 능력 신봉	환경적 요구에 적응하기 위한 제도와 환경영향평가 및 의사결정 능력 신봉	과학 및 시장의 힘과 내재적 관리능력의 활용 신봉
환경과 사회적 정의를 위한 권력의 분산과 정치·경제구조의 재구축		기존 정부권력 구조하에서 현 상태의 점진적 개선	

은 민주주의 정치체제, 자본주의 시장질서, 개인주의적 가치관 등을 기반으로 작동되고 있는 현재의 정치경제시스템이 기본적으로 지구환경과 공존하면서 발전할 수 있을 것이라는 낙관적인 입장이다.

생태중심주의 중에서도 가이아론은 인간을 지구생태계의 한 구성요소로서 바라볼 뿐이며, 인간의 환경에 대한 결정권은 지구상에 존재하는 종의 일부로서밖에 인정하지 않는 극단주의적 경향을 가지며 생태적 무정부주의와도 닿아 있다. 공동체론은 지구에 부담을 주지않는 범위 내에서 생태적으로 자족적인 사회시스템을 구축하는 것을 본질적인 문제로 인식하며, 이를 위해서는 공동체적 가치관의 회복이 시급하고 현재의 정치체제와 자본주의 경제시스템을 개혁하는 것이 중요하다고 주장한다.

이에 반해 기술중심주의는 보수적 입장으로서 현재의 정치경제시스템을 받아들이더라도 인간의 과학기술과 제도적 개선을 바탕으로 지속가능한 성장을 이룰 수 있다는 입장이다. 적응론의 경우에는 환경영향평가 등 환경보호를 위한 제도 도입 등을 통해 지속가능한 성장이 가능하다고 보며, 낙관론의 경우에는 과학기술과 시장메커니즘을 활용함으로써 경제성장과 환경이 공존할 수 있을 것으로 보고 있다.

이처럼 다양한 녹색국가의 이념적 스펙트럼 속에서 생태중심주의와 기술중심주의는 강조점은 다를지라도 상호 보완적인 측면이 있기 때문에 통합적으로 바라볼 필요가 있다. 즉, 생태중심주의자들의 삶의 방식을 모든 인류에게 그대로 도입하기에는 현실성이 떨어지는 것이 사실이지만, 생태적 관점에서 기존의 삶의 방식을 성찰하고 사고방식과 생활전반을 바꾸자는 근본적 문제제기는 타당성을 갖는다. 또한, 기술중심주의자들이 주장하는 바와 같이 현대 과학기술의 힘과 불합리한 제도의 재설계를 통해 환경적 위기를 극복할 수 있다는 낙관적 견해도 경청할 필요가 있다.

이들의 주장을 종합해보면, 생태중심주의자들이 생태적 소비의 중요성을 보다 강조하고 있음에 비해 기술중심주의자들은 생태적 생산의 중요성에 좀더 무게를 두고 있다. 즉, 생태중심주의자들은 인간도 자연생태계의 한 구성원이기 때문에 다른 종의 생태적 권리를 침해하는 반생태적 생산과 소비를 금기시하며, 특히 소비방식의 변화를 중시한다. 반면, 기술중심주의자들은 친환경에너지 개발 등 첨단 과학기술을 동원한 생태적 생산방식의 도입을 통해 전 지구적 환경위기에서 벗어날 수 있을 것으로 본다. 지금 우리나라에서 진행되고 있는 녹색성장 논의의 상당부분은 공급측면을 중시하고 있다는 점에서 기술중심주의적 견해에 경도된 것으로 볼 수 있으나, 생태중심주의자들이 강조하는 녹색소비자의 육성 내지는 소비자의 녹색생활문화 실천을 간과해서는 안 될 것이다.

녹색국가와 시민사회

생태중심의 녹색국가로 전환하는 것은 물질생산을 위한 전통적 국가의 역할공간 축소를 야기하며, 상대적으로 시민공간의 확대를 수반하게 된다. 생태중심적 물질생산과 물질소비가 선순환 구조를 이루어 내기 위해서는 생산의 녹색화 못지 않게 소비의 녹색화가 중요하며, 소비의 녹색화는 궁극적으로 시민사회의 자발적 참여와 동의가 없이는 존재하기 어렵다. 예컨대, 소비자들이 생태적 고려없이 대량소비와 저비용만을 고집할 경우 자연자원의 착취와 낭비구조는 극복하기 어려운 과제가 될 것이다.

기존의 대량생산-대량소비-대량폐기 구조를 온존시킨 채 현대 과학기술의 힘을 빌어 생산을 생태적으로 하겠다는 구상은 성립되기 어렵다. 화석연료 남용에 따른 지구온난화 문제의 경우 유가가 40~50달러만 돼도 오일샌드(oil sand) 개발이 수지가 맞기 때문에 재생에너지는 가격경쟁력을 상실할 것이 자명하다. 물론 태양광 발전을 위한 실리콘 집광(集光)기술, 해조류 분해 기술 등과 같은 하이테크가 순조롭게 개발되면 재생에너지가 경쟁력을 가질 가능성도 있다.

결국 소비자의 태도가 바뀌지 않는 이상 재생에너지 산업의 운명은 새 자본과 기술을 투입해 재생에너지 가격을 낮추려는 벤처투자자들과, 화석에너지의 가격경쟁력을 유지하려는 석유재벌들 간의 머니게임에 따라 결정될 것이다. 그 사이에 지구온난화가 진전되어 극지대의 빙하가 다 녹고 지구기후가 예측할 수 없는 소용돌이 속으로 빠져 들 위험을 감수해야 하지만 말이다.

녹색국가에서 시민사회 내지 시민운동은 근대국가에서의 그것과 상이한 의미를 갖는다. 근대국가에서 시민사회가 정부의 전횡과 부패를 감시하고 비판하는 견제자로서의 역할을 맡았다면, 녹색국가에서 시민사회는 시민의 생태중심적 사고를 선도하고 공동체의식을 일깨우며, 정부와 파트너십을 가지고 녹색사회를 선도하게 된다. 국가와 시민사회의 협력적 통치, 풀뿌리 공동체 문화를 토대로 한 직접민주주의의 강화 등은 녹색국가에서 시민사회가 담당해야 할 중요한 역할이며 이를 기반으로 국가의 녹색화가 성공적으로 이루어질 수 있다.

그렇다면, 국가의 녹색화, 혹은 녹색국가로 나아가기 위한 전제조건은 무엇인가? 앞서 언급하였듯이 국가주도의 녹색화는 필연적 한계를 안고 있기 때문에 시민의 자발적 참여, 그리고 시민의 녹색의식 수준에 따라 녹색국가의 성격과 특징이 규정을 받게 된다. 시민의 녹색의식 수준이 한 나라의 녹색화의 방향과 수준을 결정하게 된다면, 시민의 녹색의식 수준을 높이는 것이야말로 녹색국가를 위한 핵심적 토대가 된다고 할 수 있다.

녹색국가로 나아가기 위한 자발적 시민운동의 형태로서 시민사회 내부에서 일어나고 있는 변화의 흐름은 다음과 같은 몇 가지 방향에서 찾아볼 수 있다. 녹색국가 이념의 스펙트럼이 매우 넓다는 사실을 앞서 확인한 바도 있지만, 녹색시민운동의 흐름도 매우 다양하게 전개되고 있다.

첫째로, 앨런 더닝(Alan Durning)이 1992년 저서에서 밝힌 바와 같이 전 지구인구의 20%에 해당하는 소위 과잉 소비계층의 현재 소비패턴을 지양하고 생산과 소비패턴을 친환경적인 것으로 바꾸자는 친환경적 소비운동이다(Durning, 1992). 이것은 시민사회 스스로가 지구환경의 위험을 깊이 자각하고 시민의식에 입각한 개개인의 소비생활 속에서 작은 실천들을 중요하게 요청한다. 대중사회에서 아주 미약한 주체일 수밖에 없는 개인들의 자발성을 요청하는 이유는 인격적 독립과 자유로운 생활방식을 특징으로 하는 개인주의 문화를 인정하면서 그 바탕 위에 환경과의 조화를 모색하기 때문이다. 친환경 제품의 사용, 재활용을 위한 쓰레기 분리수거, 자동차 운행 자제 및 대중교통이용 등은 개인의 생활 속에서 친환경 운동을 실천하는 예들이라 할 것이다.

둘째, 녹색국가를 위한 공동체의식의 복원시도이다. 지금 우리가 살고 있는 21세기의 현대사회는 '공동체적 삶의 원리'를 파괴하고 그 자리를 '개인주의와 무한경쟁'으로 대체함으로써 소외와 갈등의 악순환고리에 빠져 있다. 독립적인 개인과 자유로운 선택을 중시하는 개인주의적 가치체계 및 그에 기반한 물질소비의 극대화를 추구하는 생활양식이 지구적 차원의 환경문제를 야기한 주 요인이며, 이를 대체할 정신적·사상적 기초로서 공동체적 삶의 원리에 점차 주목하고 있다. 공동체적 삶이란 개인의 자기결정권과 공동체 유지를 위한 구성원으로서의 의무간에 조화를 이루며, 개인 간의 무한경쟁과 영합게임(zero-sum game) 방식에서 벗어나 공동체 내에서의 협업을 기초로 한 양합게임(positive-sum game)을 모색하는 것이다.

셋째, 기존의 자본주의적 시장질서를 극복하고 녹색대안경제시스템을 모색해보자는 움직임이다. 소비자들이 시장에서 주도권을 갖고 시장질서를 주도해 감으로써 보다 친환경적이고 인간적인 산업 또는 경제시스템을 만드는 동력이 될 수 있다는 것이다. 녹색대안경제시스템으로서 대표적으로 부상하고 있는 사례는 '지역통화', '선물경제' 등이며, 이밖에도 특정 지역을 중심으로 한 '공동체운동' 역시 중요한 시민운동의 흐름으로 부상하고 있다. '지역통화'는 작게는 몇몇 사람이, 크게는 주식회사 정도의 규모로 자신들 사이에서만 통용되는 화폐를 발행해 상품과 서비스를 교환하는 교환체계를 의미하며, '선물경제' 역시 '지역통화'의 범주에 속한다고 할 수 있다. 우리나라에서 '공동체운동'은 다양한 형태로 전개되고 있는데, 두레공동체 등의 지역운동, 소비자, 생산자, 노동자 등의 협동조합운동, 종교적 및 비종교적 소공동체 운동 등이 그것이다.

03절

녹색문화 확산을 위한 정부의 정책추진 현황

정부의 정책추진 동향

정부의 녹색성장과 관련된 정책추진 동향은 입법추진과 추진계획의 구체화라는 두 가지 측면에서 살펴볼 수 있다.

첫째로, 『저탄소녹색성장기본법』의 제정추진이다. 동 법은 향후 60년의 새로운 국가비전인 저탄소 녹색성장을 효율적·체계적으로 추진하기 위한 제도적 기반으로서 입법이 추진되고 있다. 여기서는 녹색생활, 지속가능발전에 대한 규정을 체계적으로 마련함으로써, 녹색국토, 녹색건축물, 녹색교통, 지속가능한 물 관리 등 현 세대와 미래 세대가 푸른 한반도에서 삶을 영위할 수 있는 기반에 관한 내용을 규정하고 있으며, 새로운 경제발전의 초석을 갖추는 의미를 갖는다.

법안의 내용 중에는 국민 개개인이 가정과 학교 및 직장 등에서 녹색생활을 몸소 실천할 수 있도록, 재화 및 서비스의 가격에 에너지 소비량 및 탄소량 등이 합리적으로 반영되도록 하고, 그 정보가 소비자에게 정확하게 공개·전달될 수 있도록 하는 등 녹색생산, 소비문화의 확산을 유도하고 있다.

또한, 정부와 민간 공동으로 녹색산업 펀드를 조성하여 투자재원의 확대, 수익성 및 경쟁력이 높은 녹색기술·산업으로의 효율적 재원배분과 투자 유도가 가능하도록 하고 있다. 녹색기술·산업은 중장기적으로 유망하기 때문에 정부가 재정을 지원하여 투자위험을 경감할 경우, 녹색기술·산업에 대한 민간자본의 참여와 투자 활성화가 가능할 것으로 기대되고 있다.

둘째로, 녹색성장위원회(2009)에서는 지난 7월 『녹색성장 5개년계획(2009~2013)』을 발표하였다. 여기에는 2009~2013년까지의 녹색성장 국가전략의 투자 분야, 녹색성장 국가전략에 대한 중기 추진과제 및 담당부처, 연도별 투자 및 지원, 기대효과 등 구체적 추진계획이 담겨 있다. 2020년까지 세계 7대 녹색강국 진입을 목표로 3대 전략, 10대 정책방향을 제시하였는데, 주로 공급측면을 중심으로 계획을 수립하였으며 수요와 관련된 정책방향은 아홉 번째 '생활의 녹색혁명'이 있다.

앞에서 녹색국가의 이념스펙트럼이 매우 다양함을 살펴보았는데, 『녹색성장 5개년계획(2009~2013)』은 전반적으로 기술중심주의적인 시각을 바탕으로 작성되었다고 할 수 있다. 녹색성장 목표달성을 지원하는 정책수단으로서 규제보다는 효율적 시장원리를 강조하고 있다는 점에서는 '낙관론자'에 가깝고, 친환경 세제개편, 발전차액 보조금 지급 등 인센티브제도의 개선, 환경세, 오염분담금 등 외부경제의 내재화 등의 정책은 적응론자와 유사하다.

'생활의 녹색혁명' 정책

녹색성장위원회(2009)에서는 '10대 정책방향'의 하나로서 녹색성장에 대한 국민인식을 제고하고 녹색생활 실천 확산을 유도하기 위해 '생활의 녹색혁명' 정책방향을 천명한 바 있다. 여기에서는 이를 바탕으로 정부의 주

[그림 1] '생활의 녹색혁명' 정책추진 SWOT 분석

<table>
<tr><th>강 점</th><th>약 점</th><th rowspan="4">⇒</th><th>전략추진 방향</th></tr>
<tr><td>• 국민들의 응집력과 역동성
• 정부의 적극적 의지
• 세계최초의 녹색성장 총괄정책기구 설치
• 우수한 생태관광 자원 보유</td><td>• 국민의식과 실천 사이의 괴리
• 녹색소비 지원체계 미흡
• 지역의 참여의지 부족과 지역이기주의
• 입시위주의 교육제도</td><td rowspan="3">녹생성장교육
녹색생활의 실천
녹색소비 활성화
녹색마을조성운동
생태관광 활성화</td></tr>
<tr><th>기 회</th><th>위 협</th></tr>
<tr><td>• 직장내 녹색생활 확산
• 참살이 문화의 확산
• LOHAS 문화에 대한 관심 증대
• 여가생활의 확산과 패턴 변화
• 2009 기후변화협약 체결</td><td>• 녹색생활 실천에 따른 불편
• 녹색제품의 수요시장 불확실
• 생태자원 소유자의 반발
• 녹색성장 정책의 일과성 우려</td></tr>
</table>

자료: 녹색성장위원회(2009), 『녹색성장 5개년계획(2009~2013)』, 321쪽에서 인용.

요 정책추진 현황을 살펴보고 향후 녹색문화운동의 방향정립을 위한 기초로 삼는다.

생활의 녹색혁명과 관련하여 우리나라를 대상으로 SWOT 분석을 실시해보면 친환경실천의 필요성에 대한 인식은 대체로 높으나, 녹색생활 실천전략이 부재하며, 녹색생활 실천에 자발적으로 동참을 유도할 수 있는 인프라도 미비한 실정이다. 또한, 여가문화를 녹색생활 실천 및 녹색경제 활성화와 연계할 수 있는 국내 생태관광 수요창출 및 지속가능성 확보를 위한 국가전략도 부재한 상황이다.

반면, 정부의 정책 추진의지가 강하고 국민들의 결집된 역량을 표출할 수 있는 잠재력이 높으며, 세계 최초로 정부 차원의 컨트롤 타워가 마련된 강점도 갖고 있다. 우리를 둘러싼 환경 역시 생활의 녹색혁명을 추진하지 않을 수 없는 유리한 여건을 조성하고 있으며, 녹색생활 실천을 유도하기 위한 인프라와 장기적이고 지속적으로 녹색정책을 추진할 필요성이 존재한다.

정부는 이러한 분석에 기초하여 생활의 녹색혁명 전략추진을 위한 방향으로 녹색성장교육 및 녹색시민 양성기반 구축, 녹색생활의 실천 확산, 녹색소비 활성화, 녹색마을 조성 및 운동전개, 생태관광 활성화 등의 5대 추진과제를 제시하였다. 우리는 생활의 녹색혁명 추진을 위한 강점을 갖고 있으나, 녹색소비를 활성화하고 녹색생활 확산을 위한 실천운동을 좀 더 조직화할 필요성이 있다.

첫째, '녹색성장교육 및 녹색시민 양성기반 구축'에서는 학교교육에서 녹색성장과 관련된 내용을 강화하고, 범국민 대상 녹색성장 평생교육 실시, 전국민의 녹색시민소양 제고 및 녹색생활 실천을 위한 프로그램 개발·보급 등 다양한 정책과제가 제시되어 있다.

둘째, '녹색생활의 실천확산'에서는 녹색생활지표 개발, 탄소포인트 제도 등 실질적 인센티브 제공, 녹색생활 실천 네트워크 강화 등 녹색생활이 생활속에 정착할 수 있도록 국민들의 라이프스타일을 친환경적으로 변화시키기 위한 전문가양성, 여론조성 등의 정책과제가 제시되어 있다.

셋째, '녹색소비 활성화'는 공공부문의 녹색구매제도 선진화, 산업부문의 녹색구매 참여확대 및 인센티브 강화, 일반국민의 녹색소비 생활문화 확산 등을 제시하고 있다. 아울러 환경마크제도 등을 통한 저탄소 녹색제품 보급확산, 탄소라벨링제도 강화, 그린유통망의 확대, 그린고객관계관리 구축, 그린마케팅의 공정화 관련 법·제도 개선 및 법집행 강화 등이 포함되었다.

넷째, '녹색마을 조성 및 운동전개'는 녹색마을 모델을 개발하여 정부주도, 민간참여의 다양한 방법으로 녹색마을을 조성·확대하기 위한 과제들이 포함되어 있다. '저탄소 녹색마을' 시범사업 조성, '우리동네, 녹색마을 만들기 사업' 지원 확대, 녹색마을센터 설립·운영, 공동주택의 녹색생활 실천운동 전개, 녹색마을을 위한 제도 및 시스템 구축 등이 이에 해당된다.

다섯째, '생태관광 활성화'는 한국형 생태관광 모델 개발, 생태관광 인프라 구축, 생태관광 상품 개발과 국내외 홍보마케팅 강화, 생태관광제도 정비 및 관리체계 구축 등의 정책과제를 제시하였다.

녹색생활의 확산을 넘어 녹색문화운동으로

정부에서 제시하고 있는 녹색생활 실천 확산과 본 장에서 제기하고 있는 녹색문화운동은 다음과 같은 점에서 근본적 차이가 있다. 즉, 녹색생활이 국민의 생활방식의 현상적 특성을 강조하는 접근방식이라면 본 장에서 제기하고 있는 녹색문화운동은 의식적이고 철학적인 성찰을 요청한다는 점에서 차이가 있다. 우리의 일상적인 삶의 모습을 생활이라고 한다면 생활의 단편적인 모습들을 하나하나 바꿈으로서 삶 전체를 생태적인 것으로 만들자는 접근방식이 정부의 녹색생활 확산 정책에 담긴 의미로 해석된다.

그러나, 본 장에서 제기하고 있는 녹색문화운동은 타인과의 연대의식, 더 나아가서는 다른 종과의 생태적 연결관계를 염두에 두고 우리의 가치관, 사고, 지식, 행동양식을 전면적으로 바꾸어 나가자는 것이다. 이를 위해서는 공동체의식의 함양과 공동체의 육성이 무엇보다 중요하다. 도시화 과정에서 파괴된 공동체 질서의 현대적 복원, 공동체적 삶의 방식을 지원하는 제도적 뒷받침, 그리고 공동체의식 함양을 위한 지속적 교육 등이 요청된다.

친환경적 삶의 방식이 지속가능하기 위해서는 생활의 녹색화 이전에 의식과 가치관의 녹색화가 전제되어야 한다. 녹색생활이 체화되어 자연스럽게 실천되도록 하기 위해서는 개인주의 가치관에서 탈피하여 생태적 공동체라는 의식을 내면화해야 한다. 국민의 의식과 가치관을 녹색화하는 것은 단순히 교육이나 계몽운동 등을 통해 하는 데에는 한계가 있으며, 선진국에서 이미 활발하게 진전되고 있는 생태공동체를 정착시킴으로써 국민들이 눈으로 보고 체험할 수 있는 다양한 기회를 제공할 필요가 있다.

녹색문화운동은 정치, 경제, 사회, 문화의 다방면에 걸쳐 생태적 재순환이 가능한 다양한 삶의 대안들을 모색하는 것에 있다. 여기에는 대안화폐, 선물경제, 공동체 민주주의, 마을 공동체 만들기, 생태학교 등 기성의 사회경제시스템하에서는 불가능한 새로운 시도들을 포함한다. 이처럼 기존 제도와 충돌하는 다양한 시도들이 활발하게 이루어지도록 하기 위해서는 규제철폐와 정부의 제도적 지원이 결합될 필요가 있다. 예컨대, 생태학교를 만들고자 할 경우 토지규제, 환경규제, 학력인정, 학교설립요건 등 여러 가지 제도적 장애요소들이 가로막고 있다. 녹색문화운동은 대안적 삶의 방식을 모색하는 것이기 때문에 필연적으로 기성의 제도와 충돌할 수밖에 없으며, 정부의 녹색생활 정책도 이러한 제도개선, 규제개혁의 방향에서 새롭게 디자인될 필요가 있다.

04 절 녹색문화운동의 추진방향

녹색문화운동과 기존 환경운동 간의 관계

문화는 인류의 지식 · 신념 · 행위의 총체로서 사유(思惟), 행동의 양식(생활방식) 중에서 유전에 의하는 것이 아니라 학습에 의해서 소속사회로부터 습득하고 전달받은 것 전체를 포괄하는 총칭이다.[3] 따라서, 녹색문화운동이라고 할 때는 단순한 친환경적 사고나 행위만을 의미하는 것이 아니라 삶의 방식 전체를 생태적으로 바꾸기 위한 운동을 의미하게 된다. 이것은 녹색제품 소비 확대, 환경보전을 위한 개발 반대, 혐오시설 거부 등 특정 이슈 중심으로 진행되어 온 기존 환경운동을 포함하는 생태중심의 문명전환운동적 성격을 갖는다.

지금까지 환경운동에서 문화는 주로 도구적 의미를 벗어나지 못하여 왔는데, 환경운동의 목적달성을 위해 문화의 형식과 기제들을 도구로서 이용하는 방식에 그쳐 왔다. 이것은 비단 환경운동에서만 나타났던 현상이라기보다 1970년대와 1980년대의 민주화운동, 각종 사회운동에서 문화를 이해하고 활용했던 보편적 패턴이었다. 그간의 환경운동은 '동강 영월댐 백

3) 네이버 백과사전 참조(http://www.naver.com).

지화' 등 몇 가지 가시적 성과는 거뒀지만, 우리 사회의 지배적인 가치를 바꾸고 삶의 양식과 사회체계를 변화시키는 문화운동적 측면에서의 노력은 미흡하였으며 그 성과도 부진하였던 것이 현실이다. 지금까지 우리 사회의 환경운동은 감시와 고발, 반대, 혹은 정책대안 제시를 중심으로 하는 시민운동적 성격이 강했다.

녹색문화운동은 환경운동의 성과물을 발전적으로 계승하면서 새로운 운동의 지평을 열어야 하는 시대적 소명을 안고 있다. 반대와 투쟁중심의 환경운동에서 대안적 삶으로서 녹색 라이프스타일을 제시해 주고 생태적 가치관을 관철시킬 정치제도, 경제제도 등 사회시스템을 재구축해야 하는 도전에 직면하고 있다. 정수복(2000)은 1987년 민주화 이후의 시민운동은 더 많은 참여와 올바른 공공정책 형성을 지향하는 다양한 활동을 해 왔지만, 지금까지의 사회시스템을 지탱해 온 근본 가정 자체에 대해서는 의문을 제기하지 않는 한계를 안고 있다고 비판한다.

오늘날 급속히 진행되고 있는 전 지구적인 환경위기 발생의 근본원인은 물질적 풍요에 대한 무한 욕망을 부추기며 진행되어 온 경제성장, 근대화, 산업화라고 할 수 있다. 환경위기의 본질이 인간의 현대적 삶의 방식에 있다면, 그러한 삶의 방식을 가능케 하는 정치, 경제, 사회, 문화적 차원의 시스템이 국가라는 형태로 구조화되어 있으며, 인간의 사유체계와 행동패턴에 체화되어 개인적 삶은 물론 사회시스템과 유기적으로 연결되어 있다고 보아야 할 것이다. 따라서, 인간의 삶을 지탱하고 있는 현행의 모든 사회시스템과 삶의 방식, 사유체계를 생활 속에서 하나하나 근본적으로 바꾸자는 것이 녹색문화운동이며, 이 운동은 특정사안이나 구체적인 현상에 대한 요구의 관철이라는 형태보다는 우리 삶의 방식에 대해 근본적으로 재성찰하고 대안을 모색하는 보다 포괄적인 방향을 갖게 된다.

공동체의식의 확산과 지역공동체 운동의 필요성

공동체의식(sense of community)은 '일정한 토지를 공동으로 차지하고 있다는 인식에 바탕을 둔 사회관계의 총체적(협동체) 깨달음'을 의미하는 것으로서 전통 농업사회의 특징적 현상이다. 녹색국가의 전제조건으로서 공동체의식을 강조하는 이유는 개인의 사고, 행위, 선택이 행위자에게 과실이 모두 귀속되는 것이 아니라 다른 사람 더 나아가서는 지구 전체의 생명에 영향을 미치는 외부성을 인식하는 것이 중요하기 때문이다. 이러한 외부성에 대한 인식은 공동체의식이 바탕이 되어야 비로소 가능하며, 인센티브 시스템만으로 녹색생활양식을 전면적으로 도입하는 것에는 한계가 있기 때문에 공동체의식을 강조하는 것이다.

나의 행위가 다른 사람을 포함한 우리의 환경을 변화시키고, 우리 모두가 공동운명체라는 인식이 없이는 과도한 물질소비에 길들여진 현대인의 행위와 그러한 행위를 조장하는 정치, 경제적 시스템 전반을 바꾸는 것에는 한계가 있다. 공동체적 가치관을 내면화하고 독자적이고 고립된 개인이 아니라 다른 사람과의 관계 속에 존재하는 개인을 설정하지 않으면 환경위기의 해결은 결코 용이하지 않다.

공동체(共同體) 또는 커뮤니티(community)는 같은 환경을 공유하는 사회집단이며, 보통 공통의 관심사를 가진 개인들로 구성된다. 인간의 공동체에서는 믿음, 자원, 기호, 필요, 위험 등의 여러 요소들을 공유하며, 참여자의 동질성과 결속성에 영향을 주고 받는다. 공동체 운동에 있어서 지역이라고 하는 공간에 주목하는 이유는 생활의 기초단위로서 지역이 갖는 중요성, 일상적인 타인과의 접촉공간으로서 연대의식 형성의 기초가 된다는 점, 그리고 도시집중에 따른 환경문제의 악화를 방지하기 위한 지역적 기초의 형성이 중요하다는 점 때문이다.

여기서 제안하는 지역공동체는 전통적인 농촌마을 공동체와는 구분된다. 가부장적이고 봉건적인 전통문화를 기반으로 개개인의 자율적이고 창조적인 발전기회를 제약하는 요소가 강한 전통적인 농촌마을 공동체를 상정해서는 오늘날의 젊은 세대를 지역공동체에 유인할 수 없고 공동체의 발전에도 한계가 있을 것이기 때문이다.

새로운 지역공동체는 지리적으로 도시와 하나의 생활권으로 묶이지 않고 생태중심적 가치를 추구하면서 경제적으로 지속가능한 공동체를 지향한다. 지역공동체가 인근 도시로의 출퇴근이 가능한 동일생활권에 위치할 경우, 자칫 도시의 베드타운으로 전락하거나 청소, 경비 등 한계적 노동력 제공에 그칠 우려가 있기 때문이다. 그러나, 지역공동체는 자급자족을 지향하기 보다는 기본적으로 도시와의 인적·물적 교류와 교환을 경제적 기반으로 삼아야 할 것이다.

지역공동체 운동이 요청되는 이유는 환경위기에 대한 대응이라는 측면 이외에도 여러 가지가 있다. 첫째로, 농촌의 고령화와 청년실업 해소의 방안으로서 유용한 정책적 대안이 될 수 있다는 점이다. 현재 농가 인구는 10명 중 3명이 65세 이상 노인이다. 농촌사회의 고령화가 지금 같은 추세로 진행된다면 2020년쯤에는 농가 중심의 농촌사회가 사라질 수 있다는 조사결과도 있다. 한편 전국경제인연합회가 발표한 보고서에 따르면 공식 청년실업자는 328천 명에 불과하지만, 한국형 청년 니트(NEET)족은 그 3배인 113만명에 이른다. 청년 니트(NEET)족이란 장기간 취업준비 상태에 머물면서 적극적으로 구직활동을 하지 않는 15~29세 청년층을 일컫는 말이다. 이 두 가지 문제를 동시에 해결하기 위해서는 취업하지 못한 청년층이 대거 농촌으로 내려가서 지역공동체를 만들고 여기에서 일자리를 창출하고 지역을 발전시킬 수 있는 선순환 구조를 만들어야 한다.

둘째로, 1955~1963년 사이에 태어난 베이비 부머의 은퇴가 본격화 될 것에 대비할 필요성이다. 베이비 부머 취업자만 해도 564만 명으로서 전체 취업자의 1/4에 달하는데 이들의 은퇴가 2010~2020년에 걸쳐 이루어질 전망이다. 매경 이코노미(2009)에 따르면, 근로소득이 있는 베이비부머 313명을 대상으로 조사한 결과 응답자의 26%가 귀농과 전원생활 의사를 밝혔다. 전체 베이비부머 은퇴인구에 대입해보면, 이는 최소 100만 명 이상이 적어도 전원생활에 대해 긍정적으로 고려하고 있음을 의미하는 것이다. 또한, 이들은 건강이나 신체적 능력면에서 최소 10년 이상 제 2 의 인생을 설계할 수 있기 때문에 이들 인력을 사장하는 것은 과도한 복지비용, 인적자원의 낭비 등 여러 가지 사회적 문제를 야기할 수 있다.

셋째는 지역균형발전의 문제이다. 수도권은 국내 인구의 49.2%, 전체 지역내총생산(GRDP)의 47.3%를 차지할 정도로 경제력이 집중돼 있다. 일본 도쿄권(전체 인구의 27.0%, GRDP의 30.3%)이나 영국 런던권(인구의 35.2%, GRDP의 40.1%)과 비교해도 높은 수준이다. 지방의 쇠퇴와 수도권의 비대화는 불균형과 동맥경화를 일으킬 수 있기 때문에 수도권과 지방이 함께 발전할 수 있는 상생의 모델을 만들어야 한다. 지역의 문제는 도시와 농촌간의 문제와 수도권과 지방간의 문제가 중첩되어 나타나는 문제임에도 도시와 농촌간의 문제는 통상 논의에서 제외되어 왔다. 도시와 농촌간의 문제에 주목할 경우 이는 지방내부에서 뿐만 아니라 수도권 내부에서도 존재하는 문제가 된다. 경기북부의 휴전선 인근 저개발 낙후지역과 경상도나 전라도의 낙후지역은 동일한 문제를 안고 있기 때문이다.

그간의 지역균형발전 문제는 주로 지방도시의 발전을 상정하고 대책이 나왔기 때문에 농촌문제는 사실상 농업대책의 일환으로만 존재하였다고 할 수 있다. 그러나, 지역균형발전 문제의 본질은 도시간의 경쟁이 아니라, 도시와 농촌 간의 상호보완적 기능 재설정에 있다고 보는 편이 정확할 것이다. 도시의 기본적 속성은 주변의 흡입을 통한 성장에 있고, 도시간 경쟁이 기본구도가 된다. 경쟁의 결과는 항상 승자와 패자를 낳기 마련이고, 도시간 경쟁은 그 범위가 일국 내에서 그치는 것이 아니라 세계화로 인하여 인접국가의 도시간 경쟁의 양상을 갖게 되며, 일국적 대응에는 불가피한 한계가 존재한다. 즉, 수도권의 개발과 성장을 억제하는 정책이 지방의 발전으로 연결되기보다는 국가전체의 경쟁력 저하와 상해나 동경과 같은 주변국 대도시의 반사이익으로 귀결될 가능성이 높다.

지역공동체 운동의 방향

최근 치열한 경쟁과 콘크리트 도시를 벗어나 자연을 즐기고 생태적 삶을 추구하는 사람들이 늘고 있다. 실제로 도시문화권을 벗어나 물리적 불편함을 고수하고 농촌이나 산촌으로 삶의 터전을 옮겨 작은 공동체를 이루고 사는 이들이 있다. 경남 산천의 안솔기 마을, 전북 무주의 진도리 마을, 전남 남원의 실상사, 충남 홍성의 문당리 마을, 인천 강화군의 장화군 마을 등은 그 특성은 조금씩 다르지만 우리나라의 잘 알려진 생태마을(ecovillage)이다.

생태마을을 지역공동체 운동의 나아갈 방향으로 주목하는 이유는 환경에 대한 태도, 가치관 등을 공유하면서 개인의 자유와 창의를 조화시키는 삶의 방식으로서 대안적 조건들을 갖추고 있기 때문이다. 외국의 경우는 세계 160여 국의 생태마을 1만여 개가 네트워크를 조직하여 녹색기술, 공동체운영 등의 정보를 공유하고 공동발전을 모색하고 있다.[4)]

역사적으로 존재해 왔던 무수한 공동체는 지속가능한 경제적 구조를 갖추지 못하였기 때문에 단명에 그쳐 왔다. Gilman(1991)은 생태마을이 해결해야 할 경제적 문제로서 다섯 가지를 제시한 바 있다. 공동소유와 개인소유의 대상을 명확히 구분짓는 것, 토지와 건물의 소유와 운영방식, 비용절감을 통한 경제적 효율성 제고와 생태적 가치 간의 충돌 문제, 생태마을에 적절한 기업조직 형태, 생태마을 간 또는 생태마을 내 경제적 교환체계 등이다.

세계생태마을 네트워크(GEN)는 생태마을이 지속가능한 경제시스템 위에 사회적 측면, 생태적 측면, 정신적 측면을 모두 충족해야 함을 강조하고 있다(http://gen.ecovillage.org). 사회적 측면이란 공동체 구성원으로서 상호 존중하고 안전을 보장받으며 공동체의 의사결정에 참여할 수 있는 가능성을 의미한다. 생태적 측면이란 공동체의 생산과 소비행위가 생태적으로 지속가능한 범위에서 이루어져야 함을 의미하고, 정신적 측면이란 공동체의 비전, 가치, 목표에 대한 공동체 구성원이 갖는 유대감, 소속의식 등으로서 종교, 문화, 교육 등 다양한 요소들을 매개로 할 수 있다.

생태마을이 성공하고 지속적으로 유지되기 위해 중요한 요소 중의 하나는 어떻게 경제적 기반을 갖출 것인가이다. 이재준(2003)은 경제적 기반을 갖추기 위해 첫째, 마을 내부의 자급자족 방식으로서 농업, 임업, 마을공동생산 등의 전통적 방법, 둘째 마을 외부 생산의존방식으로서 생태마을은 주거지로만 이용하고 생산활동은 마을 외부에서 하는 방법, 셋째 마을 내외부 혼합생산방식으로서 마을 내부에서 생산기반을 갖는 거주자와 마을 밖에

---

4) 1990년 덴마크의 Gaia Trust는 전 세계의 생태마을을 묶어 전세계가 문화의 다양성을 충족시키면서 상호 공동번영할 수 있는 공동체의 발전을 목적으로 세계생태마을 네트워크(The Global Ecovillage Network; GEN)를 만든 바 있다.

서 생산기반을 갖는 거주자가 혼재하는 방법 등을 제시하였다.

한국에서 생태마을이 농촌발전, 청년실업 해소, 장년층의 제 2 의 인생설계, 국토의 균형발전, 생태보전 등의 목적으로 기능하도록 하기 위해서는 다음과 같은 정책대안을 모색할 필요가 있다.

첫째, 생태마을은 토지를 기반으로 공동체가 형성되고 운영될 수 있기 때문에 정부에서 지역공동체를 희망하는 가구에게 토지를 무상으로 임대하는 파격적 공급방안을 마련해야 한다. 지금, 우리나라는 국토의 70%가 산지이며, 개발지역, 도시지역 일부를 제외하면 국토의 대부분이 방치되고 있다고 해도 과언이 아니다. 생태마을을 전국적인 단위에서 대대적으로 육성하고 대안적 삶의 기초로 활용하기 위해서는 개인으로부터 지역의 토지를 구입하여 이를 공동체에 무상으로 임대하는 방식을 고려해 볼 수 있다. 정부가 저가의 지역 토지를 개인으로부터 구입하는 것은 현금화가 어려운 오지 토지소유자의 자본화를 통해 경제를 활성화하는 부수적 효과도 존재한다.

둘째, 토지제공과 더불어 중요한 것은 이들 공동체가 경제적 기반을 갖출 수 있도록 지원해야 한다는 점이다. 생태마을은 자급자족뿐만 아니라 도시와의 교환, 생태마을 내외부에서의 생산활동 등을 다양하게 수행할 수 있도록 지원해 주어야 한다. 이를 위해서는 금융지원이나 세제지원 못지않게 규제개혁이 필요하다. 예컨대, 교육생태마을을 설립하여 운영하고자 하는 경우에 교육법상의 학교 설립요건, 학력인정 등의 규제 때문에 제도권 교육으로 인정받지 못하고 학생모집 등에 있어서 고충을 겪는 문제가 발생하게 된다.

경기도 가평군 가평읍 두밀리의 두밀학교 모델은 학교가 폐교되고 소송에서도 패소하였지만, 지역공동체 학교의 가능성을 보인 것으로 볼 수 있다. 생태마을에 다양한 초·중등학교들을 설립하고 기숙형으로 운영한다면, 도시의 제도권 교육에 지친 아이들에게 새로운 희망을 제공해 줄 수 있을 것이다. 또한, 이러한 교육공동체는 교사, 숙식제공을 위한 업무 등 관련 일자리도 창출함으로써 도시와 농촌이 보완하고 상생하는 중요한 기재가 될 수 있다.

교육공동체 이외에도 도시와 농촌이 서로 교류하고 협력하는 다양한 공동체를 모색할 수 있다. 최근 진행되고 있는 1사 1촌 자매결연 맺기운동 등과 같은 도농 간 교류와 직거래의 활성화하는 생태마을이 경제적 기반을 갖추기 위한 주요 수단이 될 수 있다. 이와 관련하여 생태농업과 생태관광을 결합함으로써 지역공동체 주민은 도시민에게 안전한 식품과 휴식 및 재충전의 기회를 제공하고, 도시민은 지역공동체 주민에게 일자리와 소득을 보장하는 상생의 계기를 마련하는 것이 가능하다.

셋째, 지역공동체 내부의 거버넌스 체계에 대한 표준모델을 개발할 필요성이다. 역사적으로 시도된 많은 공동체들이 실패한 원인으로는 공동체 내부의 의사결정구조, 생산-분배-소비 과정의 합리성과 형평성을 보장할 수 있는 메커니즘 설계가 미비한 데서도 찾을 수 있다. 공동체 구성원이 될 수 있는 자격과 조건, 공동체의 일체감을 저해하는 행위에 대한 제재, 태만이나 탐욕에 대한 내부규율 등의 거버넌스 시스템이 명확하게 갖추어져 있지 않을 경우 사소한 갈등이 공동체 해체의 요인으로 비화될 수 있다. 전통 공동체에서는 권위주의, 엄격한 위계질서, 관습, 공동체의 압력 등으로 이를 해소하여 왔으나, 지역공동체에서는 개인의 품성과 역량을 충분히 존중하면서 공동체가 공존할 수 있도록 합리적인 거버넌스 체계를 갖추는 것이 중요하다.

지역공동체의 비즈니스와 결부지어 유력하게 검토될 수 있는 방안은 협동조합의 형태이다. 협동조합의 핵심은 생산수단인 토지와 노동의 공유와 공생으로서 생산과 분배에서 효율성과 형평성의 원리를 결합시킬 수 있는 기업형태이다. 협동조합에서 가장 대표적인 형태는 생산협동조합으로서 미국 버지니아 주 로던 카운티에 위치한 생태마을(ecovillage of loudoun county, virginia)이 있으며, 스페인 몬드라곤 복합협동조합은 생산협동조합과 소비자협동조합이 결합된 대표적 성공적 사례이다.

녹색소비운동의 활성화

우리나라의 녹색소비운동은 주로 환경·소비자 단체들을 중심으로 이루어지고 있을 뿐, 시민사회내부에서 자발적인 참여와 협력은 아직 미약하다고 할 수 있다. 녹색소비운동은 환경문제에 대한 경각심을 불러 일으키고, 시민사회의 인식을 제고하는 한편 정부정책에 친환경적 요소를 보다 많이 도입하는 데 일정부분 기여한 것이 사실이다. 그러나, 소비자들의 생활양식을 친환경적인 방식으로 바꾸고, 환경과 경제가 통합된 새로운 산업육성에 관한 정책을 개발하며, 기업의 친환경적 생산 및 경영방식을 도입함에 있어서는 그다지 큰 기여를 하지 못해 온 것이 현실이다.

녹색소비운동은 폐기물 정책과 관련하여 그간의 소각위주에서 벗어나 3R(Reduce, Reuse, Recycle)의 방향으로 정책우선 순위를 바꾸고, 식수와 생활용수의 질 개선을 위해 오염방지를 위한 정부 및 기업의 노력을 촉구하는 등 소기의 성과를 거둬왔다. 또한, 화석연료의 사용에 따른 대기오염, 환경파괴의 문제점을 제기하고 대중교통 이용, 자동차 함께 타기, 자전거 타기 등에서 일정부분 시민사회의 동참을 이끌어 왔으며, 안전한 먹거리, 친환경·유기농 식품 등에 대한 소비확대에도 기여하였다.

그러나, 우리사회에서 친환경 상품의 생산과 소비는 전반적으로 부진하여 전체의 1% 내외로 평가되고 있는데, 이는 소비자의 인지도와 적극적 구매 의사가 낮고 환경상품의 품질에 비해 가격경쟁력이 확보되지 못한 데 주로 기인한다. 즉, 소비자의 녹색상품에 대한 의식과 녹색상품 개발을 위한 기업의 투자간에 악순환 현상이 빚어지고 있는 것이다.

이 문제를 해소하기 위해서는 녹색소비에 대한 소비자 교육과 홍보, 정부의 녹색상품 공공구매 확대, 녹색상품 소비에 대한 인센티브의 제공 등의 정책적 대응이 요청된다. 정부가 앞장서 녹색상품에 대한 소비확대를 계도하고 각종 인센티브 제공 등 정책적 지원을 확대함으로써 친환경제품에 대한 소비를 진작시키고 이것이 투자유발과 생산확대의 선순환 구조로 이어지도록 만들어 나가야 한다. 녹색상품의 소비는 외부경제성을 갖기 때문에 녹색상품 소비에 대한 인센티브를 제공하는 것은 사회적으로 정당성과 근거를 갖게 된다.

녹색소비운동에 있어서 중요한 것은 소비자 의식의 변화이며, 의식을 변화를 바탕으로 생활 속에서 삶의 방식을 하나하나 바꾸어 나가는 것이다. 이를 위해서는 학령기부터 체계적으로 환경교육을 실시하고, 공동체의식을 함양해 나가는 노력이 요청된다. 나의 소비행태와 삶의 방식이 우리 모두의 삶의 조건을 결정한다는 의식 없이 단순한 환경보호 관념만으로는 삶의 방식 자체를 바꾸기 힘들 것이기 때문이다. 단절되고, 고립된 개인이 아니라 사회를 이루는 구성원이라는 자기정체성, 공동체에 대한 소속감, 타인과의 연대의식 등을 어려서부터 교육해 나갈 필요가 있다.

이를 위해 중요한 것은 자신이 소속된 지역에 대한 일체감 형성이며, 지역역사에 대한 교육은 이를 위한 핵심적 수단이 된다. 인간은 시공간적 제약에 의해 존재를 규정받기 때문에 지역이라고 하는 공간에 대한 일체감은 공동체 형성의 중요한 전제조건이 되며, 지역의 역사에 대한 교육은 곧

시간과 공간의 통합적 이해를 가능하게 한다. 특히, 도시의 거대함과 혼잡한 질서는 인간을 익명성의 장막 뒤에 숨는 무력감에 빠진 존재로 전락시킴으로써 공동체에 대한 책임의식, 연대의식, 소속감 등을 희석시킨다. 지역에 대한 역사교육은 자신이 살고 있는 공간의 역사성과 의미를 재발견하고 지역에 대해 애착을 갖도록 만드는 중요한 연대의 수단이라 할 수 있다.

생태관광의 적극적 추진: 『생태관광특별법』의 제정

세계관광기구(UNWTO)에 따르면 교통과 숙박시설, 관광활동 등을 포함한 관광 분야에서의 이산화탄소 발생량은 전 세계 발생량의 약 5%를 차지하며, 2005년 지구온난화에 대한 관광분야의 영향 및 기여도는 5~14% 정도로 추정되었다. 이는 환경 피해를 최대한 억제하면서 자연을 관찰하고 이해하며 즐기는 여행 방식이나 여행 문화로서 생태관광이 환경보호를 위해 매우 중요한 산업임을 의미한다.

생태관광은 친환경적 관광을 통해 도시와 농어촌 지역 사이의 교류를 확대함으로써 도시와 지역사회 모두에게 도움이 되는 새로운 관광형태이다. 제2차 세계대전이 끝난 후 프랑스에서 처음으로 시작되었으며, 1960년대부터는 미국을 중심으로 관광개발에 따른 환경파괴를 최소화하자는 취지로 기존의 여행, 관광과는 달리 환경을 보호하면서 휴식과 여가를 즐기는 '생태관광', '환경관광'이 확대되었다.

도시와 지역공동체가 상생의 발전모델을 구축하고, 친환경적인 여가와 휴식문화를 조성하는 것은 생태관광 자체가 제공하는 일자리와 환경보호 등의 긍정적 효과도 있지만, 국민 전체가 편안한 휴식과 재충전을 보장받음으로써 국가 전체의 생산성이 제고되는 더 큰 부수적 효과가 기대된다. 일본에서는 이에 주목하여 2007년 이미 『생태관광촉진법』을 제정하여 사라져가는 일본 전통여관을 통해 외국인 관광객을 유치하고 있으며, 일본 대학 내 세계유산관리전공 학과를 설치하는 등 전통문화와 관련한 생태관광은 국민적인 유행이 돼가고 있다.

중국은 이미 지난 1999년을 생태관광의 해로 지정하고 생태관광을 국가 전략산업으로 육성하고 있으며, 자연유산으로 지정된 사천성 소재 '지우자이고(jiuzhaigou)'의 경우 지난 10년간 관광객이 5배나 증가했다. 예술적인 자연경관을 자랑하는 호주는 1994년 생태관광 국가전략을 수립하고 연간 10억 달러 규모를 투자하는 등 생태관광에 주력하고 있다.

우리나라도 생태관광을 육성하기 위한 정책적 대응을 적극적으로 해 나갈 필요가 있으며, 특히 법률적·제도적 인프라 구축이 시급하다. 일본이 특별법까지 만들어 생태관광을 적극적으로 육성하고 있음에도 우리는 『자연환경보전법』에 하나의 조문으로 생태관광의 육성[5)]을 규정하고 있다. 지식서비스업을 육성하고 이를 통해 제조업의 경쟁력이 강화되는 선순환되는 구조를 만들기 위해서는 서비스산업 발전을 위한 입법적 지원이 시급하며, 생태관광역시 동일한 맥락에서 접근할 필요가 있다.

아울러 생태관광이 활성화되기 위해서는 관련 산업의 발전을 선도할 인력양성도 필요하다. 생태관광은 체험과 휴식, 재충전을 특징으로 하기 때문에 보는 것 위주의 전통적 관광이나 여행과는 근본적인 차이가 있으며, 관광상품의 내용, 진행, 준비 등의 모든 면에서 새로운 지식과 숙련형성이 요청된다. 그러나, 우리 대학들은 기존의 획일화되고 정형화된 관광인력을 양성하는 데 그치고 있으며, 생태관광의 다양성에 부합하는 인력양성의 차

5) 『자연환경보전법』에서는 제41조 생태관광의 육성, 제42조 생태마을 등을 규정하고 있다.

별화는 부진한 실정이다. 고용보험기금의 능력개발사업들 역시 제조업 기능공 양성 위주에서 벗어나 서비스 산업에 대한 지원 확대를 시도하고 있으나 훈련 분야와 규모는 크게 부족한 것이 현실이다. 대학, 고용보험기금 등에서 생태관광 실무인력 양성을 확대하고 다양한 생태관광 상품의 개발과 홍보, 마케팅 등의 전문적 업무를 수행할 수 있는 인력양성을 해나가야 한다.

특히, 생태관광이 성공하기 위해서는 문화와 결합한 생태관광 마케팅전략을 펼쳐야 한다. 예를 들면, 2007년 조성이 시작된 제주도의 올레길[6]은 천혜의 자연환경, 이색적인 풍광, 제주도의 토속문화 등이 상승작용을 일으켜 국내외에서 많은 관심을 끌고 있다. 그러나, 제주도의 올레길이 스페인의 '산티아고 순례길', 뉴질랜드의 '밀포드 트래킹 코스' 등과 같이 세계적인 걷기 명소로 부상하기 위해서는 상업적 마케팅에 덧붙여 문화적 요소를 가미할 필요가 있다.

'산티아고 순례길'은 성 야고보가 스페인 전역을 돌며 복음을 전파했던 장장 800㎞에 달하는 도보 순례길로서 스페인 북부에서 시작하여 성야고보의 유해가 묻힌 성지 '까미노 데 콤포스텔라'에 이른다. 이 길은 당초 순례의 목적을 갖고 있었으나, 오늘날에는 저마다 다른 목적을 가지고 찾아온 다양한 국적의 사람들로부터 사랑받는 세계적인 도보여행코스로 변모하였다. '산티아고 순례길'이 세계적 명소가 된 데에는 아름다운 스페인의 풍광도 있지만 그 길에 얽힌 성스러운 순례의 스토리가 결합되었기에 가능했다고 할 수 있다. 뉴질랜드의 피요르드랜드(Fiordland) 국립공원의 하이라이트인 '밀포드 사운드(Milford Sound) 트래킹 코스' 역시 아름다운 풍광으로 말하자면 세계적인 곳임에 틀림없다. 그러나, 이곳이 세계적인 유명세를 타

6) 2007년 9월 서귀포시 성산읍 시흥을 출발한 '제주 올레길'은 13개 코스에 265㎞에 달하는 트래킹 코스이다.

게 된 결정적 계기는 영화 '반지의 제왕' 촬영지로 알려진 덕분이다.

생태관광이 성공적으로 육성되기 위해서는 이러한 조건들이 충족될 수 있도록 『생태관광특별법(가칭)』을 제정하고 추진조직과 예산 등의 근거를 마련해 대응할 필요가 있다. 종합적이고 안정적인 생태관광 육성정책을 추진할 수 있는 제도적 기틀을 마련하고, 적극적인 정책추진을 통해 생태관광이 지역을 살리는 새로운 성장동력으로 부상할 수 있도록 해야 할 것이다.

05절

생태적 삶으로의 전환을 위한 녹색문화운동

오늘날 급속히 진행되고 있는 전 지구적 환경위기 발생의 근본원인은 물질적 풍요에 대한 무한 욕망을 부추기며 진행되어 온 경제성장, 근대화, 산업화라고 할 수 있다. 녹색성장, 녹색국가 논의는 대량생산-대량소비-대량폐기를 특징으로 하는 기존 국민국가의 반녹색성에 대한 반성으로부터 출발한 개념이다.

녹색국가의 이념적 스펙트럼은 매우 다양하며 대표적으로 생태중심주의와 기술중심주의의 양 대척점이 존재한다. 이들은 인류의 생산소비 시스템과 환경이 생태적으로 조화를 이루어야 한다는 공통분모를 갖고 있으며, 그 강조점은 다를지라도 상호 보완적인 측면이 있다. 즉, 생태중심주의자들의 주장은 모든 인류의 삶의 방식으로서 전면 도입하기에는 현실성이 떨어지지만, 생태적 관점에서 기존의 삶의 방식을 성찰하고 사고방식과 생활전반을 바꾸자는 근본적 문제인식에는 공감이 간다. 또한, 현대 과학기술의 힘과 환경적으로 불합리한 제도의 재설계를 통해 환경적 위기를 극복해 나가자는 기술중심주의자들의 문제인식도 경청할 만한 가치가 있다.

지금 우리나라에서 진행되고 있는 녹색성장 논의의 상당부분은 공급측면을 중시하고 있다는 점에서 기술중심주의적 견해에 경도된 것으로 볼 수 있다. 하지만, 녹색소비자의 육성 내지는 소비자의 녹색생활문화 실천을 간과하고 공급중심의 논리만으로 접근하는 것에는 한계가 있다. 환경위기의 본질이 인간의 현대적 삶의 방식에 있다면, 그러한 삶의 방식을 가능하게 하는 정치, 경제, 사회, 문화적 차원의 시스템 전반을 재점검하고 새로운 대안을 모색할 필요성이 있기 때문이다. 대량생산-대량소비-대량폐기의 무한경쟁에 몰두해 온 국민국가의 한계를 극복하고, 환경과 인간의 생산소비 시스템이 공존하는 녹색성장의 새로운 패러다임이 절실한 시점이다.

이를 위해서는 인간의 삶을 지탱하고 있는 현행의 모든 사회시스템과 삶의 방식, 사유체계를 생활 속에서 하나하나 근본적으로 바꾸는 문명사적 전환이 필요하며, 이는 녹색문화운동이라는 형태로 구체화되어야 한다. 녹색문화운동이라고 할 때는 단순한 친환경적 사고나 행위만을 의미하는 것이 아니라 삶의 방식 전체를 생태적으로 바꾸기 위한 운동을 의미한다. 이것은 녹색제품 소비 확대, 환경보전을 위한 개발 반대, 혐오시설 거부 등 특정 이슈 중심으로 진행되어 온 기존 환경운동을 포함하는 생태중심의 문명전환 운동적 성격을 갖는다.

녹색문화운동의 구체적 양태와 전개방향은 사회구성원의 생태적 가치에 대한 동의수준에 크게 의존하나, 본 장에서는 구체적 추진과제로서 ① 생태마을 조성, ② 녹색소비운동, ③ 생태관광 확대 등을 제안하였다.

첫째, 지역공동체로서 생태마을(ecovillage)은 낙후된 농촌의 발전, 청년실업의 해소, 장년층의 제 2 의 인생설계, 국토의 균형발전, 생태보전 등을 추구할 수 있는 유용한 방안으로서 대안적 삶을 모색하는 계층에게 유용한 전략이 될 수 있다.

둘째, 녹색소비에 대한 소비자 교육과 홍보, 정부의 녹색상품 공공구매 확대, 녹색상품 소비에 대한 인센티브 제공 등의 정책적 대응이 요청되며, 특히 지역공동체 의식 함양을 위한 지역역사교육의 확대가 필요하다.

셋째, 도시와 지역공동체 간의 교류와 상생을 통한 균형발전의 수단으로서 생태관광에 주목할 필요가 있으며, 『생태관광특별법(가칭)』 제정, 생태관광 인력양성 체제 구축, 문화와 생태관광을 결합한 마케팅 확대 등이 이루어져야 한다.

참 | 고 | 문 | 헌

■ 제1장 ■

녹색성장위원회(2009). 『녹색성장 국가전략 및 5개년계획』.

삼성경제연구소(2008. 10. 8). 「녹색성장시대의 도래」, 『CEO Information』.

한진희 · 김재훈(2008). 『국가성장전략으로서의 녹색성장: 개념 · 프레임웍 · 이슈』, 한국개발연구원.

현대경제연구원(2008. 8. 22). 「녹색성장시대에 대응한 녹색경영전략」, 『한국경제주평』.

Bronwyn, L. A., Hendrix, J. P. & Golden, K. C.(2008). *Green Jobs-A Guide to Eco-Friendly Employment*, Adams Media.

IPCC(2007). *Climate Change 2007-Synthesis Report*.

PERI(2008). *Green Recovery-A Program to Create Good Jobs and Start Building a Low-Carbon Economy*, Center for American Progress.

Stern, N.(2006). *The Stern Review on The Economics of Climate Change*, Cambridge University Press.

UNEP, ILO, IOE & ITUC(2008). *Green Jobs: Towards Decent Work in a Sustainable, Low-Carbon World*, Worldwatch Institute.

http://www.fastcompany.com

http://www.korcham.net

■ 제2장 ■

미래기획위원회(2009). 『녹색성장의 길』, 중앙북스.

Apollo Alliance & Green for All(2008). *Green-Collar Jobs in America's Cities: Building Pathways out of Poverty and Careers in the Clean Energy Economy*.

Bezdek, R. H.(2008). "Green Collar Jobs in the U.S. and Colorado:

Economic Drivers for the 21st Century", American Solar Energy Society.

Biden, J.(2009). *Green Jobs: A Pathway to a Strong Middle Class*, Vice President of the United States, Middle Class Task Force, Staff Report.

Cleary, J. & Kopicki, A.(2009). "Preparing the Workforce for a 'Green Jobs' Economy", Heldrich Center for Workforce Development.

Danaher, K., Biggs, S. & Mark, J.(2007). *Building the Green Economy: Success Stories from the Grassroots*, Polipoint Press.

Dierdorff, E. C. et al.(2009). "Greening of the World of Work: Implications for O*NET-SOC and New and Emerging Occupations", The National Center for O*NET Development.

Fasulo, M. & Walker, P.(2007). *Careers in the Environment,* McGraw-Hill.

Greenhouse, S.(2008.3.26). "Millions of Jobs of a Different Collar", *The New York Times.*

Grossman, C. R. S.(2008). *Preparing WIA Youth for Green Jobs*, Center for Learning Excellence.

Mattera, P. et al.(2009). *High Road or Lowroad? Job Quality in the New Green Economy*, Good Jobs First.

Parks, B. & Helmer, J.(2009). *The Complete Idiot's Guide to Green Careers,* Alpha Books.

Pinderhughes, R.(2007). *Green Collar Jobs*, The City of Berkeley Office of Energy and Sustainable Development.

Pollin, R. et al.(2008). *Green Recovery: A Program to Create Good Jobs and Start Building a Low-Carbon Economy*, The Center for American Progress.

Renner, M.(2008). *Green Jobs: Towards Decent Work in a Sustainable, Low-Carbon World,* UNEP, ILO, IOE & ITUC.

Renner, M., Sweeney, S. & Kubit, J.(2008). *Green Jobs: Working for People and the Environment.*

The National Center for O*NET Development(2009). http://www.onetcenter.

org

Weaver, B. et al.(2009). *Michigan Green Jobs Report-Occupations & Employment in the New Green Economy*, Michigan Department of Energy, Labor & Economic Growth.

http://www.urbanhabitat.org/node/528

제 3 장

강석훈(2008). 『탄소배출권시장과 자본시장의 역할』, 증권예탁결제원.

곽수종(2006). 『주요 탄소배출권 거래시장의 현황』, 삼성경제연구소.

구정한(2008a). 「온실가스 감축과 탄소배출권 시장의 역할」, 『금융포커스』.

______(2008b). 「탄소배출권과 금융회사의 역할」, 『금융포커스』.

______(2008c). 「한국 탄소배출권시장 도입과제」, 『주간 금융브리프』, 17권 10호.

기획재정부(2008. 8. 26). 「세계탄소시장 동향 보도자료」.

김명룡(2003). 『환경경영시스템과 환경경영감사의 입법화 방안』, 한국토지공법학회.

김승택(2009). 「녹색일자리(Green Job)의 정의와 창출방안」, 『노동리뷰』.

김현진 · 강희찬 · 박준(2007). 『탄소시장의 부상과 비즈니스 모델』, 삼성경제연구소.

노희진 외(2009). 『기업의 사회적 책임과 녹색금융』, 자본시장연구원.

녹색성장위원회(2009). 「국가 온실가스 중기(2020년) 감축목표 설정 추진계획」.

도건우(2009). 『저탄소 녹색성장과 금융산업의 진화』, 삼성경제연구소.

박종성 외(2009). 『환경영향평가사 자격종목 개발에 관한 연구』, 한국직업능력개발원.

이길남 · 윤영한(2008). 「새로운 유형의 Green Round로서 국제 탄소배출권 시장의 최근동향과 대응전략」, 『통상정보연구』, 10권 2호.

주간 금융브리프(2008). 「최근 탄소배출권 ETF 등장 및 시장전망」, 17권 50호.

______________(2009). 「최근 탄소배출권 거래시장 동향 및 향후전망」, 18권 18호.

지속가능경영원(2007). 「온실가스 배출권거래제도」, 뉴스레터 58호.

최진석 외(2003). 『환경컨설팅산업의 육성발전 전략방안 연구』, 한국환경정책평가

연구원.
Bohringer, C.(2001). "Climate Policies from Kyoto to Bonn: From Little to Nothing", Discussion Paper No. 01-49, Mannheim.
Den Elzen, M. & Manders, T.(2001). "The Environmental and Cost Implications of the Kyoto Protocol-an Analysis with FAIR Model", mimeo, RIVM.
Eyckmans, J., Van Regemorler, D. & Van Steenberhe, V.(2001). "Kyoto Fatally Flawed? An Analysis with MacGEM", Working Paper No. 118, Katholike University Leuven.
Hagem, C. & Holtsmark, B.(2001). "From Small to Insignificant: Climate Impact of the Kyoto Protocol with and without US", CICERO Policy Note 2001, 1, Oslo.
London Business School(2009). "Carbon Finance and Analytics Programme", at http://www.pointcarbon.com/events/carbonfinance(2009. 8. 3).
Montgomery, D.(1972). "Markets in Licenses and Efficient Pollution Control Program", *Journal of Economic Theory*, Vol. 5, pp. 395-418.
Point Carbon(2006). "Carbon 2006: Towards a Truly Global Market".
___________(2007). "Carbon 2007: A New Climate for Carbon Trading".
Stern, L.(2006). "Review on the Economic of Climate Change", The British Government.
World Bank(2007). "State and Trends of the Carbon Market 2007".
___________(2008). "State and Trends of the Carbon Market 2008".
___________(2009). "State and Trends of the Carbon Market 2009".
World Bank & IETA(2006). "State and Trends of the Carbon Market 2006".
http://www.bmu.de/files/pdfs/allgemein/application/pdf/uag_2004_eng.pdf
http://www.ecx.eu/course-modules
http://www.pointcarbon.com/events/carbonfinance

■ 제4장 ■

강미희(2006). 『생태관광객의 여행동기 및 태도』.
김성진(2009). 「기후변화 대응 관광자원개발 가이드라인(안)」, 『기후변화와 녹색성장에 따른 관광정책 방향 모색 전문가 토론회』, 한국문화관광연구원.
녹색성장위원회(2009). 『녹색성장 5개년 계획 2009~2013』.
류선무 · 장용만 · 김성기(2001). 「그린 투어리즘(Green-Tourism)의 개념에 대한 고찰」, 『관광농업연구』, 8권 1호, 1-15쪽.
문창현(2007). 「생태관광개발이 지역사회에 미치는 영향」, 『지역사회연구』, 15권 1호, 71-94쪽.
미야자키 타케시(2003). 『그린 투어리즘과 일본의 농촌』, 김범수 · 오미숙 역.
송재호 · 이성은(2005). 「그린 투어리즘 프로그램 개발 · 평가를 위한 구조모델 구축과 적용」, 『관광연구저널』, 19권 1호, 81-97쪽.
송창용 · 성양경(2009). 「지역공동체 활성화를 통한 일자리 창출」, 『e-HRD Review』, 12-10호, 한국직업능력개발원.
송창용 · 양승필(2009). 「생태 · 녹색관광산업 활성화를 통한 지역 일자리 창출」, 『e-HRD Review』, 12-13호, 한국직업능력개발원.
오미숙(2009). 「관광산업 인적자원개발정책의 변화특성에 대한 연구」, 『관광학연구』, 33권 3호, 31-49쪽.
유기준(2009). 「일본 그린투어리즘의 전략과 실제」, 『일본문화학보』, 40권, 387-405쪽.
이성은(2009). 「지방자치단체의 녹색관광 정책」, 『기후변화와 녹색성장에 따른 관광정책 방향 모색 전문가 토론회』, 한국문화관광연구원.
한국문화관광연구원(2006). 『지속가능한 정주형 관광개발체계 연구』.
한국문화관광정책연구원(2005a). 『문화 및 생태 · 녹색 관광자원 개발사업 제도 개선 방안』.
________________(2005b). 『정부부처 간 관광자원개발사업 협력체계 구축방안』.
Buckley, R. C.(1994). "A Framework for Ecotourism", *Annals of Tourism Research*, Vol. 21 No. 3, pp. 661-665.

Butler, R.(1995). "Alternative Tourism: The Thin Edge of the Wedge", in Smith, V. L. & Eadington, W. R., *Tourism Alternatives: Potentials and Problems in the Development of Tourism*, John Wiley & Sons.

OECD(1994). *Tourism Policy and International Tourism in OECD Countries: 1991~1992*, Organization for Economic Co-operation and Development.

▪ 제5장 ▪

기획재정부 외(2009. 1). 「정부 일자리 창출을 위한 '녹색 New Deal 사업' 추진방안」.

녹색성장위원회(2009a). 「녹색성장 국가전략 및 5개년계획」.

_____________(2009b). 「국가 온실가스 중기(2020년) 감축목표 설정 추진계획」.

녹색성장포럼(2008). 『녹색성장 포럼 출범 워크샵 자료집』.

동부증권(2009). 「Green Growth: 녹색성장 · 녹색뉴딜 대해부」.

디지털 타임스(2006. 7. 24). 「세계는 지금 석탄액화기술 전쟁중」.

산업연구원(2008). 『녹색성장시대, 산업발전의 새로운 도전과 과제 세미나 자료집』.

지식경제부(2008). 「지식 · 혁신 주도형 녹색성장을 위한 산업발전 전략」.

환경부(2009). 「환경분야 녹색성장 실천계획: 환경의 신가치 혁명을 위한 녹색부국 실현」.

황규희 외(2009). 「저탄소 녹색성장분야 인력양성방안 연구(미발간 자료)」, 한국직업능력개발원.

Global Insight(2004). *Automotive World Car Industry Forecast Report*.

POSCO경영연구소(2008. 12). 「철강산업의 녹색성장 전략」, 『녹색성장 세미나 자료집』.

UNEP, ILO, IOE & ITUC(2008). *Green Jobs: Towards Decent Work in a Sustainable, Low-Carbon World*, Worldwatch Institute.

▪ 제6장 ▪

국가경쟁력강화위원회(2009. 1). 「농업의 경쟁력 강화 방안–세계와 경쟁하는 강한 농식품산업 전략」.

김창길(2009). 「녹색성장」, 『주간동아』, 676호.
농림부(2006). 「농림바이오산업 육성 방향」.
삼성경제연구소(2008a). 「기후변화에 대응한 농업의 진화: 식물공장」.
_____________(2008b). 「글로벌시대 한국농업이 나아갈 길－경쟁력 있는 농업경영체 육성」.
통계청(2008a). 「경지면적통계」.
______(2008b). 「인구 및 주택 센서스」.
______(2008c). 「사회지표」.
한국농촌경제연구원(2008). 「농업부문 녹색성장 추진방안」.
환경부(2008, 2009). 「국제환경동향」.
OECD(2009. 2). 「녹색성장의 고용효과 분석」, 재인용.
UNEP, ILO, IOE & ITUC(2008). *Green Jobs: Towards Decent Work in a Sustainable, Low-Carbon World*, Worldwatch Institute.
http://www.incruit.com

제 7 장

권오성(2002). 「지속가능발전의 개념정립과 전략모색」, 『재정포럼』, 한구조세연구원.
김명진 · 박유정(2009). 『AGON 아곤: 경쟁이 즐거운 나라』, KDI-EBS 국가경쟁력 리포트, 지식채널.
김장호 외(2005). 『한국의 인적자원』, 한국직업능력개발원.
이수영 외(2008). 『융합기술 전문인력 양성방안 연구: BT중심 융합기술을 중심으로』, 한국직업능력개발원.
이희수(2009). 『녹색성장시대 국가인적자원개발의 방향』, 중앙공무원교육원.
정종인 · 김진용 · 황문우(2007). 『우리나라 지식기반서비스업의 현황 및 발전방향』, 한국은행.
진미석(2008). 『지식서비스산업 일자리 창출을 위한 고급인력양성방안』, 산업기술재단.
______(2009). 「이젠 어른이 공부할 때다」, 동아일보.
진미석 외(2007a). 『미래전략적 인적자원개발 정책의 방향과 과제』, 한국직업능력개발원.

________(2007b). 『해외고급인력활용의 다변화 방안』, 한국직업능력개발원.

황규희 외(2008). 『녹색성장을 위한 과학기술인재 육성과 활용』, 한국직업능력개발원.

Friedman, T.(2008). *Hot, Flat, and Crowded: Why We Need a Green Revolution-and How It Can Renew America*, 이영민 역(2008), 『코드 그린: 뜨겁고, 평평하고, 붐비는 세계』, 21세기 북스.

Shorris, E.(2000). *Riches for the Poor: Clement Courses in Humanities,* 고병헌 외 역(2006), 『희망의 인문학』, 이매진.

Strange, T. & Bayley, A.(2008). *OECD Insights, Sustainable Development: Linking Economy, Society, Environment,* OECD.

UN(2002). *UN Decades 2005-2014.*

UNCED Earth Summit(1992). *Agenda 21,* United Nations Publication.

UNEP, ILO, IOE & ITUC(2008). *Green Jobs: Towards Decent Work in a Sustainable, Low-Carbon World*, Worldwatch Institute.

http://www.greenforall.org

http://www.greengrowth.go.kr

http://www.greengrowth.org

http://www.greenschool.net

http://www.nhrd.net

http://www.un.org/esa/dsd

제8장

권대봉(2008), 「일자리 창출을 위한 직업능력개발 방안」, 『제2회 국정과제 세미나: 일자리창출과 녹색성장전략 추진을 위한 대토론회』, 경제·인문사회연구회.

김승택(2008). 「녹색일자리(Green Job)의 정의와 창출방안」, 『노동리뷰』, 48호, 한국노동연구원.

나영선 외(2009). 『시장친화적 직업능력개발체계 구축전략』, 한국직업능력개발원.

대통령실(2009. 6. 11). 「'녹색성장' 이렇게 이뤄 나가겠습니다」, 『청와대 정책소식』, 14호, 청와대.

동부증권 리서치센터(2009. 2. 9). 「녹색성장-녹색뉴딜 대해부-2009년 정책패러다임 변화의 실질적인 시작」, 동부증권.

중앙공무원교육원(2009). 『녹색성장은 선진일류국가를 위한 초석입니다』, 중앙공무원교육원.

한겨레 인터넷신문(2009. 5. 20). 「돈 벌어주는 집, 돈 벌어주는 건물」, 한겨레신문사.

한국환경기술진흥원(2007). 『환경기술동향 · 수준조사 및 미래환경신기술예측』.

Hatfield-Dodds, S. et al.(2008. 6). "Growing the Green Collar Economy: Skills and Labour Challenges in Reducing Our Greenhouse Emissions and National Environmental Footprint", *Dusseldorp Skills Forum,* CSIRO.

Hayes, C. & Byrd, B.(2008). *An Analysis of Clean Energy Workforce Needs and Programs in Oregon*, Sustainable Oregon Workforce Phases 1 Report.

Jones, V.(2008). *The Green Collar Economy*, HarperOne.

Kubit, J., Renner, M. & Sweeney, S.(2008). 「녹색일자리현황」, 『국제노동브리프』, 6권 12호, 4-18쪽, 한국노동연구원.

Liewellyn, A. B., Hendrix, J. P. & Golden, K. C.(2008). *Green Jobs-A Guide to Eco-Friendly Employment*, Adams Media.

Pinderhughes, R.(2007). "Green Collar Jobs-An Analysis of the Capacity of Green Businesses to Provide High Quality Jobs for Men and Women with Barriers to Employment", A Case Study of Berkeley, California.

Schreurs, M.(2008). 「환경보호, 기술혁신 및 녹색일자리－독일식 모델을 중심으로 한 고찰」, 『국제노동브리프』, 6권 12호, 한국노동연구원.

UNEP, ILO, IOE & ITUC(2008). *Green Jobs: Towards Decent Work in a Sustainable, Low-Carbon World*, Worldwatch Institute.

White, S. & Walsh, J.(2008). *Greener Pathways*, Center on Wisconsin Strategy, The Workforce Alliance, The Applied Alliance.

http://economy.hankooki.com/1page/hotissue/200902/e20090208154105966990.htm

http://www.greenforall.org/resources/green=collar-jobs-overview

http://www.hani.co.kr/arti/society/society_general/354968.html

http://www.hankyung.com/news/app/newsview.php?aid=2009041576871

■ 제 9 장 ■

과학기술정책연구원(2008). 『저탄소 녹색성장과 녹색기술개발』, 과학기술정책연구원.
김현수(2008). 「기업의 교육훈련과 근로자의 자격취득」, 『제 2 회 인적자본기업패널 학술대회 자료집』, 한국직업능력개발원.
김현수 · 이동임 · 조정윤(2008). 『2008년도 국가직무능력표준 개발 및 자격체제 구축: 국가직무능력표준에 의한 자격제도(KVQ) 구축』, 한국직업능력개발원.
김현수 외(2007). 『자격의 활용성 강화를 위한 법 · 제도 개선 방안』, 한국직업능력개발원.
삼성경제연구소(2008). 『녹색성장시대의 도래』, 삼성경제연구소.
이해춘(2008). 「저탄소 녹색성장을 위한 기술, 산업 및 노동」, 『직업과 인력개발』, 가을호, 한국직업능력개발원.
주인중 · 김현수 · 김덕기(2009). 『'제 2 차(2010~2012) 국가기술자격제도발전기본계획' 수립을 위한 기획연구』, 한국직업능력개발원.
주인중 외(2008). 『지식경제시대의 자격제도』, 한국직업능력개발원.
한국경영자총협회(2008). 『대졸신입사원 채용 및 재교육 현황조사 결과』, 한국경영자총협회.
한국과학기술기획평가원(2008). 『녹색기술 연구개발 종합대책수립을 위한 정책연구』, 한국과학기술기획평가원.
Behringer, F. & Coles, M.(2003). "The Role of National Qualifications Systems in Promoting Lifelong Learning: Towards an Understanding of the Mechanisms That Link Qualifications and Lifelong Learning", OECD Education Working Papers, No. 3, OECD.
OECD(2007). *Qualifications Systems-Bridges to Lifelong Learning*, OECD.
UNEP, ILO, IOE & ITUC(2008). *Green Jobs: Towards Decent Work in a Sustainable, Low-Carbon World*, Worldwatch Institute.
http://www.bcs.org
http://www.krivet.re.kr

http://www.pqi.or.kr
http://www.q-net.or.kr

■ 제10장 ■

임언(2009). 「OECD 국가의 직업교육유형별 진로지도 현황 비교」, 『직업능력개발연구』, 12권 2호, 1-20쪽, 한국직업능력개발원.
임언 · 정윤경 · 상경아(2001). 『직업가치관 검사 개발 보고서』, 한국직업능력개발원.
임언 · 최동선 · 박민정(2008). 『미래 사회의 직업세계에서 요구하는 핵심 역량 연구』, 한국직업능력개발원.
임언 외(2008). 『교육과정과 연계된 진로교육 모델 구축』, 한국직업능력개발원.
장홍근 외(2007). 『한국인의 직업의식과 직업윤리(2007)－기초분석 보고서』, 한국직업능력개발원.
Liewellyn, A. B., Hendrix, J. P. & Golden, K. C.(2008). *Green Jobs-A Guide to Eco-Friendly Employment*, Adams Media.
UNEP, ILO, IOE & ITUC(2008). *Green Jobs: Towards Decent Work in a Sustainable, Low-Carbon World*, Worldwatch Institute.
http://blog.naver.com/wukheehong
http://career.re.kr
http://greencareercentral.com
http://know.work.go.kr

■ 제11장 ■

녹색성장위원회(2009). 『녹색성장 5개년계획(2009~2013)』.
매경 이코노미(2009). 「부동산 의존 줄고 연금 가입 늘었다」, 1501호, 2009년 4월 15일자 기사.
문순홍(2001). 「녹색국가 논의의 구조와 과정」, 『'한국사회의 녹색화, 어디까지 왔나?' 세미나 자료집』, 바람과 물 연구소.
이재준(2003). 「대안 거주지로서의 생태마을 현황과 과제」, 『에코』, 5권, 94-108쪽.
정수복(2000). 「NGO와 대안 문화 운동」, 『녹색평론』, 50호, 녹색평론사.

Beck, U.(2000). *Risk Society: Towards A New Modernity,* Sage Publications Ltd..

Bookchin, M.(1987). "Thinking Ecologically: A Dialectical Approach", *Our Generation,* Vol. 18, No. 2.

Durning, A.(1992). *How Much Is Enough?: The Consumer Society and the Future of the Earth,* W.W. Norton & Co..

Gilman, R.(1991). "The Eco-Village Challenge", [On-line: http://www.context.org/ICLIB/IC29/Gilman.htm].

http://www.naver.com

■ 공저자 소개 ■

권대봉

고려대학교 교육학과를 졸업하고 쌍용그룹에서 8년간 근무한 후, 미국 미시간주립대학교에서 「Microcomputer Application Training & Adult Self-esteem Development in an Education/Business Partnership Setting in Michigan」 논문으로 철학박사 학위를 취득하였다.

이후 미국 Kellogg Leadership & Local Government Education Project Evaluator, 미시간주립대학교 교육행정학과 조교수 및 국제전문인과정(VIPP) Founding Director로서 일하였고, 귀국하여 서울대학교와 연세대학교에 출강하면서 삼성그룹과 현대그룹에 인재개발과 관련한 자문을 하였다.

국민대학교에 봉직 후 고려대학교 교육학과 교수 및 사회교육원장 · 교육대학원장 · 사범대학장 · 교육문제연구소장, 한국인력개발학회장, 한국평생교육학회장, 중앙공무원교육원 겸임교수, 캐나다 브리티시컬럼비아대학교 방문학자, 전경련 국제경영원 이사, 경동나비엔 사외이사로도 활동하였다.

현재 한국직업능력개발원(KRIVET) 제5대 원장으로서 유엔 교육과학문화기구(UNESCO) 한국위원회 집행위원, 교육과학기술부 자격정책심의위원, 노동부 고용정책심의위원이다. 저서로는 「글로벌 인재의 조건」, 「직업준비교육과 직장계속교육」, 「중 · 고령자의 고용과 평생학습(공저)」 등이 있다.

김수원

강원대학교에서 경영학 박사학위를 취득했으며, 한국직업능력개발원 부연구위원이다. 저서로는 「생산부문 학습조직, 어떻게 구축할 것인가?」, 「중소기업훈련컨소시엄 운영실태 분석 · 평가」, 「신기술연수센터 건립 타당성에 관한 연구」, 「현장훈련 실시현황 분석 및 활성화 방안」, 「고용복지론」 등이 있다.

김현수

서울대학교에서 교육학 박사학위를 취득하였다. 한국직업능력개발원 연구위원이며, 직업 · 자격연구실 실장을 역임하고 있다. 저서로는 「전문직 자격제도의 현황과 과제」, 「자격의 활용성 강화를 위한 법제도 개선방안」, 「인적자원개발을 위한 자격체제 구축방안 연구」, 「민간자격 국가공인제도의 성과분석」 등이 있다.

나영선

이화여자대학교에서 사회학 박사학위를 취득했다. 한국직업능력개발원 선임연구위원이며, 고용 · 능력개발연구본부장을 역임하였다. 저서로는 「실업자직업훈련체계 개선방안 연구」, 「시장친화적 직업능력개발 구축전략」, 「고용보험체계 구축방안」, 「평생직업능력개발체제 혁신(Ⅱ): 직업능력개발정책과 고용정책의 연계강화」 등이 있다.

송창용

미국 미주리주립대학교(컬럼비아)에서 통계학 박사학위를 취득하였다. 한국직업능력개발원 부연구위원이며, 인적자원패널 · 통계센터 소장을 맡고 있다. 저서로는 「국가인재지수 개발사업」, 「이공계위기의 진단과 정책대응」 등이 있다.

오호영

서울대학교에서 경제학 박사학위를 취득했다. 한국직업능력개발원 연구위원이며, 기획조정실장으로 재직중이다. 한국무역협회 연구위원, 외국인투자옴부즈만사무소 전문위원, 기획재정부 기금평가위원 등을 역임하였다. 저서로는 「아젠다 코리아」, 「대학서열화와 기업」, 「공무원채용제도의 인적자원개발 효과 분석」, 「직업전망지표개발」 등이 있다.

이남철

미국 오클라호마대학교에서 경제학 박사학위를 취득했으며, 한국직업능력개발원 연구위원이다. 「The Lifelong Learning Society in Korea」(U.S.A), 「Public Financing Lifelong Learning Society in Korea」(U.S.A), 「기업 내·기업간 조직/경영형태와 사회적 자본」 등의 저서와 논문이 있다.

임 언

미국 뉴욕주립대학교(알바니)에서 교육학 박사학위를 취득했으며, 한국직업능력개발원 연구위원이다. 「교과통합 진로교육 운영 모델 구축」, 「미래 사회의 직업세계에서 요구하는 핵심역량 연구」, 「한국의 성인 직업기초능력」, 「직업적성검사 효과 분석 연구」 등의 저서가 있다.

진미석

미국 하버드대학교에서 교육학 박사학위를 취득했으며, 한국직업능력개발원 선임연구위원이다. 「평생진로개발론」, 「석사학위자들의 진로경로와 학위 효용가치인식을 통해 본 일반대학원 석사교육의 기능」, 「신정부 인재정책의 방향과 주요과제」 등의 연구를 수행하였다.

채창균

서울대학교에서 경제학 박사학위를 취득했다. 한국직업능력개발원 연구위원이며, 인적자원개발지원센터 소장을 역임하였다. 저서로는 「청년층 교육훈련과 고용」, 「대졸 청년층의 대학교육 만족도」, 「일자리 선진화 전략」, 「유휴청년 연구」, 「인재대국형 교육-노동시장 연계체계 구축」 등이 있다.

한상근

고려대학교에서 사회학 박사학위를 취득하였으며, 한국직업능력개발원 연구위원이다. 「직업 연구의 현황과 과제」, 「환경산업의 유망직업 추출에 관한 연구」, 「전자산업 분야 직업세계에서 요구하는 컨피턴시와 공학교육의 격차에 관한 연구」 등의 논문이 있다. 「10살에 떠나는 미래 직업 대탐험」을 저술하였다.

황규희

영국 서섹스대학교 SPRU(Sci-Tech Policy Research Unit)에서 기술경제로 박사학위를 취득했으며(DPhil. in Sci-Tech Policy), 현재 한국직업능력개발원 HRST(과학기술인력) 공동연구센터 센터장으로 재직중이다. 「ICTs and Changes in Skills」, 「IT기반 융합촉진을 위한 전문인력 양성방안」 등의 논문이 있으며, 근래 「녹색성장을 위한 과학기술인재 육성과 활용」 등의 연구를 수행하고 있다.

녹색성장 녹색직업 녹색인재

2009년 11월 1일 初版印刷

2009년 11월 4일 初版發行

編著者 권대봉 외 11인

發行人 安 鍾 萬

發行處 (株) 博 英 社

서울特別市 鍾路區 平洞 13－31番地

電話 (733) 6771 FAX (736) 4818

登錄 1959. 3. 11. 제300-1959-1호(倫)

www.pakyoungsa.co.kr e-mail: pys@pakyoungsa.co.kr

定 價 17,000원

ISBN 978-89-7189-993-9